D'accord! 2

LANGUE ET CULTURE DU MONDE FRANCOPHONE

TEACHER'S EDITION

Cahier de l'élève

VISTA®
HIGHER LEARNING

Student Text ISBN: 978-1-68005-808-6
Teacher's Edition ISBN: 978-1-68005-809-3

2 3 4 5 6 7 8 9 PP 23 22 21 20 19 18

Table of Contents

Unité préliminaire

Leçon PA

CONTEXTES

1 **La maison** Label the rooms and items indicated.

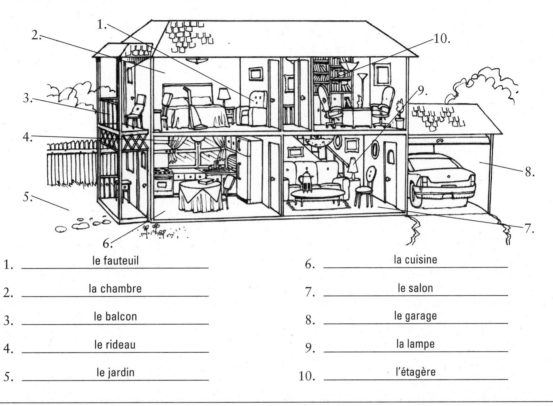

1. _____ le fauteuil _____
2. _____ la chambre _____
3. _____ le balcon _____
4. _____ le rideau _____
5. _____ le jardin _____
6. _____ la cuisine _____
7. _____ le salon _____
8. _____ le garage _____
9. _____ la lampe _____
10. _____ l'étagère _____

2 **Les règles** Your parents have rented an apartment for the summer in a family residence near the beach. Complete each rule (**règle**) with the most appropriate option.

> ### RÈGLES DE LA MAISON
> - Les vacanciers peuvent (*The vacationers can*) (1) _____ emménager _____ (emménager, déménager, louer) dans la résidence au début du mois de juillet.
> - Le (2) _____ loyer _____ (chambre, loyer, studio) est payé à la fin du séjour (*stay*).
> - Il est demandé aux vacanciers de ne pas faire de bruit dans (3) _____ les appartements _____ (les appartements, les baignoires, les placards) après 10h00 du soir.
> - Chaque famille partage (4) _____ le sous-sol _____ (une commode, le sous-sol, une pièce) avec les autres familles.
> - Il y a (5) _____ deux salles de bains _____ (deux salles de bains, trois escaliers, un jardin) dans tous les appartements. Il faut les nettoyer (*clean*) à la fin du séjour
> - Les vacanciers peuvent utiliser la piscine dans (6) _____ le jardin _____ (le couloir, le jardin, le canapé), derrière la maison, de 8h00 à 18h00.
> - Il est interdit (*forbidden*) de laisser les vélos dans le jardin. Si vous avez un vélo, il y a (7) _____ un garage _____ (un quartier, un escalier, un garage) pour tous les vacanciers.
> - Si vous avez d'autres questions, il y a du papier et un crayon dans (8) _____ le tiroir _____ (le fauteuil, le tiroir, le rideau) sur votre droite.

Unité préliminaire Activities **1**

3 **La résidence** Complete this conversation with logical words or expressions.

DJAMILA Quand vas-tu (1) _____emménager_____ dans ta nouvelle maison avec tes parents?

FRÉDÉRIC La semaine prochaine, mais nous avons déjà les clés.

DJAMILA Et quand (2) _____déménages_____-tu de l'ancienne maison?

FRÉDÉRIC Demain.

DJAMILA Super! Est-ce que je peux venir voir (see) ta (3) _____chambre_____ maintenant?

FRÉDÉRIC Oui. Voilà.

DJAMILA Oh! Elle est grande. Il y a de la place pour des (4) _____étagères_____ pour tous tes livres.

FRÉDÉRIC Oui, et l' (5) _____armoire_____ pour mes vêtements va aller près de la fenêtre. J'aime
beaucoup le (6) _____balcon_____.

DJAMILA Est-ce que vous allez pouvoir tous manger dans la cuisine comme avant?

FRÉDÉRIC Non, elle est trop petite. Nous allons manger dans la (7) _____salle à manger_____.

DJAMILA Et pour la voiture. Qu'est-ce que tes parents vont faire?

FRÉDÉRIC Il y a deux garages, alors, ils vont (8) _____louer_____ l'un des deux à des amis.

4 **Où ça?** Read these statements and tell in which part of the house the action is most likely taking place.

> **Modèle**
> Je prends une douche.
> *Je suis dans la salle de bains.*

1. Sarah prépare le dîner.

   Elle est dans la cuisine.

2. Farid dort.

   Il est dans la chambre.

3. Catherine et Jacques lisent des romans et étudient.

   Ils sont dans la chambre/le salon/la salle de séjour.

4. Jean-Philippe sort de sa voiture.

   Il est dans le garage.

5. Amadou descend chercher son vélo.

   Il est dans la cave/au sous-sol.

6. Le petit Cédric joue dans la baignoire.

   Il est dans la salle de bains.

7. Vous célébrez l'anniversaire de votre ami.

   Vous êtes dans le salon/la salle de séjour/la salle à manger.

8. Nous nageons dans la piscine.

   Nous sommes dans le jardin.

CONTEXTES: AUDIO ACTIVITIES

1 **Décrivez** Listen to each sentence and write its number below the drawing of the household item mentioned.

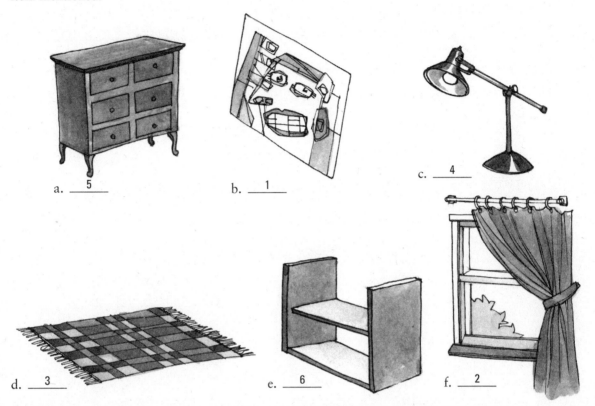

a. __5__   b. __1__   c. __4__

d. __3__   e. __6__   f. __2__

2 **Identifiez** You will hear a series of words. Write the word that does not belong in each series.

1. _____ le fauteuil _____   5. _____ le balcon _____

2. _____ les toilettes _____   6. _____ le garage _____

3. _____ la baignoire _____   7. _____ le quartier _____

4. _____ le mur _____   8. _____ l'étagère _____

3 **Logique ou illogique?** You will hear some statements. Decide if they are **logique** or **illogique**.

	Logique	Illogique		Logique	Illogique
1.	○	⊘	5.	○	⊘
2.	⊘	○	6.	○	⊘
3.	⊘	○	7.	⊘	○
4.	○	⊘	8.	⊘	○

LES SONS ET LES LETTRES

s and ss

You've already learned that an **s** at the end of a word is usually silent.

      lavabo**s**   copain**s**   va**s**   placard**s**

An **s** at the beginning of a word, before a consonant, or after a pronounced consonant is pronounced like the *s* in the English word *set*.

      soir   **s**alon   **s**tudio   ab**s**olument

A double *s* is pronounced like the *ss* in the English word *kiss*.

      gro**ss**e   a**ss**ez   intére**ss**ant   rou**ss**e

An **s** at the end of a word is often pronounced when the following word begins with a vowel sound. An **s** in a liaison sounds like a *z*, like the *s* in the English word *rose*.

      trè**s** élégant   troi**s** hommes

The other instance where the French **s** has a *z* sound is when there is a single **s** between two vowels within the same word. The **s** is pronounced like the *s* in the English word *music*.

      mu**s**ée   amu**s**ant   oi**s**eau   be**s**oin

These words look alike, but have different meanings. Compare the pronunciations of each word pair.

      poi**s**on   poi**ss**on   dé**s**ert   de**ss**ert

---

1   **Prononcez** Répétez les mots suivants à voix haute.

1. sac	4. chose	7. surprise	10. expressions
2. triste	5. bourse	8. assister	11. sénégalaise
3. suisse	6. passer	9. magasin	12. sérieusement

---

2   **Articulez** Répétez les phrases suivantes à voix haute.

1. Le spectacle est très amusant et la chanteuse est superbe.
2. Est-ce que vous habitez dans une maison?
3. De temps en temps, Suzanne assiste à l'inauguration d'expositions au musée.
4. Heureusement, mes professeurs sont sympathiques, sociables et très sincères.

---

3   **Dictons** Répétez les dictons à voix haute.

1. Si jeunesse savait, si vieillesse pouvait.
2. Les oiseaux de même plumage s'assemblent sur le même rivage.

---

4   **Dictée** You will hear six sentences. Each will be said twice. Listen carefully and write what you hear.

1. Ce sont trois hommes très élégants.
2. Dans son salon, elle a un très beau tapis.
3. La salle à manger est assez grande pour ses/ces invités.
4. Susanne a besoin de louer un studio dans une résidence universitaire.
5. Cette grosse femme rousse est une chanteuse remarquable.
6. Ce spectacle est amusant et intéressant.

---

4   **Unité préliminaire** Audio Activities

Roman-photo

LA VISITE SURPRISE

Avant de regarder

1   **La surprise**   Look at the photo and consider the title of this video episode. Who is in this picture? How do you think Sandrine will react when she sees him? What do you think will happen in this episode?

Answers will vary.

_____

_____

_____

_____

En regardant la vidéo

2   **Chez Sandrine**   Check off the items that Sandrine has at her place.

☐   1.   un escalier   ☑   7.   une cuisine

☑   2.   une chambre   ☐   8.   un jardin

☐   3.   une douche   ☑   9.   un salon

☑   4.   un miroir   ☑   10.   une salle à manger

☑   5.   une baignoire   ☑   11.   un lavabo

☐   6.   une cave   ☐   12.   un sous-sol

3   **Identifiez-les**   Label the rooms that are pictured.

1. _____ la salle à manger _____

2. _____ la cuisine _____

3. _____ la chambre _____

4. _____ la salle de bains _____

5. _____ le salon/la salle de séjour _____

    Unité préliminaire Roman-photo Activities   **5**

4   **Qui...?** Indicate which character says each of these lines. Write **D** for David or **R** for Rachid.

   R   1. C'est grand chez toi!

   D   2. Heureusement, Sandrine a décidé de rester.

   R   3. Tu as combien de pièces?

   R   4. Dis, c'est vrai, Sandrine, ta salle de bains est vraiment grande.

   R   5. Chez nous, on a seulement une douche.

   D   6. Et elle a une baignoire et un beau miroir au-dessus du lavabo!

5   **Complétez** Complete these sentences with the missing words from the video.

SANDRINE Je te fais (1) _____visiter_____?

RACHID Oui, merci.

SANDRINE Voici la (2) _____salle à manger_____.

RACHID Ça, c'est une (3) _____pièce_____ très importante pour nous, les invités.

SANDRINE Et puis, la (4) _____cuisine_____.

RACHID Une pièce très importante pour Sandrine…

DAVID Évidemment!

SANDRINE Et voici ma (5) _____chambre_____.

RACHID Elle est (6) _____belle_____!

SANDRINE Oui, j'aime le vert.

Après la vidéo

6   **Une dispute** Describe what is happening in this photo. Explain the events leading up to this moment.
Answers will vary.

_____

_____

_____

_____

_____

7   **À vous!** What rooms do you have in your home? Write at least five sentences describing them.
Answers will vary.

_____

_____

_____

_____

_____

_____

_____

_____

Flash culture

CHEZ NOUS

Avant de regarder

1 **Les habitations** In this video, you are going to learn about housing in France. List as many different types of places to live as you can in French. Answers will vary.

_____

_____

_____

_____

_____

_____

2 **Chez moi** Complete these statements about your own home. Remember to use the correct article with each noun. Use words from the list or any other words you know. Answers will vary.

appartement	garage	sous-sol
balcon	jardin	studio
cave	maison	terrasse
escalier	résidence	

1. J'habite dans _____.

2. Chez moi, il y a _____ et _____.

3. Il n'y a pas _____ chez moi.

4. À l'extérieur, il y a _____.

5. Quand elle était petite, ma grand-mère habitait dans _____.

6. Il y avait _____ et _____.

7. Il n'y avait pas _____.

8. À l'extérieur, il y avait _____.

En regardant la vidéo

3 **Mettez-les dans l'ordre** In what order does Benjamin mention these items?

_____5_____ a. un balcon   _____2_____ d. un garage

_____4_____ b. une terrasse   _____1_____ e. un jardin

_____3_____ c. un sous-sol

4   **Chez soi**   Match these images with their captions.

 1.

 2.

 3.

 4.

 5.

____5____ a. des maisons individuelles

____4____ b. des appartements

___1, 2___ c. des HLM

____2____ d. de grands immeubles

____3____ e. des résidences pour les étudiants

5   **Complétez**   Watch the video and complete the paragraphs below according to what Benjamin says.

1. Nous sommes dans la ___vieille ville___ d'Aix-en-Provence.
C'est un ___quartier___ très pittoresque avec ses boutiques,
ses restaurants et ses ___résidences___. Laissez-moi vous
montrer différents types de ___logements___.

2. Nous sommes maintenant dans la ___banlieue___ où on
trouve des ___maisons___ de toutes sortes. Par exemple,
cette maison est assez ___moderne___.

Après la vidéo

6   **La maison de mes rêves**   Describe your dream home. Tell where it is and what type of residence
it is. Then describe its features in detail.   Answers will vary.

_____

_____

_____

_____

_____

_____

_____

_____

STRUCTURES

PA.1 The passé composé vs. the imparfait (Part 1)

1 **Souvenirs d'enfance** Sylvain and his friends are talking about some childhood memories. Complete their statements by choosing the appropriate past tense.

1. Mon ancienne maison n' _____ a _____ pas très grande.
   a. était   b. a été

2. Nous _____ b _____ trois garages dans notre maison.
   a. avons eu   b. avions

3. Mes sœurs _____ a _____ toujours beaucoup d'affiches sur les murs de leurs chambres.
   a. mettaient   b. ont mis

4. Nous _____ b _____ trois fois dans la même année.
   a. déménagions   b. avons déménagé

5. Mes parents _____ a _____ souvent une chambre aux étudiants de l'université.
   a. louaient   b. ont loué

6. Un jour, mon frère _____ a _____ du balcon.
   a. est tombé   b. tombait

7. Papa _____ b _____ le vieux fauteuil de mon grand-père.
   a. a adoré   b. adorait

8. Tout à coup, je/j' _____ a _____ un bruit (*noise*) au sous-sol.
   a. ai entendu   b. entendais

9. Quand j'avais treize ans, je/j' _____ b _____ dans un beau quartier à Chicago.
   a. ai habité   b. habitais

10. Mes voisins ne/n' _____ b _____ pas mon chat.
    a. ont aimé   b. aimaient

2 **Raconte!** Complete this conversation by choosing an appropriate verb from the list and putting it in the **passé composé** or the **imparfait**.

aimer	avoir	décider	faire	rentrer
aller	commencer	être	préparer	sortir

CORALIE Tu (1) _____ est sortie _____ avec ta cousine Julie samedi dernier?

SARAH Oui, nous (2) _____ sommes allés _____ voir le nouveau film de Leonardo DiCaprio.

CORALIE Ah oui? Tu l' (3) _____ as aimé _____?

SARAH Beaucoup! Ce/C' (4) _____ était _____ vraiment super, surtout la fin!

CORALIE Qu'est-ce que vous (5) _____ avez fait _____ après le film?

SARAH Julie (6) _____ avait _____ faim, alors on (7) _____ a décidé _____ d'aller au Café Margot. Mais tout d'un coup (*all of a sudden*) il (8) _____ a commencé _____ à pleuvoir. Alors, nous (9) _____ sommes rentrés _____ chez moi et je/j' (10) _____ ai préparé _____ un sandwich au jambon pour elle.

     Unité préliminaire Activities   **9**

3   **Décrivez** Write a complete sentence in the past tense to describe each picture by choosing the phrase that matches the image. Be sure to pay attention to the cues to help you decide which past tense to use.

> **Modèle**
>
> Hier, Madame Boiteux n'a pas couru.

| acheter des vêtements | beaucoup manger | ne pas courir | visiter Paris |
| arriver en retard | commander une salade | faire de la gym | boire du café |

1. Hier matin, ils _____ sont arrivés en retard _____.

2. Dimanche dernier, Julie _____ a acheté des vêtements _____.

3. Quand il était jeune, Hervé _____ mangeait beaucoup _____.

4. Vous _____ faisiez de la gym _____ le week-end.

5. L'été dernier, je/j' _____ ai visité Paris _____.

6. Nous _____ commandions une salade _____ tous les soirs.

4   **Pas de camping!** Pascal is writing an e-mail to Amadou about his camping experiences. Complete his e-mail with the **passé composé** or the **imparfait** of the verbs in parentheses.

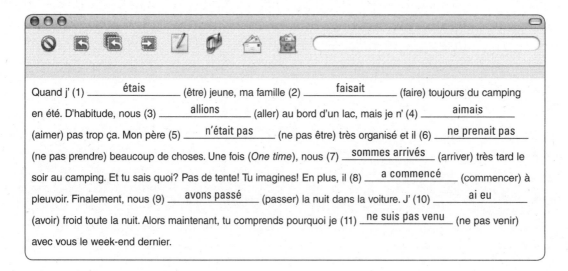

Quand j' (1) ___ étais ___ (être) jeune, ma famille (2) ___ faisait ___ (faire) toujours du camping en été. D'habitude, nous (3) ___ allions ___ (aller) au bord d'un lac, mais je n' (4) ___ aimais ___ (aimer) pas trop ça. Mon père (5) ___ n'était pas ___ (ne pas être) très organisé et il (6) ___ ne prenait pas ___ (ne pas prendre) beaucoup de choses. Une fois (One time), nous (7) ___ sommes arrivés ___ (arriver) très tard le soir au camping. Et tu sais quoi? Pas de tente! Tu imagines! En plus, il (8) ___ a commencé ___ (commencer) à pleuvoir. Finalement, nous (9) ___ avons passé ___ (passer) la nuit dans la voiture. J' (10) ___ ai eu ___ (avoir) froid toute la nuit. Alors maintenant, tu comprends pourquoi je (11) ___ ne suis pas venu ___ (ne pas venir) avec vous le week-end dernier.

PA.1 The **passé composé** vs. the **imparfait** (Part 1) (audio activities)

1 **Identifiez** Listen to each sentence in the past tense and indicate which category best describes it.

1. a. habitual action   (b.) specific completed action   c. description of a physical/mental state
2. (a.) habitual action   b. specific completed action   c. description of a physical/mental state
3. (a.) habitual action   b. specific completed action   c. description of a physical/mental state
4. a. habitual action   b. specific completed action   (c.) description of a physical/mental state
5. a. habitual action   (b.) specific completed action   c. description of a physical/mental state
6. a. habitual action   (b.) specific completed action   c. description of a physical/mental state
7. (a.) habitual action   b. specific completed action   c. description of a physical/mental state
8. a. habitual action   b. specific completed action   (c.) description of a physical/mental state
9. a. habitual action   (b.) specific completed action   c. description of a physical/mental state
10. a. habitual action   b. specific completed action   (c.) description of a physical/mental state

2 **Choisissez** Listen to each question and choose the most logical answer.

1. (a.) Il pleuvait et il faisait froid.
   b. Il a plu et il a fait froid.
2. a. J'ai joué au volley avec mes amis.
   (b.) Je jouais au volley avec mes amis.
3. (a.) Nous sommes allés au musée.
   b. Nous allions au musée.
4. (a.) Super! On a dansé toute la nuit.
   b. Super! On dansait toute la nuit.
5. a. Je les mettais dans ton sac.
   (b.) Je les ai mises dans ton sac.
6. (a.) Il a passé les vacances d'été en Espagne.
   b. Il passait les vacances d'été en Espagne.

3 **Complétez** Complete each sentence you hear in the **passé composé** or the **imparfait** using the cue. Repeat the correct response after the speaker.

> **Modèle**
>
> *You hear:* Ma petite amie adore danser maintenant, mais quand elle était au lycée…
> *You see:* préférer chanter
> *You say:* elle préférait chanter.

1. manger un sandwich
2. jouer au football
3. sortir tous les soirs
4. prendre un taxi
5. nettoyer le garage
6. porter des jupes

PA.2 The **passé composé** vs. the **imparfait** (Part 2) and the verb **vivre**

1 **C'est du passé** Change each sentence from the present tense to the past tense. Use the **passé composé** or the **imparfait** based on the adverbial expression provided.

> **Modèle**
>
> Je mange une pizza à midi.
> Hier, j'ai mangé une pizza à midi.

1. Je vis en Angleterre.

   _____ J'ai vécu en Angleterre _____ pendant deux ans.

2. Ils font de l'aérobic.

   _____ Ils faisaient de l'aérobic _____ tous les samedis.

3. Tu vas rarement en banlieue.

   Autrefois, _____ tu allais rarement en banlieue. _____.

4. Les femmes ont peur.

   Soudain, _____ les femmes ont eu peur. _____.

5. Vous buvez du café au petit-déjeuner.

   Hier, _____ vous avez bu du café au petit-déjeuner. _____.

6. David ne paie pas le loyer à la propriétaire.

   Avant, _____ David ne payait pas le loyer à la propriétaire. _____.

7. Nous étudions dans le salon.

   Parfois, _____ nous étudiions dans le salon. _____.

8. Ma tante descend au sous-sol.

   Une fois, _____ ma tante est descendue au sous-sol. _____.

2 **Une journée assez banale** Tell how these people spent their day and what the circumstances were using the correct past tense.

1. Vincent et sa sœur _____sont allés_____ (aller) au Cinéma Gaumont parce qu'il y

   _____avait_____ (avoir) un bon film.

2. Natasha _____est restée_____ (rester) à la maison parce qu'elle

   _____était_____ (être) fatiguée.

3. Il _____neigeait_____ (neiger) quand Antoine _____est allé_____

   (aller) au marché.

4. Myriam et Alisha _____ont beaucoup mangé_____ (beaucoup manger) parce qu'elles

   _____avaient_____ (avoir) faim.

5. Quand maman et tante Agathe _____sont rentrées_____ (rentrer), je

   _____nettoyais_____ (nettoyer) le tapis.

6. Mon copain et moi _____attendions_____ (attendre) devant le café quand le prof nous

   _____a parlé_____ (parler).

3 **Qui faisait quoi?** Complete these sentences about what these people were doing using the illustrations.

1.

2.

3.

4.

5.

6.

1. Quand tante Élise a appelé, mon oncle _____ regardait la télé. _____

2. Maxime est arrivé quand nous _____ attendions le bus. _____

3. J'étais dans le jardin quand les enfants _____ ont mangé de la glace/une glace. _____

4. Elle m'a vu (*saw*) quand je _____ faisais du cheval. _____

5. Nous étions dans la cuisine quand vous _____ avez nettoyé la table. _____

6. Quand nous sommes partis, Karim et Delphine _____ étudiaient à la bibliothèque. _____

4 **Le départ** Lucas and Noémie are leaving for Dakar to visit their friend Saliou. Say what happened on the day of their departure by putting the verbs in the **passé composé** or the **imparfait**.

Le jour de leur départ, Lucas et Noémie (1) _____ prenaient _____ (prendre) tranquillement leur petit-déjeuner le matin parce que leur avion (2) _____ partait _____ (partir) seulement à 14h00. Après le petit-déjeuner, Noémie (3) _____ est allée _____ (aller) au parc avec leur chien Loulou. Quand elle (4) _____ est rentrée _____ (rentrer) à la maison, Lucas (5) _____ lisait _____ (lire) le journal (*newspaper*). À 11h30, ils (6) _____ faisaient _____ (faire) leurs valises quand leur amie Julie (7) _____ est venue _____ (venir) chercher leur chien. Ils (8) _____ bavardaient _____ (bavarder) avec Julie quand tout à coup Lucas (9) _____ a remarqué _____ (remarquer) (*noticed*) qu'il (10) _____ était _____ (être) déjà 13h00! Lucas (11) _____ est vite allé chercher _____ (vite aller chercher) leurs bagages et Noémie (12) _____ a appelé _____ (appeler) un taxi. Ils n' (13) _____ avaient _____ (avoir) pas beaucoup de temps! Ils (14) _____ sont arrivés _____ (arriver) à l'aéroport juste trente minutes avant le départ. Heureusement, l'avion (15) _____ est parti _____ (partir) à 15h00 avec une heure de retard!

PA.2 The passé composé vs. the imparfait (Part 2) and the verb vivre (audio activities)

1 **Complétez** Listen to each phrase and complete it using the cues. Repeat the correct response after the speaker.

> **Modèle**
>
> *You hear:* Elle regardait la télé quand...
> *You see:* son frère / sortir la poubelle
> *You say:* Elle regardait la télé quand son frère a sorti la poubelle.

1. papa / rentrer
2. son petit ami / téléphoner
3. mes sœurs / dormir
4. la cafetière / tomber
5. vous / être dans le jardin
6. nous / vivre au Sénégal

2 **Changez** Change each sentence you hear in the present tense to the appropriate past tense. Repeat the correct response after the speaker. (*8 items*)

> **Modèle**
>
> D'habitude, je sors à huit heures du matin.
> D'habitude, je sortais à huit heures du matin.

3 **Répondez** Answer each question you hear using the cue. Repeat the correct response after the speaker.

> **Modèle**
>
> *You hear:* Qu'est-ce que tu lisais quand tu avais neuf ans?
> *You see:* des bandes dessinées
> *You say:* Je lisais des bandes dessinées.

1. des frites
2. rendre visite à mes grands-parents
3. au centre commercial
4. aller au centre-ville
5. non, dans une grande maison
6. une robe noire

Unité préliminaire

Leçon PB

1 **Chassez l'intrus** Circle the item that does not belong in each group.

1. balayer, passer l'aspirateur, un balai, (salir)
2. débarrasser la table, (enlever la poussière,) faire la vaisselle, faire la cuisine
3. faire la lessive, repasser le linge, (faire le ménage,) un lave-linge
4. un oreiller, une couverture, les draps, (un frigo)
5. un appareil électrique, une cafetière, (un oreiller,) un grille-pain
6. un congélateur, un frigo, une cuisinière, (une tâche ménagère)
7. (un balai,) un évier, faire la vaisselle, laver
8. une cafetière, un grille-pain, un four à micro-ondes, (un sèche-linge)

2 **Que font-ils?** Write a sentence describing the domestic activity in each drawing.

1. _____ Il passe l'aspirateur. _____

2. _____ Il fait le lit. _____

3. _____ Il sort la poubelle. _____

4. _____ Elle balaie. _____

3 **Les tâches ménagères** Tell who does what in Farid's household by completing each sentence with the most logical choice.

1. Après le dîner, ma sœur _____ c _____.
   a. fait la poussière   b. met la table   c. fait la vaisselle

2. Pour faire la cuisine, ma mère utilise le _____ b _____.
   a. lave-linge   b. four   c. congélateur

3. Je _____ b _____ ma chambre une fois par semaine.
   a. salis   b. range   c. repasse

4. Après la lessive, mon frère _____ b _____ ses vêtements.
   a. lave   b. repasse   c. balaie

5. Ma sœur change _____ c _____ toutes les semaines.
   a. l'aspirateur   b. le balai   c. les draps

6. Mon père _____ a _____ avant le dîner.
   a. met la table   b. sort la poubelle   c. passe l'aspirateur

7. Pour faire la vaisselle, j'utilise toujours _____ c _____.
   a. le lave-linge   b. le balai   c. le lave-vaisselle

8. Quand la poubelle est pleine, mon père la _____ b _____.
   a. range   b. sort   c. débarrasse

4   **Mots croisés** Complete the crossword puzzle. One of the words will be missing an accent; write it out with the accent in place in the space provided below.

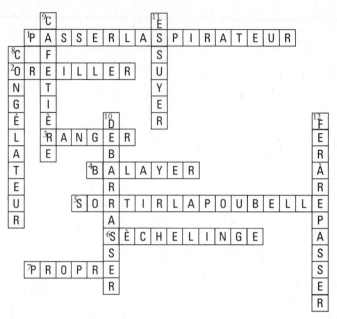

1. On l'utilise pour nettoyer le tapis.

2. On met sa tête dessus (*on it*) pour dormir.

3. Quand votre chambre est en désordre, il faut la...

4. Utiliser un balai, c'est...

5. On le fait au moins une fois par semaine quand il y a beaucoup d'ordures (*garbage*).

6. Après la lessive, on l'utilise.

7. C'est le contraire de sale.

8. On y range les glaces et les plats surgelés (*frozen dishes*).

9. On l'utilise pour faire du café.

10. C'est le contraire de mettre la table. _____débarrasser_____

11. Quand vous avez fait la vaisselle, il faut l'...

12. Si vous n'aimez pas avoir de plis (*folds*) sur vos vêtements, vous l'utilisez.

5   **Racontez** Your parents are asking you and your brother Philippe to help with the chores. Describe how you are going to divide up the housework. Suggest who should do each chore and how frequently.

Answers will vary.

_____

_____

_____

_____

_____

_____

_____

_____

CONTEXTES: AUDIO ACTIVITIES

1 **Logique ou illogique?** Listen to these statements and indicate whether they are **logique** or **illogique**.

	Logique	Illogique
1.	○	⊘
2.	⊘	○
3.	⊘	○
4.	○	⊘
5.	○	⊘
6.	⊘	○
7.	○	⊘
8.	○	⊘

2 **Les tâches ménagères** Martin is a good housekeeper and does everything that needs to be done in the house. Listen to each statement and decide what he did. Then, repeat the correct answer after the speaker. (*6 items*)

> **Modèle**
>
> Les vêtements étaient sales.
> Alors, il a fait la lessive.

3 **Décrivez** Julie has invited a few friends over. When her friends are gone, she goes in the kitchen. Look at the drawing and write the answer to each question you hear. Answers may vary

1. Non, les amies de Julie ne l'ont pas aidée à ranger la cuisine.

2. Dans l'évier, il y a de la vaisselle sale.

3. Il y a un balai, un aspirateur, un grille-pain, une table à repasser et un fer à repasser.

4. Julie a fait la vaisselle, elle a passé l'aspirateur, elle a rangé le grille-pain, la table à repasser, le balai et l'aspirateur. Elle a nettoyé l'évier et elle a sorti la poubelle.

Unité préliminaire Audio Activities

LES SONS ET LES LETTRES

Semi-vowels

French has three semi-vowels. Semi-vowels are sounds that are produced in much the same
way as vowels, but also have many properties in common with consonants. Semi-vowels are
also sometimes referred to as *glides* because they glide from or into the vowel they accompany.

Lucien   chien   soif   **nuit**

The semi-vowel that occurs in the word **bien** is very much like the *y* in the English word *yes*. It is
usually spelled with an **i** or a **y** (pronounced *ee*), then glides into the following sound. This semi-vowel
sound may also be spelled **ll** after an **i**.

nation   bala**y**er   bien   bri**ll**ant

The semi-vowel that occurs in the word **soif** is like the *w* in the English word *was*. It usually begins
with **o** or **ou**, then glides into the following vowel.

tr**ois**   froid   **oui**   **Louis**

The third semi-vowel sound occurs in the word **nuit**. It is spelled with the vowel **u**, as in the French
word **tu**, then glides into the following sound.

lui   **suis**   cr**ue**l   intellect**ue**l

---

1   Prononcez Répétez les mots suivants à voix haute.

1. oui   4. fille   7. minuit   10. juillet
2. taille   5. mois   8. jouer   11. échouer
3. suisse   6. cruel   9. cuisine   12. croissant

---

2   Articulez Répétez les phrases suivantes à voix haute.

1. Voici trois poissons noirs.
2. Louis et sa famille sont suisses.
3. Parfois, Grégoire fait de la cuisine chinoise.
4. Aujourd'hui, Matthieu et Damien vont travailler.
5. Françoise a besoin de faire ses devoirs d'histoire.
6. La fille de Monsieur Poirot va conduire pour la première fois.

---

3   Dictons Répétez les dictons à voix haute.

1. La nuit, tous les chats sont gris.
2. Vouloir, c'est pouvoir.

---

4   Dictée You will hear six sentences. Each will be said twice. Listen carefully and write what you hear.

1. Hier soir, Antoine est rentré chez lui à minuit.
2. Aujourd'hui, c'est l'anniversaire de Mathieu.
3. Nous avons besoin de finir de faire la vaisselle et de balayer la cuisine.
4. Louis va travailler en Suisse pour la première fois.
5. Grégoire aime beaucoup jouer avec ses trois chiens.
6. Damien n'est pas brillant et il a échoué à son examen d'histoire.

Roman-photo

LA VIE SANS PASCAL

Avant de regarder

1 **Chez moi** In this video episode, you will hear people talking about chores. In preparation, make a list of household chores in French. Answers will vary.

_____

_____

_____

_____

_____

En regardant la vidéo

2 **Les tâches ménagères** Check off the chores mentioned or seen in the video.

- ☑ 1. faire le lit
- ☑ 2. balayer
- ☑ 3. sortir les poubelles
- ☐ 4. repasser le linge
- ☑ 5. ranger la chambre
- ☐ 6. passer l'aspirateur
- ☐ 7. mettre la table
- ☑ 8. faire la vaisselle
- ☑ 9. faire la lessive
- ☑ 10. débarrasser la table
- ☐ 11. enlever la poussière
- ☑ 12. essuyer la table

3 **Sélectionnez** Watch the scenes in the café, and choose the words that complete each sentence according to what you hear.

1. Je débarrasse _____c_____?
   a. la poubelle   b. la lessive   c. la table

2. Apporte-moi _____a_____, s'il te plaît.
   a. l'addition   b. le thé   c. le balai

3. Tu dois faire _____b_____ avant de sortir.
   a. la lessive   b. la vaisselle   c. les devoirs

4. Il faut sortir _____c_____ ce soir!
   a. le chien   b. le balai   c. les poubelles

5. Il est l'heure de préparer _____a_____.
   a. le dîner   b. les biscuits   c. le petit-déjeuner

6. Est-ce que tu as rangé _____c_____?
   a. le lit   b. la table   c. ta chambre

4 **Les réponses** Watch the scene in Sandrine's apartment, and choose the response to each statement or question you hear in the video.

_c_ 1. Mmmm. Qu'est-ce qui sent bon?

_a_ 2. Tu as soif?

_d_ 3. Tu vas le rencontrer un de ces jours?

_b_ 4. Ne t'en fais pas, je comprends.

_e_ 5. Je ne le connais pas vraiment, tu sais.

a. Un peu, oui.

b. Toi, tu as de la chance.

c. Il y a des biscuits au chocolat dans le four.

d. Oh… Je ne sais pas si c'est une bonne idée.

e. Comme d'habitude, tu as raison.

Après la vidéo

5 **Qui?** Who did these chores? Write **M** for Michèle, **St** for Stéphane, **V** for Valérie, or **X** if no one did it.

_St_ 1. faire le lit

_St_ 2. ranger sa chambre

_V_ 3. faire la lessive

_M_ 4. débarrasser la table

_X_ 5. passer l'aspirateur

_X_ 6. repasser le linge

_M_ 7. sortir les poubelles

_M_ 8. essuyer la table

6 **Expliquez** Answer these questions in French. Write complete sentences. Answers will vary. Possible answers:

1. Pourquoi est-ce que Sandrine est de mauvaise humeur?

   Sandrine est de mauvaise humeur parce que c'est fini entre Pascal et elle.

2. Pourquoi est-ce que Sandrine pense qu'Amina a de la chance?

   Amina a de la chance parce qu'elle a son cyberhomme.

3. Quand Sandrine parle d'un petit ami artistique, charmant et beau, à qui pense-t-elle? Comment est-ce que vous le savez?

   Elle pense à David, parce qu'Amina dit qu'il est américain.

7 **À vous!** Imagine that you are dividing household chores with your sibling. Write a conversation in which you discuss which chores you will each do. Talk about at least six different things.

Answers will vary.

_____

_____

_____

_____

_____

_____

_____

STRUCTURES

PB.1 The passé composé vs. the imparfait (Summary)

1 **Comme d'habitude?** Your big sister explains there have been some changes in the organization of the chores in her dorm. Complete each pair of sentences by using the **imparfait** or the **passé composé** of the verb in parentheses.

1. D'habitude, je/j' _____ balayais _____ le couloir.   (balayer)

   Hier, Serge _____ a balayé _____ le couloir avant moi.

2. Je/J' _____ faisais le ménage _____ de temps en temps.   (faire le ménage)

   Mardi, Hassan _____ a fait le ménage _____.

3. La nouvelle étudiante _____ a mis la table _____ deux fois.   (mettre la table)

   Deux étudiantes _____ mettaient la table _____ tous les jours.

4. Je/J' _____ rangeais _____ toujours ma chambre avant de partir.   (ranger)

   Ce matin, Sylvain _____ a rangé _____ la chambre.

5. Ils _____ ont sorti la poubelle _____ ce matin, à 6h00.   (sortir la poubelle)

   Autrefois, mon camarade de chambre _____ sortait la poubelle _____.

2 **Que faisaient-ils?** Complete these descriptions of what the people in the photos were doing yesterday afternoon and where each activity took place. Answers may vary. Suggested answers:

1. [photo] 2. [photo] 3. [photo]

4. [photo] 5. [photo] 6. [photo]

1. Hier, avant de venir me voir (*to see*), il _____ a passé l'aspirateur _____

   _____.

2. Tous les après-midi, il _____ nettoyait sa chambre/faisait le lit _____

   _____.

3. Quand je l'ai appelé, il _____ sortait la poubelle _____

   _____.

4. Elle _____ a balayé _____ pour la première fois.

5. Quand je l'ai vu, il _____ faisait du vélo dans le parc _____

   _____.

6. Comme elle fêtait l'anniversaire de ses parents, elle _____ a fait la cuisine _____

   _____.

Unité préliminaire Activities

3 **Quoi de neuf?** Complete Marc's letter to his grandparents by selecting the appropriate form of each verb in parentheses.

La semaine dernière, quand je (1) ____suis rentré____ (rentrais / suis rentré) chez moi, il (2) ____faisait____ (faisait / a fait) très froid. Il (3) ____neigeait____ (neigeait / a neigé). La cuisine (4) ____était____ (était / a été) sale et en désordre, et mon frère (5) ____passait____ (passait / a passé) l'aspirateur. Je lui (6) ____ai demandé____ (demandais / ai demandé) ce qui se passait (*was happening*). Il me/m' (7) ____a dit____ (disait / a dit) qu'il (8) ____fallait____ (fallait / a fallu) tout ranger rapidement avant la fête à 7h30! Les voisins nous (9) ____ont aidés____ (aidaient / ont aidés) un peu, et la fête a été un succès. Quelle histoire!

4 **Racontez** There was a burglary in your building and the police are asking people where they were and what they were doing when it happened. Write questions and answers based on the cues provided. Follow the model.

> **Modèle**
>
> Mlle Hu / quand / M. Jouan / téléphoner (dans sa chambre / faire le ménage)
> **Que faisait Mlle Hu quand M. Jouan a téléphoné? Elle était dans sa chambre. Elle faisait le ménage.**

1. M. Ibrahim / quand / M. Dupont / sortir la poubelle à 9h00 (dans la cuisine / nettoyer l'évier)
   Que faisait M. Ibrahim quand M. Dupont a sorti la poubelle à 9h00? M. Ibrahim était dans la cuisine. Il nettoyait l'évier.

2. vous / quand / votre sœur / sortir avec ses amis (dans le salon / repasser le linge)
   Que faisiez-vous quand votre soeur est sortie avec ses amis? J'étais dans le salon. Je repassais le linge.

3. M. Dubois / quand / M. Traoré / aller au cinéma (dans la bibliothèque / lire)
   Que faisait M. Dubois quand M. Traoré est allé au cinéma? M. Dubois était dans la bibliothèque. Il lisait.

4. Mlle Christophe / quand / Mlle Mojon / partir pour le gymnase (dans sa chambre / faire la poussière)
   Que faisait Mlle Christophe quand Mlle Mojon est partie pour le gymnase?
   Mlle Christophe était dans sa chambre. Elle faisait la poussière.

5. Mme Rodier / quand / M. Rodier / balayer le garage pour la première fois (dans le salon / ranger les magazines)
   Que faisait Mme Rodier quand M. Rodier a balayé le garage pour la première fois?
   Mme Rodier était dans le salon. Elle rangeait les magazines.

6. Mme Fossier / quand / sa fille / essuyer rapidement la table (dans le garage / faire la lessive)
   Que faisait Mme Fossier quand sa fille a rapidement essuyé la table? Mme Fossier était dans le garage. Elle faisait la lessive.

7. M. Ardan / quand / son fils / rentrer (dans la cuisine / balayer)
   Que faisait M. Ardan quand son fils est rentré? M. Ardan était dans la cuisine. Il balayait.

8. M. Hassan / quand / sa femme / quitter la résidence (dans la salle de bains / laver la baignoire)
   Que faisait M. Hassan quand sa femme a quitté la résidence?
   M. Hassan était dans la salle de bains. Il lavait la baignoire.

5 **Une aventure** Here is the account of what happened to Cédric during his stay in Yamoussoukro in Côte d'Ivoire. Complete his story by conjugating the verbs in parentheses in the **imparfait** or the **passé composé**.

L'été dernier, je/j' (1) ____étais____ (être) en Côte d'Ivoire. Je/J' (2) ____rendais____ (rendre) visite à mon ami Amadou. Le jour de mon arrivée, je/j' (3) ____ai passé____ (passer) sept heures dans l'avion. Comme il (4) ____faisait____ (faire) très chaud à Yamoussoukro, nous (5) ____avons décidé____ (décider) de visiter la basilique. C'est la plus grande du monde! Ça/C' (6) ____était____ (être) formidable. Ensuite, nous (7) ____sommes allés____ (aller) au café, et puis nous (8) ____sommes rentrés____ (rentrer) à la maison. Malheureusement, nous (9) __n'avons pas__ (ne pas tout visiter) parce que nous (10) __n'avions pas__ (ne pas avoir) assez de temps.

tout visité

PB.1 The **passé composé** vs. the **imparfait** (Summary) (audio activities)

1   **Identifiez** Listen to each statement and identify the verbs in the **imparfait** and the **passé composé**. Write them in the appropriate column.

> **Modèle**
>
> *You hear:* Quand je suis entrée dans la cuisine, maman faisait la vaisselle.
> *You write:* suis entrée under **passé composé** and faisait under **imparfait**

	Imparfait	Passé composé
Modèle	faisait	suis entrée
1.	balayais	as téléphoné
2.	pleuvait	sommes rentrés
3.	repassait	a débarrassé
4.	préparais	ai fait
5.	rangeais	sommes sortis
6.	neigeait	sommes partis
7.	avions	avons bu
8.	commençait	sommes arrivés

2   **Répondez** Answer the questions using cues. Substitute direct object pronouns for the direct object nouns when appropriate. Repeat the correct response after the speaker.

> **Modèle**
>
> *You hear:* Pourquoi es-tu rentré tard?
> *You see:* regarder un film avec Nathan
> *You say:* Je suis rentré tard parce que je regardais un film avec Nathan.

1. la musique / être bonne
2. pleuvoir
3. Marc / chanter mal
4. avoir soif
5. ranger l'appartement
6. pendant que nous / étudier
7. pendant que Myriam / préparer le gâteau
8. être malade

3   **Vrai ou faux?** Listen as Coralie tells you about her childhood. Then read the statements and decide whether they are **vrai** or **faux**.

	Vrai	Faux
1. Quand elle était petite, Coralie habitait à Paris avec sa famille.	○	☑
2. Son père était architecte.	☑	○
3. Coralie a des frères et une sœur.	○	☑
4. Tous les soirs, Coralie mettait la table.	☑	○
5. Sa mère sortait le chien après dîner.	○	☑
6. Un jour, ses parents ont tout vendu.	☑	○
7. Coralie aime beaucoup habiter près de la mer.	☑	○

    Unité préliminaire Audio Activities

PB.2 The verbs savoir and connaître

1 **Savoir ou connaître?** Describe what these people know or don't know using the verbs **savoir** and **connaître.** Answers may vary. Suggested answers:

1. Il ___ne sait pas où il est. /___
   ___ne connaît pas cette ville.___

2. Il ___ne sait pas quel exercice faire.___

3. Il ___sait nager.___

4. Rachid ___le connaît.___

5. Elle ___sait faire la cuisine.___

6. Ils ___savent jouer aux échecs.___

2 **Choisissez** Complete these sentences using the present tense of **savoir** or **connaître.**

1. Ma mère ___sait___ où sont les draps.
2. Hassan ___sait___ quand il faut sortir la poubelle.
3. Je ___sais___ comment fonctionne le congélateur.
4. Vous ___connaissez___ les élèves des autres classes?
5. Ils ___savent___ comment repasser le linge.
6. Elle ___sait___ conduire.
7. Tu ___connais___ le propriétaire de la maison.
8. Nous ___connaissons___ bien le quartier et le supermarché.

3 **Écrivez** Write sentences with **savoir** or **connaître** based on the cues provided.

1. Chuyên / mon copain, Clément
   Chuyên connaît mon copain, Clément.

2. mon frère / conduire
   Mon frère sait conduire.

3. je / le garage où il gare (*parks*) sa voiture
   Je connais le garage où il gare sa voiture.

4. Marc / le propriétaire du garage
   Marc connaît le propriétaire du garage.

5. le propriétaire du garage / parler français et vietnamien
   Le propriétaire du garage sait parler français et vietnamien.

6. Chuyên / le centre franco-vietnamien
   Chuyên connaît le centre franco-vietnamien.

7. nous / Tûan
   Nous connaissons Tûan.

8. il / nager
   Il sait nager.

4 | **Mon correspondant** Complete this paragraph by selecting the appropriate verbs in parentheses.

Quand je suis arrivé(e) en France, je (1) _____connaissais_____ (savais, connaissais) un peu Paris,

mais je ne (2) _____savais_____ (savais, connaissais) pas bien parler français et je ne

(3) _____connaissais_____ (savais, connaissais) pas non plus mon correspondant. Je

(4) _____savais_____ (savais, connaissais) seulement qu'il était grand et brun et que nous

avions le même âge. Les premiers jours, j'ai visité les grands monuments. Mon correspondant

(5) _____savait_____ (savait, connaissait) où aller. Je (6) _____connaissais_____ (savais,

connaissais) déjà les monuments, mais je ne (7) _____savais_____ (savais, connaissais) pas

qu'il y aurait (*would be*) des centaines de touristes là-bas. Heureusement que mon correspondant était

avec moi parce que je ne (8) _____connaissais_____ (savais, connaissais) pas le quartier et je ne

(9) _____savais_____ (savais, connaissais) pas qu'il était difficile de trouver certains endroits.

Maintenant, je (10) _____connais_____ (sais, connais) bien Paris et mon correspondant.

5 | **Un accident** Séverine and Malika run into their friend, Bénédicte. Complete their conversation with the correct form of the verb **savoir**, **connaître**, or **reconnaître** in the present, the **imparfait**, or the **passé composé**.

BÉNÉDICTE Est-ce que vous (1) _____savez_____ ce qui s'est passé?

SÉVERINE Non, raconte.

BÉNÉDICTE Eh bien, vous (2) _____connaissez_____ Yannick, n'est-ce pas?

SÉVERINE Oui, je le/l' (3) _____ai connu_____ en cours de français l'année dernière. Et toi,

Malika, tu le/l' (4) _____connais_____?

MALIKA Non, je ne pense pas.

BÉNÉDICTE Il a (5) _____connu_____ Ed Sheeran au supermarché! Il l'a

(6) _____reconnu_____ à cause de ses cheveux roux.

SÉVERINE Tu (7) _____sais_____ dans quel supermarché il était?

BÉNÉDICTE Oui, mais je ne/n' (8) _____connais_____ pas les heures d'ouverture.

MALIKA Appelons le supermarché. Je veux son autographe!

PB.2 The verbs **savoir** and **connaître** (audio activities)

1   **Connaître ou savoir** You will hear some sentences with a beep in place of the verb. Decide which form of **connaître** or **savoir** should complete each sentence and circle it.

1. a. sais   (b.) connais
2. (a.) sait   b. connaît
3. a. savons   (b.) connaissons
4. a. connaissent   (b.) savent
5. (a.) connaissez   b. savez
6. a. connaissons   (b.) savons

2   **Changez** Listen to the following statements and say that you do the same activities. Repeat the correct answer after the speaker. (*6 items*)

> **Modèle**
>
> Alexandre sait parler chinois.
> *Moi aussi, je sais parler chinois.*

3   **Répondez** Answer each question using the cue that you see. Repeat the correct response after the speaker. (*6 items*)

> **Modèle**
>
> You hear: Est-ce que tes parents connaissent tes amis?
> *You see:* oui
> *You say: Oui, mes parents connaissent mes amis.*

1. oui
2. non
3. oui
4. six mois
5. oui
6. non

4   **Mon amie** Salomé is spending the summer in France with a host family. Listen as she describes her experience. Then read the statements and decide whether they are **vrai** or **faux**.

	Vrai	Faux
1. Salomé ne connaît pas la famille de Christine.	○	⊘
2. Christine sait parler russe.	⊘	○
3. Christine sait danser.	⊘	○
4. Salomé connaît maintenant des recettes.	⊘	○
5. Christine sait passer l'aspirateur.	○	⊘
6. Christine ne sait pas repasser.	⊘	○

Unité préliminaire

PANORAMA

---

1 **Vrai ou faux?** Indicate whether these statements are **vrai** or **faux**. Correct the false statements.

1. On peut visiter Paris très facilement à pied (*on foot*).

   Vrai. _____

2. Paris est divisée en vingt arrondissements.

   Vrai. _____

3. Il y a cent cinq musées à Paris.

   Faux. Il y a plus de cent cinquante musées à Paris. _____

4. Charles Baudelaire est un célèbre chanteur français.

   Faux. Charles Baudelaire est un célèbre poète français. _____

5. Les catacombes sont sous les rues de Paris.

   Vrai. _____

6. La tour Eiffel a été construite en 1889 pour l'Exposition universelle.

   Vrai. _____

7. Paris-Plages est ouvert toute l'année.

   Faux. Paris-Plages est ouvert en juillet et en août. _____

8. L'architecte américain I. M. Pei a créé la Tour Eiffel.

   Faux. L'architecte américain I. M. Pei a créé la pyramide de verre qui marque l'entrée du Louvre. _____

9. Des entrées du métro sont construites dans le style rococo.

   Faux. Des entrées du métro sont construites dans le style Art Nouveau. _____

10. Le métro est un système de transport très efficace.

    Vrai. _____

---

2 **C'est qui ou quoi?** Label each image shown below.

1. _____ les catacombes _____

3. _____ la tour Eiffel _____

5. _____ Édith Piaf _____

2. _____ l'Arc de Triomphe _____

4. _____ Paris-Plages _____

6. _____ l'opéra Garnier _____

---

3 **Complétez** Complete these sentences with the correct information from **Panorama** about Paris.

Paris est la (1) _____ capitale _____ de la France. Sa population est de plus de

(2) _____ deux millions _____ d'habitants. Paris est divisée en vingt (3) _____ arrondissements _____.

Le Louvre, un des plus grands musées du monde, est un ancien palais royal. L'œuvre (*piece of artwork*)

la plus célèbre de sa collection est (4) _____ La Joconde _____.

Avec plus de sept millions de visiteurs par an, (5) _____ la tour Eiffel _____ est un autre monument

célèbre. Elle attire le plus grand nombre de visiteurs en France.

(6) _____ Sous _____ les rues de Paris, dans (7) _____ les catacombes _____, il y a environ

(8) _____ six millions _____ de squelettes provenant d' (9) _____ anciens cimetières _____ de Paris et de ses environs.

Pour visiter Paris, le métro est un système de transport efficace. Les premières entrées du métro de style

Art Nouveau datent de (10) _____ 1898 _____. Elles sont l'œuvre de l'architecte Hector Guimard.

4 **Déchiffrez** Use what you've learned in **Panorama** about Paris to decipher the code and fill in the missing letters. Then, use the code to discover three of France's main industries.

A	B	C	D	E	F	G	H	I	J	K	L	M	N	O	P	Q	R	S	T	U	V	W	X	Y	Z
				10									1												

1. C'est le nom d'un écrivain et activiste célèbre.

   V I C T O R   H U G O
   15 8 24 13 1 12   25 23 20 1

2. Chaque arrondissement en a un (*has one*).

   U N   M A I R E
   23 11   17 14 8 12 7

3. C'est le nom d'un fameux sculpteur.

   R O D I N
   12 1 3 8 11

4. Dans les catacombes, il y a...

   D E S   S Q U E L E T T E S
   3 7 2   2 26 23 7 16 7 13 13 7 2

5. La tour Eiffel a été construite (*was built*) pour cette (*this*) occasion.

   L'E X P O S I T I O N   U N I V E R S E L L E
   16 7 22 5 1 2 8 13 8 1 11   23 11 8 15 7 12 2 7 16 16 7

6. C'est le nom du style de certaines (*some*) entrées du métro.

   A R T   N O U V E A U
   14 12 13   11 1 23 15 7 14 23

7. Voici trois des industries principales de Paris:

   L E S   F I N A N C E S
   16 7 2   10 8 11 14 11 24 7 2

   L A   T E C H N O L O G I E
   16 14   13 7 24 25 11 1 16 1 20 8 7

   L E   T O U R I S M E
   16 7   13 1 23 12 8 2 17 7

1   **Photos de l'Île-de-France**   Label each photo.

1.   le jardin de Versailles

2.   Disneyland Paris

3.   le pont d'Argenteuil

4.   un tombeau royal de la basilique Saint-Denis

2   **Des Franciliens célèbres**   Match each person from **Panorama** with the appropriate description.

____a____ 1. C'est une femme politique qui a été sénatrice du département de la Seine-Saint-Denis.

____c____ 2. Ses jardins, comme le jardin de Versailles, sont précis et méticuleux.

____d____ 3. C'est un acteur connu pour son rôle dans le film *Intouchables*.

____e____ 4. Cet artiste a créé la closerie Falbala entre 1971 et 1973.

____b____ 5. Ce poète, scénariste et artiste a contribué au mouvement du réalisme poétique.

____f____ 6. Il a réalisé (*created*) sa peinture *Le pont d'Argenteuil* en 1874.

a. Dominique Voynet
b. Jacques Prévert
c. André Le Nôtre
d. Omar Sy
e. Jean Dubuffet
f. Claude Monet

3   **Lieux**   Select the place that each statement describes.

1. On peut y voir (*see*) des remparts (*walls*) du Moyen Âge et des foires avec des spectacles sur la thématique médiévale.
   a. Disneyland Paris   (b.) Provins   c. Fontainebleau

2. Il y a plus de 1.600 kilomètres de chemins de randonnée.
   a. Disneyland Paris   b. Provins   (c.) Fontainebleau

3. Ce complexe avec deux parcs à thèmes et plus de soixante attractions est situé à 32 kilomètres de Paris.
   (a.) Disneyland Paris   b. Provins   c. Fontainebleau

4. On y pratique un type d'escalade sans corde, appelé «le bloc.»
   a. Disneyland Paris   b. Provins   (c.) Fontainebleau

5. Il y a un royaume (*kingdom*) enchanté et un parc sur les thèmes du cinéma et de l'animation.
   (a.) Disneyland Paris   b. Provins   c. Fontainebleau

6. On y peut faire de l'accrobranche.
   a. Disneyland Paris   b. Provins   (c.) Fontainebleau

4 Jardinier extraordinaire Fill in the missing words or expressions to complete the paragraph.

(1) _____André Le Nôtre_____ est connu pour ses jardins à la française. Son père était jardinier aux

(2) _____Tuileries_____, et Le Nôtre a passé sa jeunesse avec lui. Puis, il a étudié

(3) _____l'architecture_____ et est devenu jardinier du (4) _____roi Louis XIV_____ en 1637. Il est considéré

comme un (5) _____architecte paysagiste_____ parce que ses créations précises et méticuleuses sont souvent

caractérisées par des plantes aux formes (6) _____géométriques_____.

5 Vrai ou faux? Indicate whether each statement is **vrai** or **faux**. Correct the false statements.
Answers may vary slightly. Suggested answers

1. Les grands espaces de l'Île-de-France ont inspiré des peintres surréalistes.
   Faux. Les grands espaces de l'Île-de-France ont inspiré des peintres impressionnistes.

2. Thierry Henry est un chanteur français.
   Faux. Thierry Henry est un footballeur français.

3. La closerie Falbala est située sur l'île Saint-Germain.
   Vrai.

4. Provins est devenu la ville avec les plus grandes foires de Champagne.
   Vrai.

5. Le Nôtre est mort pauvre.
   Faux. Il avait une fortune énorme et une réputation internationale.

6. PAH signifie (*means*) «pratique d'activités hasardeuses».
   Faux. PAH signifie parcours acrobatiques en hauteur.

7. La forêt de Fontainebleau est une réserve de biosphère avec un paysage varié.
   Vrai.

8. Le royaume enchanté est le symbole le plus connu de Disneyland Paris.
   Faux. Le château de la Belle au bois dormant est le symbole le plus connu de Disneyland Paris.

6 Répondez Answer the following questions in complete sentences. Answers may vary slightly. Suggested answers

1. Quelles sont les industries principales de l'Île-de-France?
   Les industries principales sont l'aéronautique, l'automobile, l'énergie nucléaire, la santé et les services.

2. Qu'est-ce qu'on a dédié aux impressionnistes dans les Yvelines?
   On a dédié quatre chemins de randonnée aux impressionnistes dans les Yvelines.

3. Pourquoi Jean Dubuffet a-t-il construit la closerie Falbala?
   Il voulait créer un «espace mental» pour son énorme œuvre d'art, *Cabinet logologique*.

4. Pourquoi les foires à Provins étaient-elles importantes au Moyen Âge?
   Elles permettaient les échanges internationaux.

5. Qu'a fait Le Nôtre avant d'être jardinier du roi Louis XIV?
   Il a travaillé avec son père au jardin des Tuileries, puis il a suivi des cours d'architecture.

6. Comment fait-on de l'accrobranche?
   On explore la forêt en hauteur sur des structures fixées entre les arbres ou des supports artificiels.

7. Pourquoi l'escalade naturelle est-elle populaire à Fontainebleau?
   Les rochers de faible hauteur permettent aux grimpeurs de pratiquer le bloc.

8. Comment le château à Disneyland Paris est-il différent des autres châteaux Disney?
   Son architecture est dans le style des contes de fée. Les châteaux des autres parcs Disney ont un style historique.

Unité 1

CONTEXTES

---

1 **Qu'est-ce que c'est?** Read these definitions and write the appropriate word or expression in the spaces provided.

1. C'est un plat typiquement français. On les prépare avec du beurre et de l'ail. Ce sont ___des escargots___.

2. C'est un fruit. On boit souvent son jus au petit-déjeuner. C'est ___une orange/une pomme___.

3. Ce sont des légumes orange et longs. Ce sont ___des carottes___.

4. On les utilise pour faire des omelettes. Ce sont ___des œufs___.

5. Ce sont de petits légumes verts et ronds. Ce sont ___des petits pois___.

6. C'est la base d'une salade verte. C'est ___la laitue___.

7. C'est un fruit long et jaune. C'est ___une banane___.

---

2 **Chassez l'intrus** Circle the word that does not belong in each group.

1. une salade, une laitue, une tomate, (l'ail)
2. le bœuf, le porc, le pâté, (le riz)
3. un poivron, (une carotte,) des petits pois, des haricots verts
4. (un petit-déjeuner,) une pomme de terre, un pâté, les fruits de mer
5. une poire, une pomme, une pêche, (un champignon)
6. faire les courses, (un escargot,) un supermarché, une épicerie
7. un déjeuner, (un aliment,) un repas, un goûter
8. (une pomme de terre,) une fraise, une poire, une pêche

---

3 **Au marché** The new employee can't get anyone's order right. Say what each customer asked for and what the employee gave him or her instead.

Modèle

Madeleine / des frites
Madeleine a demandé des frites, mais il lui a donné du pain.

1. Malika / une pêche

   Malika a demandé une pêche,

   mais il lui a donné une poire.

3. Daniel / du pâté

   Daniel a demandé du pâté,

   mais il lui a donné des œufs.

2. Soraya / une tomate

   Soraya a demandé une tomate,

   mais il lui a donné un oignon.

4. Raphaël / un poivron rouge

   Rafaël a demandé un poivron rouge,

   mais il lui a donné des champignons.

---

4 **Cherchez** In the grid, find eleven more food-related words from the list, looking backward, forward, vertically, horizontally, and diagonally.

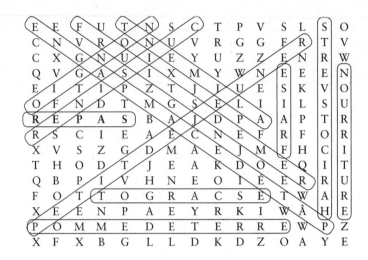

aliment
cuisiner
escargot
fraise
fruits de mer
haricots verts
nourriture
oignon
pâté de campagne
petit-déjeuner
pomme de terre
repas

5 **Complétez** Complete this conversation by choosing the most appropriate words from the list below.

bœuf	escargots	poivrons	tarte
champignons	haricots	salade	thon
cuisiner	poires	supermarché	tomate

FRANCK J'adore la (1) _____salade_____ que tu as préparée. Qu'est-ce que tu utilises?

MARINA De la laitue, une (2) _____tomate_____ et des (3) _____champignons_____ de Paris.

FRANCK Vraiment? Et tu n'utilises pas de (4) _____poivrons_____ rouges?

MARINA Non, mais tu peux ajouter (*can add*) du (5) _____thon_____ si tu aimes le poisson. Dis, qu'est-ce que tu vas (6) _____cuisiner_____ pour la fête de la semaine prochaine?

FRANCK Je pensais servir des (7) _____escargots_____ pour commencer et puis, comme viande, du (8) _____bœuf_____ avec des (9) _____haricots_____ verts. En dessert, je pensais à une (10) _____tarte_____ aux (11) _____poires_____.

MARINA Mmm! Ça a l'air vraiment délicieux. Je vais aller au (12) _____supermarché_____ et acheter quelque chose à apporter.

FRANCK Merci, c'est gentil.

Nom _____   Date _____

1 **Identifiez** Listen to each question and mark an **X** in the appropriate category.

> **Modèle**
> *You hear:* Un steak, qu'est-ce que c'est?
> *You mark:* **X** under **viande**

	viande	poisson	légume(s)	fruit(s)
Modèle	X			
1.	X			
2.			X	
3.				X
4.		X		
5.			X	
6.	X			
7.	X			
8.				X
9.			X	
10.			X	

2 **Quelques suggestions** Listen to each sentence and write the number of each statement under the drawing of the food mentioned.

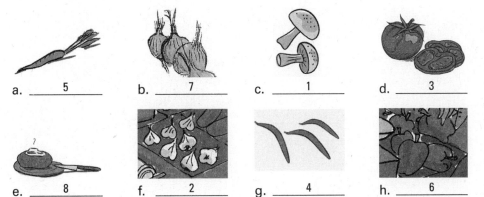

a. ___5___ b. ___7___ c. ___1___ d. ___3___

e. ___8___ f. ___2___ g. ___4___ h. ___6___

3 **Au restaurant** You will hear a couple ordering food in a restaurant. Indicate who orders what by writing an **X** in the appropriate column.

	Léa	Théo
1. fruits de mer	X	
2. pâté de campagne		X
3. poisson du jour	X	
4. riz, haricots verts	X	
5. poulet		X
6. frites		X

LES SONS ET LES LETTRES

e caduc and e muet

In **D'ACCORD!** Level 1, you learned that the vowel e in very short words is pronounced similarly to the *a* in the English word *about*. This sound is called an e **caduc**. An e **caduc** can also occur in longer words and before words beginning with vowel sounds.

     rechercher   devoirs   le haricot   le onze

An e **caduc** occurs in order to break up clusters of several consonants.

     appartement   quelquefois   poivre vert   gouvernement

An e **caduc** is sometimes called e **muet** (*mute*). It is often dropped in spoken French.

     Tu ne sais pas.   Je veux bien!   C'est un livre intéressant.

An unaccented e before a single consonant sound is often silent unless its omission makes the word difficult to pronounce.

     semaine   petit   finalement

An unaccented e at the end of a word is usually silent and often marks a feminine noun or adjective.

     fraise   salade   intelligente   jeune

---

1   **Prononcez** Répétez les mots suivants à voix haute.

    1. vendredi   3. exemple   5. tartelette   7. boucherie   9. pomme de terre
    2. logement   4. devenir   6. finalement   8. petits pois   10. malheureusement

---

2   **Articulez** Répétez les phrases suivantes à voix haute.

    1. Tu ne vas pas prendre de casquette?   4. Marc me parle souvent au téléphone.
    2. J'étudie le huitième chapitre maintenant.   5. Mercredi, je réserve dans une auberge.
    3. Il va passer ses vacances en Angleterre.   6. Finalement, ce petit logement est bien.

---

3   **Dictons** Répétez les dictons à voix haute.

    1. L'habit ne fait pas le moine.
    2. Le soleil luit pour tout le monde.

---

4   **Dictée** You will hear six sentences. Each will be said twice. Listen carefully and write what you hear.

    1. La semaine dernière à la cantine, la nourriture était délicieuse.

    2. À midi j'aime prendre une salade de tomates, une saucisse avec des frites et une pêche.

    3. Je ne sais pas si c'est un livre intéressant, je ne l'ai pas encore lu.

    4. J'adore un bon steak et une salade verte.

    5. L'amie de mon frère est une jeune femme intelligente.

    6. Ma mère a préparé des tartelettes aux fraises.

---

34   **Unité 1** Audio Activities

Roman-photo

AU SUPERMARCHÉ

Avant de regarder

1 **On fait les courses!** What do you think might happen in a video episode that takes place in a grocery store? What kinds of words and expressions do you expect to hear? Answers will vary.

_____

_____

_____

_____

_____

En regardant la vidéo

2 **Complétez** Watch the first exchange between David and Amina and complete these sentences with the missing words.

AMINA Mais quelle heure est-il?

DAVID Il est (1)<u>deux heures et demie</u>

AMINA Sandrine devait être là à (2) <u>deux heures et quart</u> On l'attend depuis (3) _____<u>quinze</u>_____ minutes!

DAVID Elle va arriver!

AMINA Mais pourquoi est-elle (4) _____<u>en retard</u>_____?

DAVID Elle vient peut-être juste (5) _____<u>de sortir</u>_____ de la fac.

3 **La nourriture** Check off the foods that are mentioned in the video.

☐ 1. les bananes
☑ 2. le bœuf
☑ 3. les carottes
☐ 4. les fraises
☑ 5. les œufs
☑ 6. les champignons
☐ 7. les fruits de mer
☐ 8. les haricots verts
☑ 9. les oignons
☐ 10. les oranges
☑ 11. les pommes de terre
☐ 12. le porc
☑ 13. les poulets
☐ 14. le riz
☑ 15. les tomates

4 **Qu'est-ce qu'on va manger?** Listen to Sandrine describe the recipes for the dishes she is considering. Write down the ingredients she mentions for each one. *Order of answers may vary.*

Les crêpes	Le bœuf bourguignon
du beurre	du bœuf
du lait	des carottes
des œufs	des oignons
des champignons	**Le poulet à la crème**
du jambon	du poulet
du fromage	de la crème
	des champignons
	des pommes de terre

5 **Qui...?** Indicate which character says each of these lines. Write **A** for Amina, **D** for David, **S** for Sandrine, or **St** for Stéphane.

__St__ 1. Qu'est-ce qu'on peut apporter?

__S__ 2. Je suis vraiment pressée!

__D__ 3. Tu vas nous préparer un bon petit repas ce soir.

__A__ 4. Bon, on fait les courses?

__D__ 5. Génial, j'adore les crêpes!

__S__ 6. Voilà exactement ce qu'il me faut pour commencer!

__A__ 7. Tu peux devenir chef de cuisine si tu veux!

__A__ 8. C'est nous qui payons!

Après la vidéo

6 **Vrai ou faux?** Indicate whether these statements are **vrai** or **faux**.

	Vrai	Faux
1. On doit (*should*) arriver pour le repas chez Sandrine à 8h00.	○	⊘
2. Valérie va apporter une salade.	⊘	○
3. Sandrine va préparer un bœuf bourguignon.	○	⊘
4. Les provisions coûtent 165 euros.	○	⊘
5. Sandrine va préparer un repas pour six personnes.	⊘	○
6. Amina et David paient.	⊘	○

7 **À vous!** Answer these questions in French in complete sentences. *Answers will vary.*

1. Qui fait les courses chez vous?

_____

_____

2. Où va cette personne pour acheter de la nourriture?

_____

_____

3. Qu'est-ce qu'elle achète normalement au supermarché? En général, combien est-ce qu'elle paie au supermarché?

_____

_____

Flash culture

LA NOURRITURE

Avant de regarder

1 **Qu'est-ce qu'on achète?** In this video, you are going to learn about the way that some French people do their shopping: at an open-air market. Make a list of five things you think you could buy there and five things you think you couldn't. Answers will vary.

On peut acheter…

_____

_____

_____

_____

_____

On ne peut pas acheter…

_____

_____

_____

_____

_____

2 **La nourriture** You will see and hear descriptions of fruits, vegetables, and other foods at a French market. In preparation, circle the statements that best describe your tastes. Answers will vary.

1. J'aime / Je n'aime pas les légumes.
2. J'aime / Je n'aime pas les fruits.
3. J'aime mieux les saucisses / le jambon.
4. Je mange peu de / assez de / beaucoup de fromage.
5. J'aime / Je n'aime pas les fruits de mer.
6. J'aime / Je n'aime pas le poisson.
7. Je mange peu de / assez de / beaucoup de pain.
8. Je mange peu de / assez de / beaucoup de légumes.

En regardant la vidéo

3 **Qu'est-ce qu'il y a?** Check off the eleven items that you see in the video.

☑ 1. des bananes
☑ 2. des carottes
☐ 3. des champignons
☑ 4. des fleurs
☑ 5. du fromage
☑ 6. des fruits de mer
☑ 7. du jambon
☑ 8. des melons

☐ 9. des oignons
☑ 10. du pain
☐ 11. des pâtes
☑ 12. des poivrons verts
☐ 13. des poulets
☑ 14. des saucisses
☑ 15. des tomates

4 **Répondez** Complete these sentences with words from the list according to what Csilla says in the video.

délicieuses	légumes	pique-nique
fleurs	marché	place
fromages	pain	tomates

1. Ici, c'est la _____place_____ Richelme.

2. Tous les matins, il y a un _____marché_____ aux fruits et légumes.

3. Il y a toutes sortes de _____légumes_____ ici.

4. Ces _____tomates_____ sentent tellement bon.

5. Ces fraises ont l'air _____délicieuses_____.

6. Sur les marchés, on vend des _____fleurs_____. Moi, j'adore.

7. Je vais acheter deux ou trois petites choses pour préparer un _____pique-nique_____.

8. Et bien sûr, n'oublions pas le _____pain_____.

Après la vidéo

5 **Au marché** Imagine you just went shopping at the market in Aix. Write a brief paragraph about your experience. Remember to use the **imparfait** to describe the scene and the **passé composé** to tell what you bought and what you did. Answers will vary.

_____

_____

_____

_____

_____

_____

_____

_____

_____

_____

_____

_____

_____

STRUCTURES

1A.1 The verb venir, the passé récent, and time expressions

1 **Hier et aujourd'hui** Fill in the blanks with the correct form of the verb **venir (de)**. Pay particular attention to the cues and the context to determine whether you should use the infinitive, the present tense, the **passé composé**, or the **imparfait**.

Quand j'étais plus jeune, je (1) _____venais_____ souvent ici pour rendre visite à mes grands-parents parce qu'ils habitent à côté du parc. Ils (2) _____venaient_____ me chercher à l'école et on allait faire une promenade dans le parc. Un jour, je (3) _____suis venu(e)_____ à vélo: je (4) _____venais de_____ recevoir un nouveau vélo pour mon anniversaire. J'aimais beaucoup (5) _____venir_____ ici en ce temps-là parce que mes grands-parents (6) _____venaient de_____ transformer une chambre en salle de jeux. Maintenant je (7) _____viens_____ parfois après le lycée et ma famille et moi, nous (8) _____venons_____ les voir (*to see*) le dimanche.

2 **On avait faim!** You and your friends were very hungry today. Say what everyone has just eaten using the cues provided.

> **Modèle**
>
> Karim et Nadia: *Karim et Nadia viennent de manger des champignons.*

1.   2.   3.   4.

1. Sonia: _____Sonia vient de manger une salade/de la/une laitue._____

2. Vous: _____Vous venez de manger des fruits._____

3. Tu: _____Tu viens de manger des fruits de mer._____

4. Thomas et Sylvia: _____Thomas et Sylvia viennent de manger du poulet._____

3 **La bibliothèque** Fill in each blank with a correct form of the verb **venir, venir de, devenir, revenir,** or **tenir.** You will need to use a variety of tenses.

1. Quand nous _____sommes revenu(e)s_____ de vacances il y a quelques semaines, la bibliothèque était toujours fermée (*closed*).

2. Je _____viens d'/suis venu(e)_____ interviewer le directeur du lycée ce matin, à 9h00.

3. Le directeur a annoncé que la bibliothèque avait tellement de (*so many*) problèmes de fondation (*structure*) qu'elle _____devenait_____ dangereuse pour les élèves.

4. _____Tenez_____, prenez la section des livres étrangers. C'est une catastrophe!

5. Ce matin, le directeur du lycée _____vient d'_____ annoncer qu'il a reçu beaucoup d'argent pour la réparation de la bibliothèque.

6. La bibliothèque va _____devenir_____ la plus grande du lycée.

4 **Souvenirs de Sénégal** Soulimane is talking about his life since he left Sénégal. Write complete sentences with the elements provided. Use the cues and the context to determine whether you should use the present or the **passé composé**.

1. je / étudier / à Dakar / pendant trois ans

   J'ai étudié à Dakar pendant trois ans.

2. je / décider / de venir ici / il y a quatre ans

   J'ai décidé de venir ici il y a quatre ans.

3. je / habiter / ici / depuis deux ans

   J'habite ici depuis deux ans.

4. je / ne pas retourner / chez moi, au Sénégal, / depuis l'été dernier

   Je ne suis pas retourné chez moi, au Sénégal, depuis l'été dernier.

5. je / ne pas parler avec / mes amis d'enfance / depuis ma dernière visite

   Je n'ai pas parlé avec mes amis d'enfance depuis ma dernière visite.

6. mes amis / promettre / de venir me rendre visite / depuis mon départ

   Mes amis promettent de venir me rendre visite depuis mon départ.

7. nous / choisir / la date de leur visite / il y a deux mois déjà

   Nous avons choisi la date de leur visite il y a deux mois déjà.

8. mon nouveau copain / apprendre le wolof / pendant le semestre dernier

   Mon nouveau copain a appris le wolof pendant le semestre dernier.

5 **L'entretien** You have applied for an exchange program and you need to prepare for the coming interview. Answer the sample questions using the cues provided. Be sure to use the correct verb tense.

1. Depuis combien de temps étudiez-vous le français? (quatre ans)

   J'étudie le français depuis quatre ans.

2. Quand avez-vous entendu parler de notre programme? (il y a deux mois)

   J'ai entendu parler de votre programme il y a deux mois.

3. Pendant combien de temps étudiez-vous chaque jour? (plusieurs heures)

   J'étudie chaque jour pendant plusieurs heures.

4. Pendant combien de temps avez-vous habité dans un pays francophone? (un mois)

   J'ai habité dans un pays francophone pendant un mois.

5. Quand avez-vous décidé de partir en France? (il y a un mois)

   J'ai décidé de partir en France il y a un mois.

6. Depuis combien de temps attendez-vous votre entretien (*interview*)? (une demi-heure)

   J'attends mon entretien depuis une demi-heure.

1A.1 The verb venir, the passé récent, and time expressions (audio activities)

1   **Identifiez** Listen to each sentence and decide whether the verb is in the near future or recent past. Mark an **X** in the appropriate column.

> **Modèle**
>
> *You hear:* Pierre vient d'aller au marché.
> *You mark:* an **X** under passé récent

	passé récent	futur proche
Modèle	X	
1.	X	
2.	X	
3.		X
4.	X	
5.		X
6.		X
7.	X	
8.		X

2   **Changez** Change each sentence from the **passé composé** to the **passé récent** using the correct form of **venir de**. Repeat the correct answer after the speaker. (*6 items*)

> **Modèle**
>
> Éric et Mathilde sont allés en Corse.
> *Éric et Mathilde viennent d'aller en Corse.*

3   **Répondez** Use the **passé récent** to answer each question you hear. Repeat the correct response after the speaker. (*5 items*)

> **Modèle**
>
> Tu vas téléphoner à Martin?
> *Je viens de téléphoner à Martin.*

1A.2 The verbs **devoir, vouloir, pouvoir**

1 **Que se passe-t-il?** You are trying to see if your friends want to go to the French film festival. Complete the sentences with the present-tense forms of the verbs in parentheses.

1. Jean ___ne veut pas___ (ne pas vouloir) venir parce qu'il ___doit___ (devoir) préparer l'examen de maths.

2. Thao et Jun ___veulent___ (vouloir) venir, mais ils ___ne peuvent pas___ (ne pas pouvoir) rester longtemps.

3. Mathilde me ___doit___ (devoir) de l'argent et elle ___doit___ (devoir) faire des courses.

4. Vous ___voulez bien___ (bien vouloir) venir, mais vous ___devez___ (devoir) rentrer tôt.

5. Tu ___peux___ (pouvoir) venir et tu ___veux___ (vouloir) inviter ta meilleure amie.

6. Ils ___doivent___ (devoir) rester ici parce qu'ils ___veulent___ (vouloir) finir leurs devoirs.

2 **Ce matin** Here is the account of what happened this morning to Nadine's older sister, Farida. Complete the paragraph by choosing the correct option from those in parentheses.

Je (1) ___devais___ (devais / pouvais) faire des courses ce matin au supermarché, mais je
(2) ___n'ai pas pu___ (n'ai pas dû / n'ai pas pu) y aller parce que ma sœur était malade.
J' (3) ___ai dû___ (ai dû / ai pu) rester avec elle. Elle (4) ___n'a pas voulu___ (n'a pas dû / n'a pas voulu) appeler le docteur. Elle n'aime pas les médecins. Heureusement, j' (5) ___ai pu___ (ai pu / ai voulu) cuisiner une bonne soupe pour elle. Elle (6) ___a bien voulu___ (a bien dû / a bien voulu) la manger. Après, elle (7) ___a pu___ (devait / a pu) dormir pendant quelques heures. Je pense qu'elle (8) ___a dû___ (a dû / devoir) trop travailler.

3 **Les hypothèses** Look at the pictures and tell what the people must have done or what they must do. Use the expressions from the list. Answers may vary slightly. Suggested answers:

Modèle
être amies   Elles _doivent être amies._

faire du sport
regarder un film amusant
regarder avant de traverser
   (_to cross_) la rue
revenir de vacances

1. _____ 2. _____ 3. _____ 4. _____

1. Ils ont dû faire du sport.

2. Il doit revenir de vacances.

3. Ils ont dû regarder un film amusant.

4. Ils ont dû regarder avant de traverser la rue.

4 **Les absents** Many students were missing from your French class today. You are now trying to find out why. Create sentences with the elements provided to say what must have happened.

Answers may vary slightly. Suggested answers:

1. Laëtitia / devoir / partir / à 7h00 / pour rendre visite à ses grands-parents

   Laëtitia a dû/devait partir à 7h00 pour rendre visite à ses grands-parents.

2. Marc / devoir / venir / mais / il / être malade

   Marc devait venir, mais il est malade.

3. Charlotte et Vincent / devoir / faire un exposé (*presentation*) / mais / ils / ne pas étudier

   Charlotte et Vincent devaient faire un exposé, mais ils n'ont pas étudié.

4. vous / ne pas vouloir / venir / parce que / vous / être fatigués

   Vous n'avez pas voulu/ne vouliez pas venir parce que vous êtes/étiez fatigués.

5. elles / ne pas pouvoir / arriver à l'heure / parce que / le train / être / en retard

   Elles n'ont pas pu arriver à l'heure parce que le train était en retard.

6. tu / vouloir / venir / mais / tu / ne pas entendre / le réveil (*alarm clock*)

   Tu voulais venir, mais tu n'as pas entendu le réveil.

7. Hakhmed / pouvoir / venir / mais / il / oublier

   Hakhmed pouvait venir, mais il a oublié.

8. Karine / vouloir / venir / mais / elle / manquer le bus (*miss the bus*)

   Karine voulait venir, mais elle a manqué le bus.

5 **Le repas** You are talking with friends about food, cooking, and dinner parties. Here are some of the questions they ask you. Answer using the cues provided.

1. Que veut dire «aliment»? («nourriture»)

   «Aliment» veut dire «nourriture».

2. Qu'est-ce que tu dois faire avant de cuisiner? (faire les courses)

   Je dois faire les courses avant de cuisiner.

3. Qu'est-ce qui doit être délicieux? (les fruits)

   Les fruits doivent être délicieux.

4. Qu'est-ce que vous avez dû oublier d'acheter? (des oignons)

   J'ai dû oublier d'acheter des oignons.

5. Qui a dû trop manger hier? (Fatima et Karim)

   Fatima et Karim ont dû trop manger hier.

6. Qui n'a pas voulu manger d'escargots? (Marc)

   Marc n'a pas voulu manger d'escargots.

7. Est-ce qu'ils veulent bien dîner avec Chloé? (oui)

   Oui, ils veulent bien dîner avec Chloé.

8. Quand pouvons-nous manger? (à 7h00)

   Nous pouvons manger à 7h00.

1A.2 The verbs **devoir, vouloir, pouvoir** (audio activities)

1 **Changez** Form a new sentence using the cue you see as the subject. Repeat the correct answer after the speaker. (6 *items*)

> **Modèle**
>
> *You hear:* Je veux apprendre le français.
> *You see:* Mike et Sara
> *You say:* Mike et Sara veulent apprendre le français.

1. vous   2. nous   3. mes parents   4. Aline   5. tu   6. je

2 **Répondez** Answer each question you hear using the cue you see. Repeat the correct response after the speaker.

> **Modèle**
>
> *You hear:* Quand est-ce que tu peux cuisiner le repas?
> *You see:* 7h du soir
> *You say:* Je peux cuisiner le repas à 7h du soir.

1. à midi
2. des légumes
3. acheter des œufs
4. vouloir manger des escargots
5. au marché
6. le steak

3 **La fête** Listen to the following description. Then read the statements and decide whether they are **vrai** or **faux**.

	Vrai	Faux
1. Madeleine est heureuse de pouvoir aller à l'anniversaire de Sophie.	○	☑
2. Elle n'a pas voulu dire à Sophie qu'elle était fatiguée.	○	☑
3. Elle a pu parler à Sophie dans l'après-midi.	○	☑
4. Sophie a invité qui elle voulait.	☑	○
5. Sophie et ses amis peuvent danser toute la nuit.	☑	○
6. Madeleine doit organiser la musique chez Sophie.	○	☑

4 **Complétez** Madame Jang is at her neighbor's house. Listen to what she says and write the missing words.

Bonjour, excusez-moi, est-ce que (1) _____ je peux _____ utiliser votre téléphone, s'il vous

plaît? (2) _____ Je dois _____ appeler un taxi immédiatement. Ma famille et moi,

(3) _____ nous devons _____ partir tout de suite chez ma belle-mère. La situation est assez grave.

(4) _____ Pouvez-vous _____ donner à manger à notre chat quelques jours? Mon mari et moi,

(5) _____ nous voulons _____ revenir au plus vite. Les enfants (6) _____ doivent _____

retourner à l'école la semaine prochaine et mon mari ne (7) _____ peut _____ pas être

absent de son bureau plus d'une semaine, mais nous ne (8) _____ pouvons _____ pas vous

donner de date précise. Si vous ne (9) _____ pouvez _____ pas donner à manger à notre chat

tous les jours, (10) _____ je peux _____ aussi demander à un autre voisin de venir.

Unité 1

CONTEXTES

Leçon 1B

1   **Qu'est-ce que c'est?**   Look at this illustration and label the numbered items.

1. _____ une assiette _____
2. _____ une fourchette _____
3. _____ une cuillère _____

4. _____ un couteau _____
5. _____ une serviette _____
6. _____ une carafe d'eau _____

2   **Dans quels magasins?**   Where can you buy these items? Fill in this chart with words from the list.

Order may vary.

une baguette	un éclair	un gâteau	du pâté	une saucisse
du bœuf	des fruits de	du jambon	du porc	un steak
un croissant	mer	du pain	un poulet	du thon

à la boucherie	à la boulangerie	à la charcuterie	à la pâtisserie	à la poissonnerie
du bœuf	une baguette	du jambon	un éclair	des fruits de mer
du porc	un croissant	du pâté	un gâteau	du thon
un poulet	du pain	une saucisse		
un steak (du jambon, une saucisse)				

3   **Chassez l'intrus** Circle the word that does not belong in each group.

1. la crème, l'huile, la mayonnaise, (être au régime)
2. (une boîte,) une entrée, un hors-d'œuvre, un plat
3. une charcuterie, une boucherie, une poissonnerie, (une pâtisserie)
4. un morceau, (un menu,) un kilo, une tranche
5. le sel, le poivre, (la nappe,) la moutarde
6. (un bol,) un couteau, une fourchette, une cuillère
7. un menu, commander, une carte, (une serviette)
8. une nappe, une serviette, (une tranche,) une carafe

4   **Le repas** Complete these sentences with words from the list. Not all the words will be used.

À table	une carte	une cuillère	une pâtisserie
une boîte de	commander	une entrée	régime
conserve	compris	une nappe	une serviette

1. Avant de manger, les parents disent toujours «____À table!____».
2. Pour protéger la table, on met ____une nappe____.
3. Pour m'essuyer la bouche (*mouth*) après le repas, j'ai besoin d'____une serviette____.
4. On commence le repas avec ____une entrée____.
5. Pour manger de la soupe, j'ai besoin d'____une cuillère____.
6. Pour finir le repas, on peut manger ____une pâtisserie____.
7. S'il n'y a pas de légumes frais, on peut utiliser ____une boîte de conserve____.
8. Demain, au restaurant, je vais ____commander____ du thon.
9. Au restaurant, le service est ____compris____, n'est-ce pas?
10. J'aime beaucoup manger. Heureusement que je ne suis pas au ____régime____.

5   **Au restaurant** Complete these conversations in a restaurant with the appropriate words or expressions. Answers may vary slightly. Suggested answers:

1. —Voici (a) ____le menu/la carte____, Madame.
   —Merci.
   —Voulez-vous commencer par (b) ____une entrée____?
   —Non, merci.
   —Qu'est-ce que vous allez boire?
   —Juste (*Only*) (c) ____une carafe d'eau/de l'eau____, s'il vous plaît.
2. —Tenez, faites attention. (d) ____L'assiette____ est très chaude.
   —Merci. Est-ce que je peux avoir de (e) ____la moutarde____ de Dijon et quelques
   (f) ____tranches____ de pain ?
   —Oui, bien sûr.
3. —Mademoiselle, excusez-moi. Est-ce que je peux avoir (g) ____un couteau____ pour ma viande?
   —Oui, bien sûr. Tout de suite. Autre chose?
   —(h) ____Du sel____ et du poivre, s'il vous plaît.

CONTEXTES: AUDIO ACTIVITIES

1 **Logique ou illogique?** Listen to each statement and indicate whether they are **logique** or **illogique**.

	Logique	Illogique
1.	✆	○
2.	○	✆
3.	○	✆
4.	○	✆
5.	○	✆
6.	○	✆
7.	✆	○
8.	○	✆

2 **Choisissez** Listen to each statement and choose the option that completes it logically.

1. a. Il la goûte.
   b. Il la débarrasse.

2. a. Nous achetons un poivron.
   b. Nous achetons du pâté de campagne.

3. a. Le serveur la vend.
   b. Le serveur l'apporte.

4. a. avec une fourchette.
   b. avec une cuillère.

5. a. dans un verre.
   b. dans un bol.

6. a. une cuillère de sucre.
   b. de la mayonnaise.

3 **À table!** Céline has set the table for dinner. Listen to the description, then write down what she has put on the table and what she has forgotten.

1. Céline a mis _____ les assiettes, les bols, les verres, les fourchettes, les couteaux et les cuillères _____

2. Céline a oublié _____ les serviettes, le sel, le poivre, la moutarde et la carafe d'eau _____

LES SONS ET LES LETTRES

Stress and rhythm

In French, all syllables are pronounced with more or less equal stress, but the final syllable in a phrase is elongated slightly.

> Je fais souvent du **sport**, mais aujourd'hui j'ai envie de rester à la mai**son**.

French sentences are divided into three basic kinds of rhythmic groups.

| *Noun phrase* | *Verb phrase* | *Prepositional phrase* |
| Caroline et Dominique | sont venues | chez moi. |

The final syllable of a rhythmic group may be slightly accentuated either by rising intonation (pitch) or elongation.

> Caroline et Dominique sont venues chez moi.

In English, you can add emphasis by placing more stress on certain words. In French, you can repeat the word to be emphasized by adding a pronoun or you can elongate the first consonant sound.

> Je ne sais pas, **moi.**   Quel **id**iot!   C'est **f**antastique!

---

1   **Prononcez** Répétez les phrases suivantes à voix haute.

1. Ce n'est pas vrai, ça.
2. Bonjour, Mademoiselle.
3. Moi, je m'appelle Florence.
4. La clé de ma chambre, je l'ai perdue.
5. Je voudrais un grand café noir et un croissant, s'il vous plaît.
6. Nous allons tous au marché, mais Marie, elle, va au centre commercial.

---

2   **Articulez** Répétez les phrases en mettant l'emphase sur les mots indiqués.

1. C'est *impossible*!
2. Le film était *super*!
3. Cette tarte est *délicieuse*!
4. Quelle idée *extraordinaire*!
5. Ma sœur parle *constamment*.

---

3   **Dictons** Répétez les dictons à voix haute.

1. Les chemins les plus courts ne sont pas toujours les meilleurs.
2. Le chat parti, les souris dansent.

---

4   **Dictée** You will hear six sentences. Each will be said twice. Listen carefully and write what you hear.

1. Caroline met la nappe, les serviettes et la carafe d'eau sur la table.
2. Dans ce restaurant, ils servent une soupe de poisson délicieuse!
3. Paul et Luc ont commandé du pâté en entrée.
4. Anne et Jacques sont venus dîner chez moi.
5. Mes amis vont souvent au marché, mais aujourd'hui il fait froid et ils restent chez eux.
6. Des frites avec de la mayonnaise, j'adore ça!

Roman-photo

LE DÎNER

Avant de regarder

1   **Un repas sympa**   This video episode takes place at Sandrine's place, where she has prepared a special meal for her friends. What words and expressions do you expect to hear before and during a meal?

Answers will vary.

_____

_____

_____

_____

_____

_____

En regardant la vidéo

2   **Qui...?**   Watch the scenes leading up to the dinner. Indicate which character says each of these lines. Write **D** for David, **R** for Rachid, or **S** for Sandrine.

    D   1. Qu'est-ce que tu as fait en ville aujourd'hui?

    R   2. Ah, tu es jaloux?

    S   3. Il ne fallait pas, c'est très gentil!

    R   4. J'espère qu'on n'est pas trop en retard.

    S   5. Venez! On est dans la salle à manger.

    D   6. Je ne savais pas que c'était aussi difficile de choisir un bouquet de fleurs.

    R   7. Tu es tombé amoureux?

    S   8. Vous pouvez finir de mettre la table.

3   **Assortissez-les**   Match these images with their captions.

    e   1. Je suis allé à la boulangerie et chez le chocolatier.

    a   2. Tiens, c'est pour toi.

    c   3. Est-ce qu'on peut faire quelque chose pour t'aider?

    d   4. Je vous sers autre chose? Une deuxième tranche de tarte aux pommes peut-être?

    b   5. À Sandrine, le chef de cuisine le plus génial!

    f   6. Moi, je veux bien!

 a.   b.   c.

 d.   e.   f.

4   **Qu'est-ce qui s'est passé?** In what order do these events occur in the video?

    <u> 5 </u> a. On prend du poulet aux champignons.

    <u> 4 </u> b. On met la table.

    <u> 2 </u> c. David cherche un cadeau pour Sandrine.

    <u> 3 </u> d. Rachid et David arrivent chez Sandrine.

    <u> 1 </u> e. Rachid rencontre David en ville.

Après la vidéo

5   **Descriptions** Indicate which person each statement describes.

    <u> e </u> 1. Il/Elle aide dans la cuisine.

        a. Rachid   b. David   c. Stéphane   d. Sandrine   e. Valérie   f. Amina

    <u> a </u> 2. Il/Elle donne des chocolats à Sandrine.

        a. Rachid   b. David   c. Stéphane   d. Sandrine   e. Valérie   f. Amina

    <u> b </u> 3. Il/Elle donne des fleurs à Sandrine.

        a. Rachid   b. David   c. Stéphane   d. Sandrine   e. Valérie   f. Amina

    <u> c </u> 4. Il/Elle met le sel et le poivre sur la table.

        a. Rachid   b. David   c. Stéphane   d. Sandrine   e. Valérie   f. Amina

    <u> f </u> 5. Il/Elle met les verres sur la table.

        a. Rachid   b. David   c. Stéphane   d. Sandrine   e. Valérie   f. Amina

    <u> f </u> 6. Il/Elle est au régime.

        a. Rachid   b. David   c. Stéphane   d. Sandrine   e. Valérie   f. Amina

6   **Expliquez** Answer these questions in French.   Answers may vary. Possible answers:

1. Pourquoi est-ce que David ne choisit pas les roses comme cadeau pour Sandrine?

   Les roses sont des fleurs très romantiques.

   _____

2. Pourquoi est-ce que David ne choisit pas les chrysanthèmes comme cadeau pour Sandrine?

   Les chrysanthèmes sont pour les funérailles.

   _____

3. Pourquoi est-ce que David ne choisit pas le vin comme cadeau pour Sandrine?

   Sandrine a déjà choisi le vin pour son repas.

   _____

7   **À vous!** Imagine that you have been invited to a French friend's home for dinner. What will you bring as a gift for your host or hostess? Explain your choice in French.   Answers will vary.

_____

_____

_____

_____

_____

STRUCTURES

1B.1 Comparatives and superlatives of adjectives and adverbs

1 **Les achats** Margot is new in town and she doesn't know where to shop. To help her reach a decision, she is comparing the supermarket to her local grocery store. Choose the correct word from those in parentheses to compare the different items.

1. Le supermarché est plus grand _____que_____ (de / que / plus / moins) l'épicerie.

2. L'épicerie a une _____plus_____ (plus / de / moins / meilleur) grande sélection que le supermarché.

3. Je pense quand même que le service est _____meilleur_____ (plus / mal / meilleur / que) à l'épicerie. Le commerçant connaît mon nom.

4. Les fruits sont _____plus_____ chers à l'épicerie _____qu'_____ (plus ... qu' / moins ... de / meilleur ... qu' / meilleures ... qu') au supermarché.

5. L'épicerie est le magasin _____le plus_____ (le plus / plus / moins / le mieux) petit du quartier.

6. L'épicerie est _____aussi_____ (mal / bien / aussi / pire) fréquentée que le supermarché.

7. Le supermarché est moins cher _____que_____ (que / de / plus / mal) l'épicerie.

8. L'épicerie est le magasin _____le plus_____ (plus / moins / mieux / le plus) proche de mon appartement.

2 **L'université** Your friend is telling you about her experiences at a university in Tunisia and at her university here. Fill in the blanks with words from the list. Use each word only once.

aussi	facilement	longtemps	mieux	que/qu'
bien	la plus	meilleur(e)	pays	Tunisie

L'Université de Tunis est (1) _____aussi_____ grande que celle-ci. Chacune a près de 30.000 étudiants. Cependant, l'Université de Tunis n'est pas (2) _____la plus_____ grande du (3) _____pays_____. C'est celle de Tunis El Manar. Ici, les étudiants ont plus (4) _____facilement_____ un travail qu'en (5) _____Tunisie_____, mais ils étudient aussi (6) _____longtemps_____. J'aime (7) _____bien/mieux_____ l'Université de Tunis, mais j'aime (8) _____mieux/bien_____ l'université ici. La vie ici est plus facile (9) _____qu'_____ en Tunisie. Néanmoins (*However*), beaucoup de mes amis tunisiens pensent que la vie en Tunisie est (10) _____meilleure_____.

3   **Ma famille** Your friend Thao is telling you about her family. Compare your family to hers. Write sentences based on the elements provided.   Answers may vary slightly.

1. La famille de Thao est petite. Ma famille est petite aussi.

   La famille de Thao est aussi petite que ma famille.

2. Thao a un frère. J'ai deux frères.

   J'ai plus de frères que Thao. / Thao a moins de frères que moi.

3. La grand-mère de Thao a 80 ans. Ma grand-mère a 86 ans.

   La grand-mère de Thao est plus jeune que ma grand-mère. / Ma grand-mère est plus âgée que la grand-mère de Thao.

4. Thao mesure 1m69. Je mesure 1m69.

   Je suis aussi grand(e) que Thao.

5. Thao a les cheveux longs. J'ai les cheveux courts.

   Les cheveux de Thao sont plus longs que mes cheveux. / Mes cheveux sont plus courts que les cheveux de Thao.

6. La maison de Thao a huit pièces. Ma maison a cinq pièces.

   La maison de Thao est plus grande que ma maison. / Ma maison est plus petite que la maison de Thao.

7. Les parents de Thao boivent du café une fois par jour. Mes parents boivent du café trois fois par jour.

   Les parents de Thao boivent moins de café que mes parents. / Mes parents boivent du café plus souvent
   que les parents de Thao. / Mes parents boivent plus de café que les parents de Thao.

8. La famille de Thao est très heureuse. Ma famille est très heureuse.

   La famille de Thao est aussi heureuse que ma famille.

4   **Comparez** Look at these pictures and write as many comparisons as possible using the adjectives or verbs provided. Use the comparative and superlative forms.   Answers will vary. Suggested answers:

1. (grand)   2. (sportif)   3. (manger vite)   4. (courir rapidement)

1. Sandrine est moins grande que David. Sandrine est la moins grande.

   David est plus grand que Sandrine. David est le plus grand.

2. Stéphane est plus sportif que Rachid. Rachid est moins sportif que Stéphane.

   Stéphane est le plus sportif. Rachid est le moins sportif.

3. David mange moins vite que Sandrine. Sandrine mange plus vite que David.

   Sandrine mange le plus vite. David mange le moins vite.

4. Michèle court le plus vite. Rachid court le moins vite. Michèle court plus vite que les garçons.

   Les garçons courent moins vite que Michèle.

1B.1 Comparatives and superlatives of adjectives and adverbs (audio activities)

1 **Vrai ou faux?** You will hear a series of descriptions about Luc and his brother Paul. Indicate whether each statement is **vrai** or **faux**.

	Vrai	Faux
1. Luc est plus jeune que Paul.	○	⊘
2. Luc joue mieux que Paul.	⊘	○
3. Luc regarde la télé aussi souvent que Paul.	○	⊘
4. Luc est moins actif que Paul.	○	⊘
5. Luc étudie plus sérieusement que Paul.	○	⊘
6. Luc sort plus souvent que Paul.	⊘	○

2 **Préférences** Listen to Nasser give his opinion on different topics. For each opinion he gives, circle the item or person he thinks is better.

1. (a.) Martin   b. Tristan
2. a. Catherine   (b.) son frère
3. (a.) le livre   b. le film
4. a. la soupe   (b.) la salade
5. (a.) sa mère   b. son père
6. (a.) les poires   b. les pêches

3 **Comparez** Look at each drawing and answer the question you hear with a comparative statement. Repeat the correct response after the speaker.

1. Mario, Lucie   2. François, Léo   3. Alice, Joséphine

4 **Répondez** Answer each statement you hear using the absolute superlative. Repeat the correct response after the speaker. (6 *items*)

> **Modèle**
> Les magasins sur cette avenue sont très chers.
> *Oui, les magasins sur cette avenue sont les plus chers.*

Unité 1 Audio Activities   **53**

1B.2 Double object pronouns

1 **Au restaurant** Here are some statements you overheard at a restaurant. Match the underlined pronouns with the nouns they might refer to.

__b__ 1. Je <u>vous la</u> recommande.

__f__ 2. Apporte-<u>le-moi</u>.

__a__ 3. Je viens de <u>le lui</u> montrer.

__e__ 4. Il <u>nous les</u> a commandées.

__c__ 5. Donne-<u>la-lui</u>.

__d__ 6. Je vais <u>le leur</u> servir.

a. à Jacques; le menu

b. à vous; la soupe

c. à Mme Colbert; la serviette

d. à Bertrand et Sabine; le café

e. à nous; les entrées

f. à moi; le sel

2 **Les plats** You and your friends are trying to plan your meals before going grocery shopping. Rewrite each sentence, replacing the direct objects with direct object pronouns.

1. Lundi, Caroline me prépare ses fameux escargots. _____Lundi, Caroline me les prépare._____

2. Mardi, Fatima t'offre le déjeuner. _____Mardi, Fatima te l'offre._____

3. Mardi, Nadine lui apporte le dîner. _____Mardi, Nadine le lui apporte._____

4. Mercredi, Nordine nous cuisine ses fruits de mer à la crème. _____Mercredi, Nordine nous les cuisine_____

5. Jeudi, Marc vous donne sa salade de champignons. _____Jeudi, Marc vous la donne._____

6. Vendredi, Mélanie leur prépare sa soupe de légumes. _____Vendredi, Mélanie la leur prépare._____

7. Samedi, vous nous donnez vos fruits. _____Samedi, vous nous les donnez._____

8. Dimanche, ils lui font les courses. _____Dimanche, ils les lui font._____

3 **Les souvenirs d'école** Samir and his friends are studying and reminiscing about their school days. Complete this conversation with the appropriate pronouns.

NICHOLAS Est-ce que tes profs donnaient directement les résultats des examens aux parents?

DANIELLE Non, ils ne (1) _____les leur_____ donnaient pas directement, mais ils nous les donnaient parce que nous les demandions. Et toi, dans ta classe, le prof de maths expliquait l'algèbre aux élèves en difficulté?

NICHOLAS Oui, il (2) _____le leur_____ expliquait. Moi, je le comprenais facilement. J'ai toujours aimé les maths.

MARC Pas moi. Dis, est-ce que tu connais le résultat de cette équation?

NICHOLAS Oui.

MARC Donne- (3) _____le-moi_____, alors.

NICHOLAS Non, c'est à toi de le trouver tout seul. Tu apportais les devoirs à tes amis malades?

DANIELLE Oui, je (4) _____les leur_____ apportais toujours.

MARC Ce n'est pas vrai. Tu ne (5) _____me les_____ as jamais apportés!

DANIELLE Bien sûr. Tu habitais trop loin!

4   **Qui le fait?** Use the cues provided to say who is buying what. Use double object pronouns in your sentences.

> **Modèle**
>
> tu / acheter / les légumes / à Fabien et Bénédicte
> **Tu les leur achètes.**

1. je / acheter / les fruits / à Marc
   Je les lui achète.

2. Marc et Mélanie / aller acheter / les poivrons rouges / à nous
   Marc et Mélanie vont nous les acheter.

3. tu / aller prendre / les fruits de mer / à Nordine
   Tu vas les lui prendre.

4. vous / prendre / le thon / à elle
   Vous le lui prenez.

5. Farida / acheter / l'huile d'olive / à vous
   Farida vous l'achète.

6. ils / aller acheter / les œufs / à Marc
   Ils vont les lui acheter.

7. je / prendre / la crème / à toi
   Je te la prends.

8. nous / acheter / la laitue / à vous
   Nous vous l'achetons.

5   **Les vacances** You are preparing a family vacation in Europe. Rewrite these sentences using two pronouns. Pay particular attention to the agreement of the past participle.

1. L'agence de voyages a envoyé les billets d'avion à mes parents.
   Elle/L'agence de voyages les leur a envoyés.

2. Mes parents ont acheté de grandes valises rouges à ma sœur et à moi.
   Ils/Mes parents nous les ont achetées.

3. Nous avons demandé nos visas aux différents consulats.
   Nous les leur avons demandés.

4. J'ai donné mon appareil photo numérique (*digital camera*) à mon père.
   Je le lui ai donné.

5. Je vais apporter le cadeau que j'ai acheté à mon correspondant français.
   Je vais le lui apporter.

6. J'ai proposé la visite des châteaux de la Loire à mes parents.
   Je la leur ai proposée.

7. Mon amie a prêté son caméscope à ma sœur.
   Elle/Mon amie le lui a prêté.

8. Mes grands-parents ont offert le Guide du Routard à mes parents.
   Ils/Mes grands-parents le leur ont offert.

1B.2 Double object pronouns (audio activities)

1 **Choisissez** Listen to each statement and choose the option that correctly restates it using double object pronouns.

1. a. Elle la lui a demandée. (b.) Elle le lui a demandé.
2. (a.) Il la lui a apportée. b. Il les lui a apportées.
3. a. Il le lui a décrit. (b.) Il le leur a décrit.
4. a. Il vous la prépare. (b.) Il vous le prépare.
5. a. Il les lui a demandées. (b.) Il la lui a demandée.
6. (a.) Ils vont le lui laisser. b. Ils vont les lui laisser.

2 **Complétez** Magali is talking to her friend Pierre about a party. Listen to what they say and write the missing words.

MAGALI Jeudi prochain, c'est l'anniversaire de Jennifer et je veux lui faire une fête surprise. Elle travaille ce jour-là, alors je (1) _____la lui prépare_____ pour samedi.

PIERRE C'est une très bonne idée. Ne t'inquiète pas, je ne vais pas (2) _____le lui dire_____. Si tu veux, je peux l'emmener au cinéma pendant que tu prépares la fête.

MAGALI D'accord. Julien m'a donné quelques idées pour la musique et pour les boissons. Il (3) _____me les a données_____ quand nous avons parlé hier soir.

PIERRE Super! Tu as pensé au gâteau au chocolat? Je peux (4) _____te le faire_____. C'est ma spécialité!

MAGALI Merci, c'est vraiment gentil. Jennifer adore le chocolat, elle va l'adorer!

PIERRE Et pour le cadeau?

MAGALI Je vais (5) _____le lui acheter_____ cet après-midi. Elle m'a parlé d'une jupe noire qu'elle aime beaucoup dans un magasin près de chez moi. Je vais (6) _____la lui prendre_____.

PIERRE Tu as raison, le noir lui va bien.

MAGALI Bon, je pars faire mes courses. À plus tard!

PIERRE À samedi, Magali!

3 **Changez** Repeat each statement replacing the direct and indirect object nouns with pronouns. Repeat the correct answer after the speaker. (6 *items*)

> **Modèle**
> J'ai posé la question à Michel.
> *Je la lui ai posée.*

4 **Répondez** Answer the questions using double object pronouns according to the cues you hear. Repeat the correct answer after the speaker. (6 *items*)

> **Modèle**
> Vous me servez les escargots? (non)
> *Non, je ne vous les sers pas.*

Unité 1

Savoir-faire

PANORAMA

1 Où ça? Complete these sentences with the correct information.

1. L'église du _____Mont-Saint-Michel_____ est un centre de pèlerinage depuis 1.000 ans.
2. À _____Carnac_____, en Bretagne, il y a 3.000 menhirs et dolmens.
3. La maison de Claude Monet est à _____Giverny_____, en Normandie.
4. Les crêpes sont une spécialité culinaire de _____Bretagne_____.
5. Le camembert est une spécialité culinaire de _____Normandie_____.
6. _____Deauville_____ est une station balnéaire de luxe.

2 Qu'est-ce que c'est? Label each image correctly.

1. _____Les falaises d'Étretat_____

2. _____le Mont-Saint-Michel_____

3. _____Giverny_____

4. _____Guy de Maupassant_____

3 Vrai ou faux? Indicate whether each statement is **vrai** or **faux**. Correct the false statements.

1. C'est au Mont-Saint-Michel qu'il y a les plus grandes marées du monde.
   Faux. C'est au Mont-Saint-Michel qu'il y a les plus grandes marées d'Europe.

2. Le Mont-Saint-Michel est une presqu'île.
   Vrai.

3. Le Mont-Saint-Michel est un centre de pèlerinage.
   Vrai.

4. Le camembert est vendu dans une boîte ovale en papier.
   Faux. Le camembert est vendu dans une boîte en bois ronde.

5. Claude Monet est un maître du mouvement impressionniste.
   Vrai.

6. Claude Monet est le peintre des «Nymphéas» et du «Pont chinois».
   Faux. Claude Monet est le peintre des «Nymphéas» et du «Pont japonais».

7. Il y a 300 menhirs et dolmens à Carnac.
   Faux. Il y a 3.000 menhirs et dolmens à Carnac.

8. Les plus anciens menhirs datent de 4.500 ans avant J.-C.
   Vrai.

Unité 1 Activities **57**

4 **Répondez** Answer these questions in complete sentences.

1. Où est Carnac?

   Carnac est en Bretagne.

2. Que sont les menhirs?

   Les menhirs sont d'énormes pierres verticales.

3. Comment sont disposés (*positioned*) les menhirs?

   Les menhirs sont alignés ou en cercle.

4. Quelle est la fonction des menhirs? Et des dolmens?

   Les menhirs ont une fonction rituelle. Les dolmens ont une fonction culturelle.

5. À quoi est associée la fonction des menhirs?

   La fonction des menhirs est associée au culte de la fécondité ou à des cérémonies en l'honneur du soleil.

6. À quoi est associée la fonction des dolmens?

   La fonction des dolmens est associée au rite funéraire du passage de la vie à la mort.

5 **Les mots croisés** Use the clues below to complete this crossword puzzle.

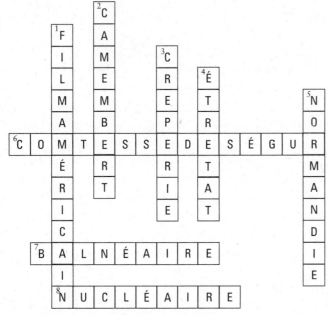

1. À Deauville, il y a un festival du…
2. C'est le nom d'un fromage.
3. On peut manger des crêpes dans une…
4. C'est le nom d'un lieu où il y a des falaises.
5. C'est la région qui a la plus grande population.
6. C'est le nom d'une célèbre femme écrivain.
7. Deauville est une station…
8. C'est un type d'énergie produite en Normandie.

Unité 2

CONTEXTES

Leçon 2A

---

1   **Les photos** Write the actions depicted in these photos. Use the infinitive form of each verb.

Modèle
se maquiller

1. ___se raser___

2. ___se sécher les cheveux___

3. ___se laver (le visage)___

4. ___se coiffer/se brosser les cheveux___

5. ___se brosser les dents___

---

2   **Chassez l'intrus** Circle the item that doesn't belong in each set.

1. la joue, (le rasoir,) les dents
2. les mains, la tête, (le peigne)
3. un pied, (une oreille,) un orteil
4. (se regarder,) s'endormir, se coucher
5. s'habiller, se déshabiller, (se sécher)
6. le shampooing, (la pantoufle,) le savon
7. une serviette de bain, se sécher, (une brosse à dents)
8. (se maquiller,) se brosser les cheveux, se coiffer
9. la crème à raser, (le maquillage,) le rasoir
10. se regarder, le miroir, (la serviette de bain)

---

3   **Mettez en ordre** Indicate the order in which the activities in each set are typically done by numbering them **1** and **2**.

Modèle
2   prendre une douche
1   se déshabiller

1. __2__ s'endormir
   __1__ se coucher

2. __1__ faire sa toilette
   __2__ sortir de la maison

3. __2__ se sécher
   __1__ se laver les cheveux

4. __1__ se lever
   __2__ se brosser les dents

5. __2__ se lever
   __1__ se réveiller

6. __1__ se déshabiller
   __2__ se coucher

---

4 **Des outils** Complete each of the statements below with the name of the item(s) used for the task.

> **Modèle**
>
> On se brosse les cheveux avec *une brosse à cheveux.*

1. On se brosse les dents avec _____une brosse à dents_____ et _____du dentifrice_____.

2. On se rase avec _____un rasoir_____ et _____de la crème à raser_____.

3. On se lave le corps avec _____du savon_____.

4. On se lave les cheveux avec _____du shampooing_____.

5. On se coiffe avec une brosse à cheveux ou avec _____un peigne_____.

6. On se sèche avec _____une serviette de bain_____.

5 **Les parties du corps** Label the body parts in the illustration.

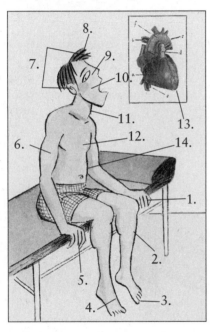

1. _____le doigt_____
2. _____la jambe_____
3. __l'orteil/le doigt de pied__
4. _____le pied_____
5. _____la main_____
6. _____le bras_____
7. _____la tête_____
8. _____les cheveux_____
9. _____l'œil_____
10. _____la joue_____
11. _____la gorge_____
12. _____la poitrine_____
13. _____le cœur_____
14. _____le ventre_____

6 **Les préférences** Complete these sentences with appropriate expressions from the lesson.

Answers may vary. Suggested answers:

1. Loïc aime _____se coucher_____ à onze heures tous les soirs.

2. En général, Liliane n'aime pas ____se maquiller / le maquillage____. Elle met parfois un peu de mascara, mais c'est tout.

3. Thomas a souvent froid aux pieds parce qu'il n'aime pas mettre ses ____pantoufles / chaussettes____.

4. M. Noirot a une barbe (*beard*) parce qu'il n'aime pas _____se raser_____.

5. Mais quelle vanité! Françoise aime bien _____se regarder_____ dans le miroir.

6. Les enfants n'aiment pas ____prendre une douche____; on leur donne donc des bains (*baths*).

7. Les cheveux de Nino sont en désordre! Il n'aime pas _____se coiffer_____.

8. Les enfants ont souvent des caries (*cavities*) parce qu'ils n'aiment pas ____se brosser les dents____.

CONTEXTES: AUDIO ACTIVITIES

1   **Décrivez** For each drawing you will hear two statements. Choose the one that corresponds to it.

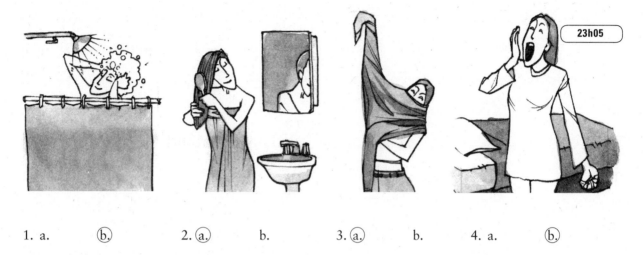

23h05

1. a.   (b.)   2. (a.)   b.   3. (a.)   b.   4. a.   (b.)

2   **Besoins** Listen to the sentences describing Laure's daily routine. For each statement you hear, circle the item she needs to complete the task mentioned.

Laure a besoin...

1. a. d'un rasoir   (b.) d'un réveil
2. a. d'un peigne   (b.) du savon
3. (a.) d'une serviette de bain   b. d'une brosse à dents
4. (a.) d'un peigne   b. d'une pantoufle
5. (a.) du maquillage   b. du dentifrice
6. (a.) du dentifrice   b. de la crème à rasoir

3   **La routine de Frédéric** Listen to Frédéric talk about his daily routine. Then read the statements and decide whether they are **vrai** or **faux**.

	Vrai	Faux
1. Frédéric se réveille tous les matins à six heures.	☑	○
2. Frédéric va acheter une baguette à la boulangerie.	☑	○
3. Frédéric se douche avant sa mère.	○	☑
4. Frédéric prépare le café.	○	☑
5. La mère de Frédéric se maquille.	☑	○
6. Frédéric se lave et se rase.	☑	○
7. Frédéric s'habille lentement.	○	☑
8. Frédéric ne se brosse jamais les dents.	○	☑

     Unité 2 Audio Activities

LES SONS ET LES LETTRES

ch, qu, ph, th, and gn

The letter combination **ch** is usually pronounced like the English *sh*, as in the word *shoe*.

chat   **ch**ien   **ch**ose   en**ch**anté

In words borrowed from other languages, the pronunciation of **ch** may be irregular. For example, in words of Greek origin, **ch** is pronounced **k**.

psy**ch**ologie   te**ch**nologie   ar**ch**aïque   ar**ch**éologie

The letter combination **qu** is almost always pronounced like the letter **k**.

quand   prati**qu**er   kios**qu**e   **qu**elle

The letter combination **ph** is pronounced like an **f**.

télé**ph**one   **ph**oto   pro**ph**ète   géogra**ph**ie

The letter combination **th** is pronounced like the letter **t**. English *th* sounds, as in the words *this* and *with*, never occur in French.

thé   a**th**lète   biblio**th**èque   sympa**th**ique

The letter combination **gn** is pronounced like the sound in the middle of the English word *onion*.

monta**gn**e   espa**gn**ol   ga**gn**er   Allema**gn**e

---

1 **Prononcez** Répétez les mots suivants à voix haute.

1. thé
2. quart
3. chose
4. question
5. cheveux
6. parce que
7. champagne
8. casquette
9. philosophie
10. fréquenter
11. photographie
12. sympathique

---

2 **Articulez** Répétez les phrases suivantes à voix haute.

1. Quentin est martiniquais ou québécois?
2. Quelqu'un explique la question à Joseph.
3. Pourquoi est-ce que Philippe est inquiet?
4. Ignace prend une photo de la montagne.
5. Monique fréquente un café en Belgique.
6. Théo étudie la physique.

---

3 **Dictons** Répétez les dictons à voix haute.

1. La vache la première au pré lèche la rosée.
2. N'éveillez pas le chat qui dort.

---

4 **Dictée** You will hear six sentences. Each will be said twice. Listen carefully and write what you hear.

1. J'habite au Québec parce que j'étudie la philosophie et la psychologie à l'Université de Montréal.
2. Quand je fais un séjour à la Martinique, je prends beaucoup de photos.
3. Claude est à la montagne en Espagne.
4. Théo adore la géographie et l'architecture.
5. Philippe et Laïla prennent un thé au café.
6. Il y a de beaux livres sur les chiens et les chats dans cette bibliothèque.

Roman-photo

DRÔLE DE SURPRISE

Avant de regarder

1 **Examinez le titre** Look at the title of the video module. Based on the title and the video still below, what do you think the surprise might be?   Answers will vary.

_____

_____

_____

_____

_____

2 **On fait sa toilette** With what objects do you associate these activities? Use each object only once.

h	1. se brosser les dents	a.	les vêtements
f	2. se brosser les cheveux	b.	le shampooing
i	3. se laver	c.	le réveil
j	4. se raser	d.	la serviette de bain
d	5. se sécher	e.	le miroir
b	6. se laver les cheveux	f.	la brosse
c	7. se lever	g.	le maquillage
a	8. s'habiller	h.	le dentifrice
g	9. se maquiller	i.	le savon
e	10. se regarder	j.	le rasoir

En regardant la vidéo

3 **Qui...?** Indicate which character says each of these lines. Write **D** for David or **R** for Rachid.

R 1. On doit partir dans moins de vingt minutes.

R 2. Tu veux bien me passer ma brosse à dents?

D 3. Ce n'est pas facile d'être beau.

D 4. Euh, j'ai un petit problème.

R 5. Est-ce que tu as mal à la gorge?

D 6. Lis le journal si tu t'ennuies.

4 **Les activités** Place check marks beside the activities David and Rachid mention.

- ❏ 1. se brosser les cheveux
- ☑ 2. se brosser les dents
- ☑ 3. se coiffer
- ☑ 4. se coucher
- ❏ 5. se déshabiller
- ❏ 6. s'endormir
- ☑ 7. s'intéresser
- ❏ 8. se laver
- ❏ 9. se lever
- ☑ 10. se maquiller
- ☑ 11. prendre une douche
- ☑ 12. se raser
- ❏ 13. se regarder
- ☑ 14. se réveiller
- ❏ 15. se sécher

5 **Une vraie star!** For items 1–7, fill in the missing letters in each word. Unscramble the letters in the boxes to find the answer to item 8. One letter will not be used.

1. Je finis de me brosser les d e n t ⬚s⬚.
2. Attends, je ne trouve pas le p e ⬚i⬚ g n e.
3. Tu n'as pas encore pris ta d o u c h ⬚e⬚?
4. p⬚a⬚ t i e n c e, cher ami.
5. Est-ce que tu as mal à la g o r ⬚g⬚ e?
6. Je vais examiner tes y e u ⬚x⬚.
7. Téléphone au médecin pour prendre un r e n d e z - ⬚v⬚ o u s.
8. David a un problème sur le _____visage_____.

Après la vidéo

6 **Vrai ou faux?** Indicate whether these statements are **vrai** or **faux**.

	Vrai	Faux
1. Rachid doit aller à son cours d'histoire.	○	☑
2. Rachid a besoin de se raser.	☑	○
3. David se maquille.	○	☑
4. David a mal au ventre.	○	☑
5. David n'a pas fini sa toilette.	☑	○
6. On s'est réveillé à l'heure aujourd'hui.	○	☑
7. Rachid trompe (*tricks*) David.	☑	○
8. David va téléphoner à la pharmacie.	○	☑

7 **À vous!** Describe your morning routine by completing these sentences with the verbs below.

Answers will vary.

se brosser	se coucher	se laver	se maquiller	se raser
se coiffer	s'habiller	se lever	prendre une douche	se réveiller

1. D'abord, je _____.

2. Puis, je _____.

3. Ensuite, je _____.

4. Après ça, je _____.

5. Finalement, je _____.

STRUCTURES

2A.1 Reflexive verbs

1 **La routine** Complete each sentence with the present tense of the reflexive verb provided.

> **Modèle**
> Nous _nous brossons_ (se brosser) les cheveux avant de quitter la maison.

1. Je _____me lève_____ (se lever) à 7h30.

2. Vous _____vous maquillez_____ (se maquiller) tous les matins, Mme Aziz?

3. M. Tuan _____se rase_____ (se raser) devant le miroir.

4. Nous chantons pendant que nous _____nous nous habillons_____ (s'habiller).

5. Elles _____se lavent_____ (se laver) les cheveux tous les jours.

6. Est-ce que tu _____te brosses_____ (se brosser) les dents après chaque repas?

7. Elle _____se coiffe_____ (se coiffer) avant de sortir.

8. Quand est-ce que vous _____vous couchez_____ (se coucher)?

2 **Complétez** Complete the sentences with appropriate reflexive verbs. Answers will vary. Suggested answers:

1. Quand on a sommeil, on _____se couche très tôt_____.

2. Après chaque repas, mes enfants _____se brossent les dents_____.

3. Quand j'ai mal dormi, je _____m'endors l'après-midi_____.

4. Quand nous faisons la cuisine, nous _____nous lavons souvent les mains_____.

5. Quand elle sort avec des copains, elle _____s'habille bien_____.

6. Avant de quitter la maison, tu _____te coiffes et tu te maquilles_____.

7. Avant de vous coucher, vous _____vous déshabillez et vous vous lavez le visage_____.

8. Quand elles ont beaucoup de travail à faire, elles _____se lèvent tôt le matin_____.

3   **Donnez des ordres**   Suggest what these people should do in each situation. Use command forms of verbs including some negative command forms.   Answers may vary. Suggested answers:

> **Modèle**
>
> Il est tard et Francine dort encore.
> *Réveille-toi, Francine!*

1. Le maquillage de Mme Laclos est franchement bizarre.
   Regardez-vous pendant que vous vous maquillez, Mme Laclos!

2. Nous avons cours à huit heures demain matin.
   Levons-nous à sept heures!

3. Hector a les cheveux mouillés (*wet*).
   Sèche-toi les cheveux, Hector!

4. Sami et moi avons les mains sales.
   Lavons-nous les mains!

5. M. Rougelet est en costume au match de basket-ball.
   Ne vous habillez pas en costume pour un match de basket-ball, M. Rougelet!

6. Grand-père ne dort pas assez.
   Ne te couche pas tard, grand-père!

7. Les cheveux de Christine sont un peu en désordre aujourd'hui.
   Coiffe-toi, Christine!

8. Nous avons bu trois cocas chacun (*each*) cet après-midi.
   Brossons-nous les dents tout de suite!

4   **Vos habitudes**   Write a paragraph about your own personal habits using expressions from the list.   Answers will vary.

se brosser les dents	se coucher	se lever	quitter la maison
se coiffer	s'habiller	prendre une douche/un bain	se réveiller

_____

_____

_____

_____

_____

_____

_____

_____

_____

2A.1 Reflexive verbs (audio activities)

1 **Transformez** Form a new sentence using the cue you see as the subject. Repeat the correct answer after the speaker. (*6 items*)

> **Modèle**
> *You hear:* Je me lève à huit heures.
> *You see:* mon frère
> *You say:* Mon frère se lève à huit heures.

1. vous   3. nous   5. je
2. tu   4. mes amis   6. Alice

2 **Répondez** Answer each question you hear according to the cue you see. Use a reflexive verb in each response. Repeat the correct response after the speaker.

> **Modèle**
> *You hear:* Tu te coiffes tous les matins?
> *You see:* non
> *You say:* Non, je ne me coiffe pas tous les matins.

1. tôt   3. oui / nous   5. non
2. le matin   4. non   6. après minuit

3 **Qu'est-ce qu'il dit?** Listen to Gérard talk about his family. Replace what he says with a reflexive verb. Repeat the correct response after the speaker. (*6 items*)

> **Modèle**
> Je sors de mon lit.
> *Je me lève.*

> se coucher   s'habiller   se maquiller   se sécher
> s'endormir   se lever   se réveiller

4 **En vacances** Answer each question you hear with a reflexive command using the cue you see. Repeat the correct response after the speaker. (*8 items*)

> **Modèles**
> Je m'endors maintenant?
> *Oui, endors-toi maintenant.*
> Je me lave les cheveux?
> *Non, ne te lave pas les cheveux.*

1. oui   3. oui   5. non   7. non
2. oui   4. oui   6. non   8. non

2A.2 Reflexives: **Sens idiomatique**

1 **Les caractères** Complete the caption for each illustration demonstrating a personality type. Use reflexive verbs in the present tense.

1. 2. 3. 4.

5. 6. 7. 8.

1. Marc et Farid _____ se disputent _____ presque chaque jour. Ils ne s'entendent pas bien.

2. Mme Lamartine _____ s'énerve/se met en colère _____ facilement. Elle est toujours fâchée (*angry*).

3. Sylvain _____ s'ennuie _____ souvent. Ses jeux ne l'intéressent pas.

4. Chloé _____ s'amuse _____ toujours bien. Elle est contente même quand elle est seule.

5. Céline et Rémy _____ s'entendent _____ bien avec tout le monde. Ils sont très gentils.

6. Magali _____ s'intéresse _____ à tout. Elle est très intellectuelle.

7. Papa _____ s'inquiète _____ tout le temps. Il a toujours peur des accidents.

8. Sophie _____ se dépêche _____ tout le temps parce qu'elle est en retard.

2 **Des verbes réfléchis** Complete these sentences with the appropriate verbs. Use each verb once.

1. Tu __g__ au bord du lac tous les jours, Rémy?

2. Abdel __b__ souvent au café pour acheter un thé à emporter (*to go*).

3. Mais non, tu __j__ ! M. Tahar n'est pas né en Tunisie.

4. Le jour de Thanksgiving, on mange et on __a__ sur le canapé.

5. Mathilde __h__ pour sortir avec ses copains.

6. Et le supermarché, il __d__ où, exactement?

7. Maman a dit que nous __i__ trop des affaires (*business*) des autres.

8. Cédric est stressé parce qu'il ne prend pas le temps de __e__.

9. Le prof __c__ ici, devant la classe.

10. Ma fille rentre de l'école et elle __f__ tout de suite à faire ses devoirs.

a. se repose
b. s'arrête
c. s'assied
d. se trouve
e. se détendre
f. se met
g. te promènes
h. se prépare
i. nous occupons
j. te trompes

3 **Complétez** Complete these sentences with appropriate present-tense forms of **s'appeler, s'ennuyer, s'inquiéter,** and **se souvenir.**

1. Tu _____ te souviens _____ de l'anniversaire de Sullivan? C'est le onze décembre, non?

2. Christophe _____ s'ennuie _____ à mourir au cinéma. Il préfère jouer à des jeux vidéo.

3. Ne _____ vous inquiétez _____ pas, Madame. On va retrouver votre chat.

4. Comment _____ vous appelez _____ -vous, Monsieur?

5. Ma mère _____ s'inquiète _____ beaucoup quand on rentre très tard dans la nuit.

6. Nous _____ nous ennuyons _____ beaucoup en classe, Monsieur. On préfère regarder la télé.

7. Vous _____ vous souvenez _____ de moi, Mme Pineau? J'étais dans votre classe, en sixième B.

8. Elle _____ s'appelle _____ comment, déjà? Denise? Danielle?

4 **Des impératifs** Give an appropriate command for each situation. Use reflexive verbs, and include some negative commands. Answers may vary. Suggested answers:

> **Modèle**
>
> On va au cinéma ce soir, maman.   Amusez-vous bien, mes enfants!

1. Ah, non… Martine est en retard!
   Dépêche-toi, Martine!

2. Mme Lemarchand n'arrive pas à trouver son sac.
   Ne vous inquiétez pas, madame!

3. Nous nous mettons en colère quand nous sommes ensemble.
   Ne nous disputons pas!

4. Tony commence à s'énerver.
   Ne t'énerve pas, Tony!

5. Y a-t-il une chaise pour Laurence?
   Assieds-toi ici, Laurence!

6. L'année dernière, j'ai oublié l'anniversaire de mon père.
   Souviens-toi de son anniversaire cette année, alors!

5 **Des défauts de caractère!** Complete the judgments Marine is making about her friends and relatives by choosing the correct expressions. If no expression is necessary, choose **X**.

1. Samuel s'intéresse trop __aux__ (que / X / aux) voisins. Ils les regarde par la fenêtre avec des jumelles (*binoculars*).

2. Anne ne se rend pas compte __que__ (que / X / de) Luc ne l'aime pas. Elle n'arrête pas de lui téléphoner.

3. Pépé s'énerve __X__ (X / que / de) souvent quand mémé ne lui donne pas son journal.

4. Simon ne se souvient pas __que__ (que / X / de) je suis végétarienne. Il me propose des steaks et du jambon quand je suis chez lui.

5. Ma mère se met trop facilement __en__ (X / que / en) colère. Elle est souvent énervée.

6 **Et vous?** Answer these questions with information about yourself. Use at least one reflexive verb in each sentence. Answers will vary.

1. Comment vous détendez-vous, d'habitude?

   _____

2. Qu'est-ce que vous faites pour vous amuser?

   _____

3. Est-ce que vous vous entendez bien avec vos amis? Avec les membres de votre famille?

   _____

4. Est-ce que vous vous inquiétez souvent? Si oui, quand et pourquoi?

   _____

5. Quand vous mettez-vous en colère?

   _____

Unité 2 Activities   **69**

2A.2 Reflexives: **Sens idiomatique** (audio activities)

1 **Décrivez** For each drawing you will hear two statements. Choose the one that corresponds to the drawing.

1. (a.)   b.   2. a.   (b.)   3. a.   (b.)   4. (a.)   b.

---

2 **Répondez** Answer each question you hear in the affirmative, using a reflexive verb. Repeat the correct response after the speaker. (*6 items*)

> **Modèle**
>
> Est-ce que tu t'entends bien avec ta sœur?
> *Oui, je m'entends bien avec ma sœur.*

---

3 **Les deux sœurs** Listen as Amélie describes her relationship with her sister. Then read the statements and decide whether they are **vrai** or **faux**.

	Vrai	Faux
1. La sœur d'Amélie s'appelle Joëlle.	✓	○
2. Elles se détendent ensemble après l'école.	✓	○
3. Elles s'intéressent à la musique.	✓	○
4. Elles ne se disputent jamais.	○	✓
5. Quand elles sont ensemble, elles s'ennuient parfois.	○	✓
6. Joëlle s'habille très bien.	✓	○
7. Le samedi, elles se reposent dans un parc du centre-ville.	○	✓
8. Elles s'énervent quand elles essaient des robes et des tee-shirts.	○	✓

Unité 2

CONTEXTES

1 **Des nouvelles** Indicate whether each piece of news is good (**une bonne nouvelle**) or bad (**une mauvaise nouvelle**).

	une bonne nouvelle	une mauvaise nouvelle
1. La semaine dernière, Jacques s'est cassé le pied.	○	⊘
2. Jeanne, tu as l'air en pleine forme.	⊘	○
3. Hier soir, Isabelle est allée aux urgences pour une douleur abdominale.	○	⊘
4. Aïe! Je me suis blessée à la cheville.	○	⊘
5. Samia se porte mieux depuis son opération.	⊘	○
6. Antoine est rentré cet après-midi parce qu'il se sentait très mal.	○	⊘
7. Mme Leclerc est tombée malade lors de son voyage en Thaïlande.	○	⊘
8. M. Lépine a bien guéri de sa grippe.	⊘	○
9. Mes enfants sont tous en bonne santé.	⊘	○
10. Nous avons mangé à la cantine à midi, et maintenant nous avons tous mal au cœur.	○	⊘

2 **Des maux** What are these people complaining about to the doctor? Write at least one sentence for each illustration. Answers may vary. Suggested answers:

> **Modèle**
> J'éternue. Je pense que j'ai des allergies.

 1.   2.   3.

 4.   5.   6.

1. J'ai chaud. Je pense que j'ai de la fièvre. _____

2. J'ai mal à la tête. _____

3. Je tousse. Je pense que j'ai une grippe. _____

4. Ma cheville a enflé. _____

5. J'ai mal au ventre. _____

6. Je pense que je suis déprimé. _____

3 **Chez le médecin** Write an appropriate response that a doctor would give to each complaint.

Answers will vary. Possible answers:

1. J'ai mal aux dents.
   Appelez un dentiste.

2. Je n'arrive pas à garder la ligne.
   Faites de l'exercice tous les jours.

3. Ah, j'ai mal au bras aujourd'hui.
   Prenez des aspirines.

4. J'ai mal au cœur quand je mange des éclairs au chocolat.
   Évitez de manger des éclairs au chocolat / Ne mangez pas d'éclairs.

5. Je me suis cassé la jambe. Aïe! Ça fait mal.
   Allez à la salle des urgences.

4 **Méli-mélo** Unscramble these sentences.

1. une / travaille / Van-Minh / dans / pharmacie
   Van-Minh travaille dans une pharmacie.

2. au / Hélène-Louise / douleur / a / une / terrible / ventre
   Hélène-Louise a une douleur terrible au ventre./Hélène-Louise a une terrible douleur au ventre.

3. Simone / une / a / jambe / à / blessure / la
   Simone a une blessure à la jambe.

4. des / j' / allergies / printemps / ai / au
   J'ai des allergies au printemps./Au printemps, j'ai des allergies.

5. quels / vos / symptômes / sont / Madame
   Quels sont vos symptômes, madame?/ Madame, quels sont vos symptômes?

6. l' / est / patient / infirmière / avec / le
   L'infirmière est avec le patient./Le patient est avec l'infirmière.

5 **C'est grave, docteur?** Write a conversation between a patient and his or her doctor. The patient should have multiple complaints. You may use the words provided or other vocabulary from the lesson.

Answers will vary. Possible answer:

| allergie | avoir mal | fièvre | ordonnance |
| aspirines | éternuer | médicament | pharmacien |

LE PATIENT J'ai souvent mal à la tête.

LE MÉDECIN Prenez des aspirines.

LE PATIENT Quand je prends des aspirines, j'ai mal au cœur après.

LE MÉDECIN Alors, prenez cette ordonnance.

LE PATIENT Quand je vais au parc, j'éternue.

LE MÉDECIN Ah, oui? C'est peut-être une allergie.

LE PATIENT Oui, j'en ai parlé avec le pharmacien et il m'a donné un médicament.

CONTEXTES: AUDIO ACTIVITIES

1 **Décrivez** For each drawing you will hear two statements. Choose the one that corresponds to the drawing.

1. ⓐ   b.

2. a.   ⓑ

3. ⓐ   b.

4. a.   ⓑ

2 **Identifiez** You will hear a series of words. Write each one in the appropriate category.

> **Modèle**
>
> *You hear:* Il tousse.
> *You write:* **tousse** *under* **symptôme**

	endroit	symptôme	diagnostic	traitement
Modèle	_____	**tousse**	_____	_____
1.	_____	mal au cœur	_____	_____
2.	la pharmacie	_____	_____	_____
3.	_____	_____	_____	une aspirine
4.	_____	_____	la cheville foulée	_____
5.	l'hôpital	_____	_____	_____
6.	_____	_____	la grippe	_____
7.	_____	_____	enceinte	_____
8.	_____	_____	une allergie	_____
9.	la salle des urgences	_____	_____	_____
10.	_____	_____	_____	une piqûre

Unité 2 Audio Activities   **73**

LES SONS ET LES LETTRES

p, t, and c

Read the following English words aloud while holding your hand an inch or two in front of your mouth. You should feel a small burst of air when you pronounce each of the consonants.

     pan   **top**   **cope**   **pat**

In French, the letters **p**, **t**, and **c** are not accompanied by a short burst of air. This time, try to minimize the amount of air you exhale as you pronounce these consonants. You should feel only a very small burst of air or none at all.

     panne   **taupe**   **capital**   **cœur**

To minimize a **t** sound, touch your tongue to your teeth and gums, rather than just your gums.

     taille   **tête**   **tomber**   **tousser**

Similarly, you can minimize the force of a **p** by smiling slightly as you pronounce it.

     pied   **poitrine**   **pilule**   **piqûre**

When you pronounce a hard **k** sound, you can minimize the force by releasing it very quickly.

     corps   **cou**   **casser**   **comme**

---

1   **Prononcez** Répétez les mots suivants à voix haute.

    1. plat   4. timide   7. pardon   10. problème   13. petits pois

    2. cave   5. commencer   8. carotte   11. rencontrer   14. camarade

    3. tort   6. travailler   9. partager   12. confiture   15. canadien

---

2   **Articulez** Répétez les phrases suivantes à voix haute.

    1. Paul préfère le tennis ou les cartes?   3. Claire et Thomas ont-ils la grippe?

    2. Claude déteste le poisson et le café.   4. Tu préfères les biscuits ou les gâteaux?

---

3   **Dictons** Répétez les dictons à voix haute.

    1. Les absents ont toujours tort.

    2. Il n'y a que le premier pas qui coûte.

---

4   **Dictée** You will hear six sentences. Each will be said twice. Listen carefully and write what you hear.

    1. Paul est tombé et maintenant il a le bras cassé. _____

    2. Pauvre Caroline! Elle a mal au cœur et elle tousse beaucoup. _____

    3. Tu peux choisir entre une pilule ou une piqûre. _____

    4. Thomas a des problèmes et il est déprimé. _____

    5. Tous les matins, Monsieur Martin part travailler en train. _____

    6. Prends des petits pois et des carottes avec ton poisson. _____

Roman-photo

L'ACCIDENT

Avant de regarder

1 **Aïe!** In this episode, Rachid has an accident and has to go to the doctor's office. What words and expressions do you expect to hear? Answers will vary.

_____

_____

_____

_____

_____

En regardant la vidéo

2 **Qui...?** Indicate which character says each of these lines. Write **A** for Amina, **B** for Dr. Beaumarchais, **D** for David, **R** for Rachid, or **St** for Stéphane.

___A___ 1. Tu t'es blessé? Où est-ce que tu as mal?

___St___ 2. Essaie de te relever.

___B___ 3. Alors, expliquez-moi ce qui s'est passé.

___B___ 4. Vous pouvez tourner le pied à droite?

___St___ 5. Tu peux toujours jouer au foot?

___R___ 6. Je vais guérir rapidement et retrouver la forme.

___D___ 7. Qu'est-ce qui t'est arrivé?

___A___ 8. Bon, on va mettre de la glace sur ta cheville.

___St___ 9. Tu fais le clown ou quoi?

___D___ 10. C'est juste une allergie.

3 **Qu'est-ce qu'ils disent?** Match these photos with their captions.

___5___ a. Et où est-ce que vous avez mal?

___4___ b. Tiens, donne-moi la main.

___1___ c. On m'a fait une piqûre.

___3___ d. Rends-moi la télécommande!

___2___ e. On m'a donné des médicaments.

4 **Rachid et David** Who do these symptoms and treatments pertain to?

	Rachid	David
1. Il faut mettre de la glace sur une partie de son corps.	☑	○
2. Il a une réaction allergique.	○	☑
3. Il avait besoin d'aide pour aller aux urgences.	☑	○
4. Il doit passer par la pharmacie.	☑	○
5. Il a pris des pilules.	○	☑
6. Il doit éviter le soleil.	○	☑
7. Il ne peut pas jouer au foot pendant une semaine.	☑	○
8. Il doit rester à la maison quelques jours.	○	☑

5 **Complétez** Listen to the doctor's recommendations to Rachid, and complete this paragraph with the missing words you hear.

Alors, voilà ce que vous allez faire: mettre de la (1) ____glace____,
vous (2) ____reposer____ et ça veut dire, pas de foot pendant une
(3) ____semaine____ au moins et prendre des (4) ____médicaments____
contre la (5) ____douleur____. Je vous prépare une
(6) ____ordonnance____ tout de suite.

Après la vidéo

6 **Vrai ou faux?** Indicate whether these statements are **vrai** or **faux**.

	Vrai	Faux
1. Rachid ne peut pas se relever tout seul.	☑	○
2. Rachid a mal au genou.	○	☑
3. Rachid s'est cassé la jambe.	○	☑
4. Rachid s'est foulé la cheville.	☑	○
5. David est allé aux urgences.	☑	○
6. David a la grippe.	○	☑

7 **À vous!** When was the last time you or someone you know had an accident playing sports? Describe the incident. What happened? How was the person hurt? What did he or she do about it?

Answers will vary.

_____

_____

_____

_____

_____

_____

_____

_____

Flash culture

LA SANTÉ

Avant de regarder

1   **À la pharmacie**   In this video, you are going to learn about pharmacies in France. In French, make a list of items you might buy in a pharmacy.   Answers will vary.

_____

_____

_____

_____

_____

2   **La santé et l'hygiène**   Complete these statements about health and personal hygiene with the words listed.

aspirine	gorge	pharmacie
dentifrice	médicaments	rasoir
douche	miroir	shampooing

1. Quand on se maquille, on se regarde dans le ___brosse à dents, dentifrice___ .

2. Quand on a mal à la tête, on prend souvent de l' ___aspirine___ .

3. On se déshabille avant de prendre une ___shampooing___ .

4. Quand on a la grippe, le docteur examine la ___rasoir, crème à raser___ .

5. Quand le médecin donne une ordonnance, on va à la ___pharmacie___ .

6. Si on a des allergies, on prend quelquefois des ___médicaments___ .

En regardant la vidéo

3   **Complétez**   Watch these video segments and complete the paragraphs below according to what Benjamin says.

1. Bonjour! Quand vous êtes (a) ___malade___ ou quand il vous faut des
(b) ___médicaments___ , il y a la (c) ___pharmacie___ . Pour en trouver une, cherchez la
croix (d) ___verte___ ! Ici, on vend un peu de tout. Entrons!

2. Il y a d'autres endroits pour (e) ___se sentir___ bien et (f) ___beau___ .

3. Maintenant, vous savez où trouver ce qu'il vous faut pour (g) ___rester___ en pleine
(h) ___forme___ . À la prochaine!

4 Les produits Watch the segment with Benjamin in the pharmacy. Make a list of at least six items you see in the French pharmacy that you personally use. Answers will vary. Possible answer:

le maquillage	les brosses à dents
le shampooing	le dentifrice
les rasoirs	le savon

5 Pour la santé What types of health-related businesses are featured in this video module?
Answers will vary. Possible answers:

une pharmacie, un salon de beauté, un coiffeur, une parfumerie, un centre ou un institut de beauté

Après la vidéo

6 Les pharmaciens In this video, Benjamin talks about the role of pharmacists in France. In what ways is the French system similar to that of the United States? How does it differ? Answers will vary.

_____

_____

_____

_____

_____

_____

_____

_____

_____

_____

_____

_____

_____

_____

_____

STRUCTURES

2B.1 The passé composé of reflexive verbs

1 **Qu'est-ce qu'ils ont fait?** Complete these statements about what the people in the illustrations did recently. Use reflexive verbs in the **passé composé**.

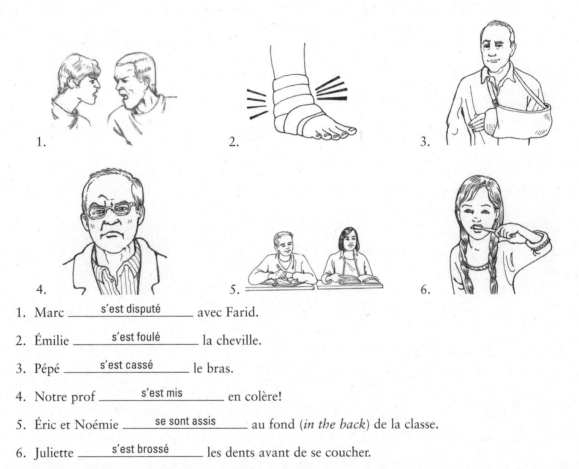

1. 2. 3.

4. 5. 6.

1. Marc _____s'est disputé_____ avec Farid.

2. Émilie _____s'est foulé_____ la cheville.

3. Pépé _____s'est cassé_____ le bras.

4. Notre prof _____s'est mis_____ en colère!

5. Éric et Noémie _____se sont assis_____ au fond (in the back) de la classe.

6. Juliette _____s'est brossé_____ les dents avant de se coucher.

2 **Faites l'accord** Add the appropriate ending for each past participle in this e-mail that Jamel wrote about the terrible weekend he just had. If no additional letters are needed to complete an ending, leave the line blank.

Quelle poisse (*What bad luck*)! Ce week-end, Nathalie et moi sommes (1) rentré__s__ à Genève.
C'est Nathalie qui a (2) conduit__blank__. Sur la route de Genève, on s'est (3) disputé__blank__. Après,
Nathalie était en colère et on a (4) eu__blank__ un accident. Moi, je me suis (5) cassé__blank__ le bras
gauche et Nathalie s'est (6) blessé__e__ au pied. On a dû attendre l'ambulance pendant quarante
minutes. Dans la salle des urgences, Nathalie s'est (7) assis__e__ sur ma main droite par accident et
elle l'a (8) blessé__e__. Aïe! Comme ça m'a (9) fait__blank__ mal! L'infirmier a (10) mis__blank__ mon
bras gauche et ma main droite dans le plâtre (*in casts*). Pendant qu'il soignait (*treated*) le pied blessé
de Nathalie, on s'est encore (11) mis__blank__ à se disputer. Finalement, la mère et la tante de Nathalie
sont (12) venu__es__ à l'hôpital pour nous chercher et pour récupérer la voiture. En ce moment,
Nathalie est en train d'écrire cet e-mail pour moi.

3   **Qu'est-ce qui est arrivé?**   Write a question that would elicit each response. Use a reflexive verb in the **passé composé** in each question.   Answers may vary. Suggested answers:

1. Marc s'est-il foulé la cheville?

   Oui, maintenant il a la cheville enflée.

2. T'es-tu/Vous êtes-vous cassé la jambe?

   Oui, et maintenant j'ai la jambe dans le plâtre (*in a cast*).

3. Est-il vrai que Christelle et Olivier se sont disputés?

   C'est vrai. Maintenant ils ne se parlent pas.

4. Maman s'est-elle rendu compte que c'est mon anniversaire?

   Non, elle ne s'en est pas rendu compte.

5. Vous êtes-vous dépêchés?

   Oui, et nous sommes arrivés avec seulement cinq minutes de retard.

4   **Quels sont les antécédents?**   Decide which noun in the group is the antecedent for each direct object pronoun. Pay attention to meaning and to the gender and number of each direct object.

_b_ 1. Je me <u>le</u> suis cassé quand j'étais petite.

   a. les dents   b. le bras   c. la jambe

_a_ 2. Ils se <u>les</u> sont lavées il y a dix minutes.

   a. les mains   b. le visage   c. les pieds

_c_ 3. Mathilde se <u>les</u> est brossées ce matin.

   a. les cheveux   b. la tête   c. les dents

_c_ 4. Nous nous <u>le</u> sommes lavé hier soir.

   a. la tête   b. les dents   c. le visage

_b_ 5. Tu te <u>les</u> es brossés aujourd'hui?

   a. le visage   b. les cheveux   c. les dents

5   **Votre enfance**   Write an eight-sentence paragraph about your life when you were eight to ten years old. Use expressions from the list or others from the lesson and remember that most verbs will be in the **imparfait**.   Answers will vary. Possible answer:

s'amuser	s'énerver	s'inquiéter
se disputer	s'entendre bien avec	s'intéresser

Quand j'étais petit(e), je m'amusais beaucoup chez moi. Je m'entendais bien avec mon frère,

et on jouait souvent ensemble. Parfois, on se disputait ou on se blessait, et maman s'inquiétait. Je ne m'ennuyais pas

souvent, seulement quand j'étais à l'école. Mais je m'intéressais beaucoup aux maths. Ma mère s'énervait beaucoup

parce que je ne faisais pas mes devoirs. Je ne m'en rendais pas compte, heureusement. J'étais très heureux.

2B.1 The **passé composé** of reflexive verbs (audio activities)

1   **Identifiez** Listen to each sentence and decide whether the verb is in the **présent**, **imparfait**, or **passé composé**.

> **Modèle**
>
> *You hear:* Michel a mal aux dents.
> *You mark:* an **X** under **présent**

	présent	imparfait	passé composé
Modèle	X		
1.			X
2.		X	
3.		X	
4.			X
5.	X		
6.			X
7.		X	
8.	X		
9.	X		
10.			X

2   **Changez** Change each sentence from the **présent** to the **passé composé**. Repeat the correct answer after the speaker. (*8 items*)

> **Modèle**
>
> Nous nous reposons après le tennis.
> **Nous nous sommes reposés après le tennis.**

3   **Répondez** Answer each question you hear using the cue you see. Repeat the correct response after the speaker.

> **Modèle**
>
> *You hear:* Est-ce que tu t'es ennuyé (e) au concert?
> *You see:* non
> *You say:* Non, je ne me suis pas ennuyé (e) au concert.

   1. oui   2. oui   3. non   4. oui   5. bien sûr   6. oui

4   **Complétez** Listen to Véronique's story and write the missing words.

Manon (1) ___s'est énervée___ quand Véronique, sa petite sœur de onze ans, n'est pas rentrée de l'école à cinq heures. Elle (2) ___s'est arrêtée___ de lire et a regardé par la fenêtre. À cinq heures et demie, elle (3) ___s'est inquiétée___. Dans la rue, à six heures, Véronique (4) ___se dépêchait___ de rentrer. Qu'est-il arrivé à Véronique? Elle est sortie de l'école avec une amie. Elles (5) ___se sont promenées___ et elles (6) ___se sont arrêtées___ dans une boulangerie. Véronique a ensuite quitté son amie, mais elle (7) ___s'est trompée___ de rue. Quand Véronique est finalement rentrée à la maison, Manon (8) ___s'est mise en colère___. Véronique (9) ___s'est rendu compte___ que sa grande sœur avait eu peur et elles ont rapidement arrêté de (10) ___se disputer___.

2B.2 The pronouns **y** and **en**

1   **Choisissez** Match each illustration with its caption.

a.

d.

b.

e.

c.

f.

__d__ 1. Tu en as mangé combien?

__e__ 2. Jojo en met dans la soupe.

__b__ 3. Nous en avons acheté pour l'école.

__a__ 4. J'y suis allée l'été dernier pendant les vacances.

__f__ 5. On y va le samedi matin.

__c__ 6. Vous en faites tous les jours, Mme Lepic?

2   **Les questions** Write an appropriate question for each answer.   Answers will vary. Possible answers:

1. Combien de gâteaux avez-vous faits? _____

   Nous en avons fait deux pour la fête chez Serge.

2. Quand vas-tu à l'école? _____

   J'y vais du lundi au vendredi.

3. Vous parlez de l'école avec votre fille? _____

   Oui, on en parle souvent.

4. Combien de sandwichs avez-vous mangés? _____

   Franck en a mangé deux; moi, j'en ai mangé un.

5. Vous êtes allés en ville ce week-end? _____

   Oui, et on s'y est bien amusé samedi dernier.

3   **Des échanges** Complete these exchanges with **y** or **en** and an infinitive in each answer.

> **Modèle**
>
> **ÉLODIE**   Vous allez prendre des pizzas?
> **RODRIGUE**   Oui, nous allons _en prendre_ deux.

1. **LA MÈRE**   Tu vas manger dans ta chambre?

   DIDIER   Je suis très énervé contre toi; je préfère donc _____y manger_____.

2. **Mme DUCROS**   Vous allez passer par la boulangerie en rentrant (_on the way home_)?

   M. SABATIER   Oui, je vais _____en prendre_____. Je vous rapporte quelque chose?

3. **CAMILLE**   Nous pouvons acheter des biscuits, maman?

   LA MÈRE   Non, nous ne pouvons pas _____y passer_____ cette fois-ci, ma chérie.

4. **CARINE**   J'ai entendu qu'ils vont commander une tarte pour l'anniversaire du prof.

   BENOÎT   Oui, ils vont _____en commander_____ une. On va la manger en classe mardi.

4 **Des conseils** Rewrite each of these pieces of advice from your mother using either **y** or **en**.

> **Modèle**
>
> Mange une orange chaque jour.
> *Manges-en une chaque jour.*

1. Prends deux aspirines.
   Prends-en deux.

2. Va directement au lit.
   Vas-y directement.

3. Parle-moi de tes problèmes quand tu en as.
   Parle-m'en quand tu en as.

4. Fais de l'exercice tous les jours.
   Fais-en tous les jours.

5. Ne dépense pas trop d'argent pour tes vêtements.
   N'en dépense pas trop pour tes vêtements.

6. Souviens-toi de l'anniversaire de ton frère.
   Souviens-t'en.

7. Fais attention aux prix.
   Fais-y attention.

8. Écris-moi un e-mail de temps en temps.
   Écris-m'en un de temps en temps.

5 **Méli-mélo** Unscramble these sentences.

1. en / m' / donnez / six / s'il vous plaît
   Donnez-m'en six, s'il vous plaît./S'il vous plaît, donnez-m'en six.

2. lui / parlé / ai / je / en / hier
   Je lui en ai parlé hier.

3. je / dois / en / cinq / t'
   Je t'en dois cinq.

4. achète / dix / -en / -lui
   Achète lui-en dix.

5. y / vous / souvent / allez
   Vous y allez souvent.

6. ils / nous / parlent / ne / pas / en
   Ils ne nous en parlent pas.

7. va / on / y
   On y va.

8. elle / y / intéresse / s' / beaucoup
   Elle s'y intéresse beaucoup.

Unité 2 Activities

2B.2 The pronouns **y** and **en** (audio activities)

1   **Remplissez** Listen to each question and write the missing pronoun, **y** or **en**, in the response.

1. Non, je n' _____ en _____ ai pas.
2. Oui, nous _____ en _____ faisons.
3. Oui, il _____ y _____ va régulièrement.
4. Non, nous n' _____ en _____ prenons pas souvent.
5. Oui, ils _____ y _____ sont allés.
6. Non, je ne vais pas _____ en _____ boire.
7. Oui, nous _____ y _____ allons.
8. Oui, nous _____ en _____ revenons.

2   **Changez** Restate each sentence you hear using the pronouns y or en. Repeat the correct answer after the speaker. (*8 items*)

> **Modèle**
> Nous sommes allés chez le dentiste.
> Nous y sommes allés.

3   **Répondez** André is at his doctor's for a check-up. Answer each question using the cues you hear. Repeat the correct answer after the speaker. (*6 items*)

> **Modèle**
> Vous habitez à Lyon? (oui)
> Oui, j'y habite.

4   **Déterminez** Write the number of each question you hear next to the appropriate response.

_____ 8 _____ Non, je n'en prends pas.
_____ 6 _____ Oui, il y en a beaucoup.
_____ 4 _____ Non, je ne vais pas vous en faire une.
_____ 7 _____ Non, elle ne m'en a pas donné une.
_____ 1 _____ Oui, nous y allons.
_____ 2 _____ Oui, elle en a beaucoup.
_____ 5 _____ Oui, j'y vais souvent.
_____ 3 _____ Oui, je t'en donne une.

Unité 2

Savoir-faire

PANORAMA

---

1 **Des mots associés** Match each entry on the left with the one that is associated with it on the right.

_____c_____ 1. des spectacles de gladiateurs

_____b_____ 2. Futuroscope

_____e_____ 3. «Los cats fan pas de chins.»

_____a_____ 4. Aliénor d'Aquitaine

_____d_____ 5. Toulouse-Lautrec

a. une reine (*queen*) de France

b. parc d'attractions à Poitiers

c. les arènes de Nîmes

d. peintre et lithographe

e. l'occitan

---

2 **Cherchez** Find the expressions described by the clues below in the grid, looking backward, forward, vertically, horizontally, and diagonally. Circle them in the puzzle, then write the words in the blanks.

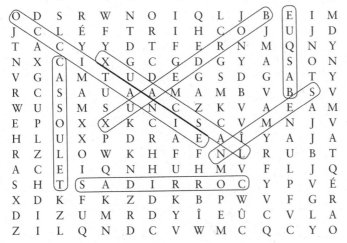

1. C'est une grande ville de Nouvelle-Aquitaine

_____ Bordeaux _____

2. On appelle cette grotte «la chapelle Sixtine préhistorique».

_____ Lascaux _____

3. Les arènes de cette ville ressemblent au Colisée de Rome.

_____ Nîmes _____

4. La langue d'Oc a donné son nom à cette région.

_____ Occitanie _____

5. Le Pays _____ Basque _____ est la région qui est à la frontière

entre la France et l'Espagne.

6. Ce plat populaire ressemble un peu au «*pork and beans*» américain.

_____ cassoulet _____

7. Ces spectacles ont lieu (*take place*) aujourd'hui dans les arènes de Nîmes.

_____ corridas _____

Unité 2 Activities   **85**

3 **Qu'est-ce que c'est?** Label each photograph in French.

1. _la cité de Carcassonne_

2. _les arènes de Nîmes_

3. _la grotte de Lascaux_

4. _la dune du Pilat_

4 **Complétez les phrases** Supply the expression that is missing in each sentence about southwestern France.

1. _Henri de Toulouse-Lautrec_, c'est le nom d'un artiste connu (*famous*) de la région Midi-Pyrénées.

2. Les fresques de la grotte de Lascaux ont pour sujet des _____animaux_____.

3. On trouve le plus grand _____amphithéâtre_____ de l'ère romaine en France, à Nîmes.

4. Périgueux est une ville de la région _Nouvelle-Aquitaine_.

5. _____Jean Jaurès_____ est le nom d'un homme politique de la région Occitanie.

6. Le sud-ouest de la France se situe entre l'océan Atlantique et la mer _____Méditerranée_____.

5 **Des fautes!** Your Canadian friend Norbert isn't good with details. Circle five mistakes in the e-mail that he wrote to you from France and correct the sentences by rewriting them on the lines that follow.

Ouaou! Je t'écris de Toulouse, une ville de la région qu'on appelle Nouvelle-Aquitaine. Cette semaine, on va visiter des sites touristiques du sud-ouest (*southwest*) de la France. Pour commencer, jeudi, on va visiter la fameuse grotte de Lascaux, où l'on va apprécier des fresques mystérieuses qui sont vieilles de plus de 1.700 ans. Des adolescents ont découvert la grotte en 1940. Vendredi, on va assister à un match de rugby. (C'est un sport originaire de la région qu'on joue avec une balle en cuir et une raquette.) Samedi, on va faire un tour sur le canal du Midi et goûter (*taste*) des spécialités de la région, le camembert et le cassoulet. Et puis dimanche, on va assister à un spectacle musical aux arènes de Carcassonne. J'espère que tu vas bien.

À bientôt,
Norbert

1. Je t'écris de Toulouse, une ville de la région qu'on appelle <u>Occitanie</u>.

2. Pour commencer, jeudi, on va visiter la fameuse grotte de Lascaux, où l'on va apprécier des fresques mystérieuses qui sont vieilles de plus de <u>17.000</u> ans.

3. Vendredi, on va assister à un match de <u>pelote basque</u>.

4. Samedi, on va faire un tour du canal sur Midi et goûter des spécialités de la région, le <u>foie gras</u> et le cassoulet.

5. Et puis dimanche, on va assister à un spectacle musical aux arènes de <u>Nîmes</u>.

Unité 3

Leçon 3A

CONTEXTES

---

1 **Identifiez** Match each description with the correct word.

___b___ 1. Ça fait partie du moniteur.

___d___ 2. On doit faire ça quand on n'a plus de batterie.

___e___ 3. C'est un site web où on communique avec ses amis.

___f___ 4. On fait ça pour ne pas perdre son document.

___c___ 5. On donne ça pour accéder (*access*) à un ordinateur.

___h___ 6. C'est un message écrit sur un téléphone portable.

___g___ 7. On en a besoin pour changer de chaîne de télévision.

___a___ 8. On utilise ça pour regarder un DVD.

a. un lecteur DVD

b. un écran

c. un mot de passe

d. recharger

e. un réseau social

f. sauvegarder

g. une télécommande

h. un texto

---

2 **Bien ou pas bien?** Evaluate each of the situations described and decide whether it is good (**C'est bien**) or bad (**Ce n'est pas bien**).

	C'est bien!	Ce n'est pas bien!
1. Adèle passe au moins (*at least*) sept heures par jour sur les réseaux sociaux.	○	⊘
2. Il marche très bien, mon nouveau portable.	⊘	○
3. Je suis connectée avec mon frère et ma sœur par un service de messagerie instantanée. On se «parle» tous les jours.	⊘	○
4. Clothilde est en ligne avec un étranger bizarre qui veut faire sa connaissance.	○	⊘
5. J'ai oublié de sauvegarder le document avant d'éteindre mon ordinateur.	○	⊘
6. Jérémie a donné son mot de passe à tous ses copains.	○	⊘
7. Ma mère a trouvé un logiciel qui va l'aider à faire son travail.	⊘	○
8. Mes parents m'ont donné une clé USB pour la télécommande.	○	⊘
9. J'envoie un e-mail à ma grand-mère pour lui dire bonjour.	⊘	○
10. Ma nièce aime bien le jeu vidéo éducatif que je lui ai donné pour son anniversaire.	⊘	○
11. Mon petit frère a perdu la télécommande, et maintenant on ne peut pas changer de chaîne.	○	⊘
12. Mon réveil n'a pas sonné ce matin, mais le téléphone m'a réveillé et je ne suis donc pas arrivé en retard au travail.	⊘	○

---

3 **Des associations** Give one direct object (a noun) that is often associated with each verb. Use vocabulary from the lesson and do not repeat answers.

Answers may vary. Possible answers:

> **Modèle**
>
> composer *un numéro de téléphone*

1. fermer ___un logiciel/un fichier___

2. sauvegarder ___un e-mail/un fichier___

3. allumer ___un écran/un ordinateur/un appareil photo/un smartphone/un portable/une tablette___

4. éteindre ___un écran/un ordinateur/ un appareil photo/smartphone/un portable/une tablette___

5. imprimer ___un e-mail/un fichier/un site web/un site Internet___

6. télécharger ___un fichier/un jeu vidéo/un logiciel___

7. effacer ___un e-mail/un fichier/un texto/un SMS___

8. recharger ___un smartphone/un portable/une tablette/un casque audio___

---

4   **Complétez les phrases** Complete these sentences with appropriate expressions from the lesson.
Answers may vary slightly.

1. Pour prendre des photos, on a besoin d' ___un appareil photo___ .
2. On peut écouter de la musique à la bibliothèque avec ___un casque audio___ .
3. Pour regarder des films à la maison, on a besoin d'une télévision et d' ___enregistreur DVR___
   ou d' ___un lecteur de DVD___ .
4. Pour accéder à (*access*) son e-mail, on a souvent besoin de donner ___un/son mot de passe___ .
5. Mes amis et moi, nous restons en contact grâce aux (*thanks to*) ___réseaux___ sociaux.
6. Mon portable n'a plus de batterie. Il faut le ___recharger___ .
7. Parfois, on ___efface___ tous les e-mails de son ex-copain/copine.
8. Il faut ___sauvegarder/imprimer___ les documents électroniques importants.

5   **Des conseils** Give advice to Max for each situation using vocabulary from the lesson.
Answers may vary. Suggested answers:

> **Modèle**
>
> J'ai oublié que c'est l'anniversaire de ma copine aujourd'hui et je n'ai pas de carte.
> Envoie-lui un *e*-mail.

1. Je veux montrer des photos de mon nouveau chien à tous mes amis.
   Télécharge-les sur un réseau social.
2. J'ai rechargé mon smartphone mais l'écran est toujours noir.
   Allume-le.
3. Mon ordinateur n'a plus de mémoire parce qu'il y a plus de 5.000 fichiers dans la corbeille.
   Efface-les.
4. J'ai trouvé une vidéo chouette en ligne et je veux la montrer à mon copain.
   Envoie-lui le lien.
5. Je veux regarder le nouveau documentaire sur les nanotechnologies à la télé ce soir, mais je dois étudier.
   Enregistre-le avec un DVR.

6   **La technologie et vous** Answer these questions in complete sentences with information about
how you use technology. Answers will vary.

1. Est-ce que vous envoyez des e-mails à vos profs et à vos camarades de classe?
   _____
2. Préférez-vous les ordinateurs portables ou les tablettes? Pourquoi?
   _____
3. Est-ce que vous avez un appareil photo numérique? Si oui, est-ce que vous retouchez (*edit*) vos
   photos avec un logiciel?
   _____
4. Connaissez-vous des gens qui achètent en ligne? Quels sites web marchands visitent-ils?
   _____
5. Est-ce que vous téléchargez de la musique? Quels logiciels utilisez-vous?
   _____
6. Utilisez-vous des réseaux sociaux? Lesquels?
   _____

CONTEXTES: AUDIO ACTIVITIES

1 **Associez** For each word or phrase you hear, indicate whether it is most closely associated with **un ordinateur** or **un smartphone**.

1. (a.) un ordinateur   b. un smartphone
2. (a.) un ordinateur   b. un smartphone
3. a. un ordinateur   (b.) un smartphone
4. (a.) un ordinateur   b. un smartphone
5. a. un ordinateur   (b.) un smartphonee
6. a. un ordinateur   (b.) un smartphonee

2 **Logique ou illogique?** Listen to these statements and indicate whether each one is **logique** or **illogique**.

	Logique	Illogique
1.	⊘	○
2.	○	⊘
3.	○	⊘
4.	⊘	○
5.	○	⊘
6.	⊘	○
7.	⊘	○
8.	○	⊘

3 **Décrivez** For each drawing, you will hear three statements. Choose the one that corresponds to the drawing.

1. a.   b.   (c.)   2. a.   (b.)   c.

LES SONS ET LES LETTRES

Final consonants

You already learned that final consonants are usually silent, except for the letters **c**, **r**, **f**, and **l**.

| ave**c** | hive**r** | che**f** | hôte**l** |

You've probably noticed other exceptions to this rule. Often, such exceptions are words borrowed from other languages. These final consonants are pronounced.

| _Latin_ | _English_ | _Inuit_ | _Latin_ |
| foru**m** | sno**b** | anora**k** | ga**z** |

Numbers, geographical directions, and proper names are common exceptions.

| cin**q** | su**d** | Agnè**s** | Maghre**b** |

Some words with identical spellings are pronounced differently to distinguish between meanings or parts of speech.

fil**s** = _son_   fil~~s~~ = _threads_

tou**s** (pronoun) = _everyone_   tou~~s~~ (adjective) = _all_

The word **plus** can have three different pronunciations.

plu~~s~~ de (silent s)   plu**s** que (s sound)   plu**s** ou moins (z sound in liaison)

---

1 **Prononcez** Répétez les mots suivants à voix haute.

1. cap	4. club	7. strict	10. Alfred
2. six	5. slip	8. avril	11. bifteck
3. truc	6. actif	9. index	12. bus

---

2 **Articulez** Répétez les phrases suivantes à voix haute.

1. Leur fils est gentil, mais il est très snob.
2. Au restaurant, nous avons tous pris du bifteck.
3. Le sept août, David assiste au forum sur le Maghreb.
4. Alex et Ludovic jouent au tennis dans un club de sport.
5. Prosper prend le bus pour aller à l'est de la ville.

---

3 **Dictons** Répétez les dictons à voix haute.

1. Plus on boit, plus on a soif.   2. Un pour tous, tous pour un!

---

4 **Dictée** You will hear eight sentences. Each will be read twice. Listen carefully and write what you hear.

1. Tarik et Didier font de la gym au parc.
2. Zut! Mon jean ne va pas avec mon pull et mes baskets.
3. Nous prenons l'avion pour un weekend au Brésil, en mars.
4. Achète du riz, cinq steaks et des yaourts.
5. Leur chef du marketing est aussi prof à la fac.
6. Il y a au minimum huit familles dans le camping.
7. Luc et un autre mec sont allés voir un film.
8. Son mot de passe marche pour le web et les e-mails.

Roman-photo

C'EST QUI, CYBERHOMME?

Avant de regarder

1 **Qu'est-ce qui se passe?** Look at the photo and guess what might happen in this video module. What words and expressions do you expect to hear in an episode about technology and electronics?

Answers will vary.

_____
_____
_____
_____
_____

2 **La technologie** With what do you associate these activities? More than one answer may apply.

Answers may vary. Possible answers:

un casque audio	une imprimante	un logiciel	un smartphone
un écran	un jeu vidéo	un texto	une tablette
un fichier	un lecteur de DVD	un e-mail	

1. allumer <u>un écran une imprimante, un lecteur de DVD, un smartphone, une tablette</u>

2. recharger <u>un smartphone, une tablette, un casque audio</u>

3. sauvegarder <u>un fichier</u>

4. sonner <u>un smartphone</u>

5. imprimer <u>une imprimante, un fichier, un e-mail</u>

6. télécharger <u>un logiciel, un jeu vidéo</u>

7. écouter <u>un casque audio</u>

8. effacer <u>un fichier, un texto, un e-mail</u>

9. regarder <u>un écran, un DVD</u>

10. jouer <u>un jeu vidéo</u>

En regardant la vidéo

3 **Les appareils électroniques** Watch the conversation between David and Rachid in their apartment, and place a check mark next to the electronic products mentioned or alluded to.

❏ 1. un appareil photo
☑ 2. une télévision
☑ 3. une imprimante
☑ 4. un jeu vidéo

❏ 5. un lecteur DVD
❏ 6. une tablette
☑ 7. une chaîne stéréo
❏ 8. un casque audio

Après la vidéo

4   **Au café**   Watch the scene in the café and complete the conversation with the missing words.

AMINA   Oh, il est super gentil, écoute: Chère Technofemme, je ne sais pas comment te dire combien j'adore lire tes messages. On (1) ____s'entend____ si bien et on a beaucoup de choses en commun. J'ai l'impression que toi et moi, on peut tout (2) ____se dire____.

SANDRINE   Il est adorable, ton cyberhomme! Continue! Est-ce qu'il veut te rencontrer en personne?

VALÉRIE   Qui vas-tu rencontrer, Amina? Qui est ce cyberhomme?

SANDRINE   Amina l'a connu sur Internet. Ils (3) ____s'écrivent____ depuis longtemps déjà, n'est-ce pas, Amina?

AMINA   Oui, mais comme je te l'ai déjà dit, je ne sais pas si c'est une bonne idée de (4) ____se rencontrer____ en personne. S'écrire des e-mails, c'est une chose; (5) ____se donner____ rendez-vous, ça peut être dangereux.

5   **Qui...?**   Indicate which character says each of these lines. Write **A** for Amina, **D** for David, **R** for Rachid, **S** for Sandrine, or **V** for Valérie.

   __R__ 1. Je dis que je ne peux pas me concentrer!

   __S__ 2. Tu as un autre e-mail de Cyberhomme?

   __D__ 3. Et voilà! J'ai fini ma dissert.

   __S__ 4. Mais il est si charmant et tellement romantique.

   __V__ 5. On ne sait jamais.

   __D__ 6. Il a effacé les quatre derniers paragraphes!

   __R__ 7. Peut-être qu'elle peut retrouver la dernière version de ton fichier.

   __A__ 8. Il faut sauvegarder au moins toutes les cinq minutes.

6   **Expliquez**   What is happening in this photo? Describe the events leading up to this moment.

Answers will vary.

_____

_____

_____

_____

_____

7   **À vous!**   Name three technology products and explain how you use them.   Answers will vary.

1. _____

_____

2. _____

_____

3. _____

_____

STRUCTURES

3A.1 Prepositions with the infinitive

1 **Des problèmes technologiques** Complete the e-mail that Enzo wrote about problems he had with his computer recently. Choose from the prepositions in parentheses. If no preposition is needed, choose **X**.

Je dois (1) __X__ (à / de / X) commencer par dire que je ne suis pas une personne violente, mais que… mon ordinateur portable m'énerve beaucoup! L'autre jour, je m'amusais (2) __à__ (à / de / X) envoyer des messages à tous mes amis quand j'ai entendu «clic clic» et mon écran s'est éteint. J'ai réussi (3) __à__ (à / de / X) le rallumer (*restart*) sans trop d'effort. Quelques minutes après, je venais (4) __de__ (à / de / X) fermer un document quand soudain, j'ai entendu à nouveau (*again*) le «clic clic» mystérieux, et puis j'ai commencé (5) __à__ (à / de / X) sentir une odeur bizarre. Ça sentait le brûlé (*burned*)! J'ai voulu (6) __X__ (à / de / X) éteindre, mais j'ai oublié (7) __de__ (à / de / X) fermer les logiciels. Eh bien, l'ordinateur a refusé (8) __de__ (à / de / X) s'éteindre! Un petit message sur l'écran m'a informé: «Je ne peux pas (9) __X__ (à / de / X) vous permettre (10) __de__ (à / de / X) m'éteindre, parce que vous n'avez pas fermé les logiciels, et puis je ne vous aime pas de toute façon (*anyway*), la la la!» Mais comment est-ce possible?! J'ai tout de suite décidé (11) __de__ (à / de / X) téléphoner à un copain qui est expert en informatique. Il m'a dit que mon ordinateur avait attrapé (*had caught*) un virus et qu'il voulait bien (12) __X__ (à / de / X) m'aider, mais qu'il était au travail jusqu'à six heures ce soir-là. En résumé, je n'arrivais pas (13) __à__ (à / de / X) éteindre l'ordinateur et ça sentait le brûlé. Mais j'hésitais (14) __à__ (à / de / X) le débrancher (*unplug it*). Donc, la seule option qui me restait, c'était de le jeter dans la poubelle. À six heures et demie, mon copain informaticien est arrivé chez moi et je lui ai dit qu'il pouvait m'aider (15) __à__ (à / de / X) choisir un nouvel ordinateur dans deux semaines mais que, pour le moment, j'étais en congé technologie (*technology leave*).

2 **Qu'est-ce qu'on a fait?** Complete these sentences by telling what these people are doing. Use verbs from the lesson. Answers will vary. Possible answers:

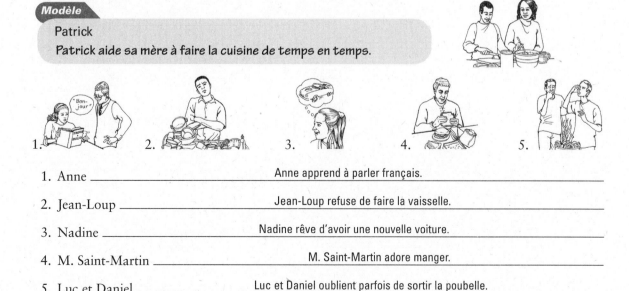

Modèle

Patrick
Patrick aide sa mère à faire la cuisine de temps en temps.

1. Anne _____ Anne apprend à parler français.

2. Jean-Loup _____ Jean-Loup refuse de faire la vaisselle.

3. Nadine _____ Nadine rêve d'avoir une nouvelle voiture.

4. M. Saint-Martin _____ M. Saint-Martin adore manger.

5. Luc et Daniel _____ Luc et Daniel oublient parfois de sortir la poubelle.

3 **Composez des phrases** Combine elements from each of the three columns to make sentences. Use all the elements at least once. Answers may vary. Suggested answers:

Seydou est parti	pour	regarder le plan
Ma copine m'a téléphoné	sans	rester en pleine forme
Le couple est allé au Mexique		nous dire au revoir
Il a trouvé le restaurant		danser
Zoé et Florianne sont allées à la fête		passer quelques jours au soleil
Comment va-t-il répondre		gagner de l'argent
Ils travaillent au kiosque		me souhaiter (*wish*) un joyeux anniversaire
Nous faisons de l'exercice		comprendre la question

1. Seydou est parti sans nous dire au revoir. _____

2. Ma copine m'a téléphoné pour me souhaiter un joyeux anniversaire. _____

3. Le couple est allé au Mexique pour passer quelques jours au soleil. _____

4. Il a trouvé le café sans regarder le plan. _____

5. Zoé et Florianne sont allées à la fête pour danser. _____

6. Comment va-t-il répondre sans comprendre la question? _____

7. Ils travaillent au kiosque pour gagner de l'argent. _____

8. Nous faisons de l'exercice pour rester en pleine forme. _____

---

4 **À vous!** Write eight sentences about yourself, using the expressions from the list. Answers will vary.

apprendre à	éviter de/d'	se préparer à	rêver de/d'
ne pas arriver à	se permettre de/d'	refuser de/d'	savoir + *inf.*

1. _____

2. _____

3. _____

4. _____

5. _____

6. _____

7. _____

8. _____

3A.1 Prepositions with the infinitive (audio activities)

1 **Identifiez** Listen to each statement and mark an **X** in the column of the preposition you hear before the infinitive.

> **Modèle**
>
> *You hear:* Yasmina n'a pas pensé à acheter des fleurs.
> *You mark:* an **X** under à

	à	de	pas de préposition
Modèle	X		
1.	X		
2.		X	
3.		X	
4.	X		
5.			X
6.		X	
7.			X
8.	X		

2 **Choisissez** You will hear some statements with a beep in place of the preposition. Decide which preposition should complete each sentence.

	à	de		à	de
1.	○	⊘	5.	○	⊘
2.	○	⊘	6.	○	⊘
3.	⊘	○	7.	○	⊘
4.	⊘	○	8.	⊘	○

3 **Finissez** You will hear incomplete sentences. Choose the correct ending for each sentence.

1. (a.) à sauvegarder mon document. b. de trouver la solution.
2. a. d'acheter un nouveau logiciel. (b.) éteindre l'ordinateur.
3. a. à sortir le soir. (b.) de regarder la télé.
4. (a.) acheter une tablette ce week-end. b. à trouver un appareil photo pas trop cher.
5. (a.) de fermer la fenêtre. b. éteindre l'écran
6. a. d'essayer un nouveau jeu vidéo? (b.) à nettoyer son bureau?

4 **Questions** Answer each question you hear in the affirmative, using the cue. Repeat the correct response after the speaker.

> **Modèle**
>
> *You hear:* Tu as réussi?
> *You see:* fermer le logiciel
> *You say:* Oui, j'ai réussi à fermer le logiciel.

1. télécharger le document
2. enregistrer
3. utiliser le casque audio
4. se connecter
5. éteindre la télévision
6. imprimer nos photos
7. jouer jusqu'à 11 heures
8. supprimer des amis

Unité 3 Audio Activities

3A.2 Reciprocal verbs

1 **Sens réfléchi ou sens réciproque?** Indicate whether, in the context given, each underlined verb is réfléchi (*reflexive*) or réciproque (*reciprocal*).

	Réfléchi	Réciproque
1. Todd et Linda <u>se connaissent</u> depuis cinq ans.	○	◉
2. Mon frère et ma sœur <u>s'écrivent</u> des e-mails pour se dire bonjour.	○	◉
3. Depuis que nous nous sommes disputés, nous ne <u>nous parlons</u> pas.	○	◉
4. Il <u>se dit</u> qu'il a bien travaillé.	◉	○
5. Noémie et Odile <u>se regardent</u> pendant qu'elles se parlent.	○	◉
6. Noémie <u>se regarde</u> souvent dans le miroir et elle se trouve très belle.	◉	○
7. On <u>se donne</u> des cadeaux à Noël (*Christmas*).	○	◉
8. Les deux amoureux <u>s'adorent</u>.	○	◉
9. On dit que mon frère est bizarre parce qu'il <u>se parle</u> beaucoup à lui-même (*himself*).	◉	○
10. Vous <u>vous êtes retrouvés</u> au café Les Deux Magots?	○	◉
11. Tu sais qu'Aurélie et Samir <u>se sont quittés</u>?	○	◉
12. Parfois on <u>s'écrit</u> une petite note pour se souvenir de quelque chose.	◉	○

2 **Complétez les phrases** Complete these sentences with the verbs from the list. Conjugate the verbs in the present tense using each one once. Answers may vary. Suggested answers:

s'aider	s'écrire	s'entendre	se retrouver
se connaître	s'embrasser	se parler	se téléphoner

1. Mes deux meilleurs amis _____s'entendent_____ très bien.

2. On _____se parle_____ tous les jours au téléphone.

3. Elles _____s'embrassent_____: elles se font la bise.

4. D'habitude, Nina et Emmanuelle _____se retrouvent_____ devant la bibliothèque.

5. Est-ce que vous _____vous écrivez_____ des e-mails de temps en temps?

6. Nous _____nous téléphonons_____ une fois par an pour nous dire «joyeux anniversaire», c'est tout.

7. Est-ce que vous _____vous connaissez_____ déjà? J'allais vous présenter!

8. Mes deux petites sœurs _____s'aident_____ à faire leurs devoirs.

3 **Les sœurs jumelles** Aude and Rosalie are twins (**jumelles**). Complete what Aude wrote about her relationship with Rosalie. Use verbs from this lesson in the present tense. Answers may vary. Suggested answers:

Ma sœur et moi, on (1) _____s'entend_____ bien. On (2) _____s'aide_____ beaucoup dans la vie: moi, je l'aide à faire ses devoirs (c'est moi, l'intello!) et elle, elle partage ses copains avec moi (elle est très sociable). On (3) _____se connaît_____ tellement bien que quand elle est un peu déprimée, je le sais et je lui téléphone pour dire que ça va aller mieux. On (4) _____se téléphone_____ assez souvent, mais on (5) _____s'écrit_____ encore plus (*even more*) souvent des e-mails depuis qu'on habite des villes différentes. On (6) _____se dit_____ bonjour presque tous les jours. Pendant les vacances, on (7) _____se retrouve_____ chez nos parents, à Anvers. On (8) _____s'embrasse_____ comme des folles et on (9) _____se parle_____ jusqu'aux petites heures du matin dans notre chambre. Après, on (10) _____se quitte_____ et on est triste pendant qu'on s'habitue à (*get used to*) la solitude.

4 **Deux grands amis** Complete each sentence with a past participle of one of the verbs listed. Make the participle agree with the subject unless the subject is also the indirect object of the verb. Answers may vary. Suggested answers:

se dire	se donner	s'embrasser	se rencontrer
se disputer	s'écrire	se parler	se retrouver

Marthe et Étienne se sont (1) _____rencontrés_____ pour la première fois en mai dernier, au club de sport. Ils se sont (2) _____écrit_____ des centaines (*hundreds*) d'e-mails l'été dernier. Ils se sont aussi (3) _____parlé_____ au téléphone tous les jours. En août, ils se sont (4) _____retrouvés_____ au club de sport encore une fois. Comme ils ne s'étaient pas vus (*hadn't seen each other*) depuis longtemps, ils se sont (5) _____embrassés_____. Puis, ils se sont (6) _____donné_____ des cadeaux et ils se sont (7) _____dit_____ qu'ils seraient (*would be*) toujours amis. Eh bien, ils se sont (8) _____disputés_____ la semaine dernière!

5 **Votre meilleur(e) ami(e)** Answer these questions about you and your best friend. Answers will vary.

1. Est-ce que vous vous connaissez bien? Vous vous connaissez depuis combien de temps?

   _____

2. Est-ce que vous vous entendez bien? Est-ce que vous vous disputez de temps en temps?

   _____

3. Comment vous êtes-vous rencontré(e)s la première fois?

   _____

4. Est-ce que vous vous donnez des cadeaux pour vos anniversaires?

   _____

5. Vous parlez-vous souvent au téléphone? À quelle fréquence?

   _____

6. Est-ce que vous vous êtes écrit des e-mails cette semaine?

   _____

7. Où vous retrouvez-vous d'habitude pour passer du temps ensemble?

   _____

8. Est-ce que vous vous aidez dans la vie? Comment?

   _____

3A.2 Reciprocal reflexives (audio activities)

1 **Questions** Answer each question you hear in the negative. Repeat the correct response after the speaker. (*6 items*)

> **Modèle**
> Est-ce que vous vous retrouvez ici?
> Non, nous ne nous retrouvons pas ici.

2 **Conjuguez** Form a new sentence using the cue you see as the subject. Repeat the correct answer after the speaker. (*6 items*)

> **Modèle**
> *You hear:* Marion s'entend bien avec sa famille.
> *You see:* vous
> *You say:* Vous vous entendez bien avec votre famille.

1. ils   2. vous   3. elles   4. nous   5. on   6. nos voisins

3 **Identifiez** Listen to Clara describe her relationship with her friend Anne. Listen to each sentence and write the infinitive of the reflexive verb you hear.

1. _____ se connaître _____   4. _____ se dire _____

2. _____ s'entendre _____   5. _____ se téléphoner _____

3. _____ s'adorer _____   6. _____ se disputer _____

4 **Les rencontres** Listen to each statement and write the number of the statement below the drawing it describes. There are more statements than there are drawings.

a. _____ 3 _____

b. _____ 4 _____

c. _____ 1 _____

d. _____ 2 _____

e. _____ 5 _____

Unité 3

CONTEXTES

Leçon 3B

1 **Logique ou illogique?** Indicate whether these statements are **logique** or **illogique**.

	Logique	Illogique
1. Marcel a freiné trop tard et il est rentré dans le pare-chocs de la voiture de devant.	●	○
2. M. Djebbar a des accidents parce qu'il respecte la limitation de vitesse.	○	●
3. Ma sœur attache sa ceinture de sécurité pour éviter des blessures en cas d'accident.	●	○
4. Antoine ne faisait pas attention au voyant allumé, et puis il est tombé en panne. Il n'y avait presque pas d'huile dans le réservoir.	●	○
5. Arrête de rouler si vite! On va avoir un accident.	●	○
6. Le mécanicien a réparé notre voiture. Maintenant, elle n'a pas de freins.	○	●
7. Le mécanicien m'a aidé(e) à remplacer (*replace*) le pneu crevé.	●	○
8. Mémé dépasse toujours la limitation de vitesse. Quand elle est au volant, on sait qu'on va rouler très lentement.	○	●
9. Je dois payer une amende parce que j'ai vérifié la pression des pneus.	○	●
10. La circulation est dense et difficile ce matin à cause d'un accident.	●	○

2 **Chassez l'intrus** Circle the item that doesn't belong in each set.
1. attacher, (le capot,) la ceinture de sécurité
2. les freins, le coffre, (le permis de conduire)
3. un parking, (un rétroviseur,) se garer
4. vérifier la pression des pneus, (dépasser,) faire le plein
5. (une station-service,) un capot, un coffre
6. rouler vite, rentrer dans une voiture, (vérifier l'huile)
7. recevoir une amende, (réparer,) dépasser la limitation de vitesse
8. l'essence, l'huile, (les phares)
9. les essuie-glaces, (l'embrayage,) le pare-brise
10. la rue, l'autoroute, (le moteur)

3 **Qu'est-ce que c'est?** Label the parts of the car.

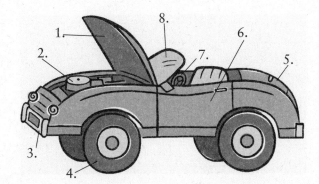

1. ___le capot___
2. ___le moteur___
3. ___le pare-chocs___
4. ___le pneu/la roue___
5. ___le coffre___
6. ___la portière___
7. ___le volant___
8. ___le pare-brise___

4 **Complétez** Complete Adèle's description of the day she took her driving test with appropriate expressions from the lesson.

Le jour où j'ai passé mon (1) _____permis_____ de conduire, j'étais très nerveuse! Je n'
(2) _____arrêtais_____ pas de poser des questions à mon père: Et si (*What if*) l'inspecteur est très sévère? Et si j'ai un (3) _____accident_____? Mon père était très calme, comme d'habitude. Moi, j'étais pressée, mais lui, non. Nous roulions sur (4) __l'autoroute/la route__, quand il a remarqué (*noticed*) qu'il n'y avait presque pas d'essence dans la voiture et il s'est donc arrêté pour (5) __faire le plein (d'essence)__. À la (6) ____station-service____, il voulait (7) _____vérifier_____ l'huile et la pression des pneus. J'ai crié (*shouted*) «Mais arrête de faire le mécanicien! Allons-y!» et on s'est remis en route. Dix minutes plus tard, un de nos (8) _____pneus_____ a crevé sur la route. On a passé vingt minutes à le remplacer par la roue (9) ____de secours____. Et puis, on a remarqué qu'on avait un (10) __phare/rétroviseur/essuie-glace__ cassé. Je me suis mise à crier «Comment est-ce possible?!» On est retourné à la station-service, où un (11) ____mécanicien____ a (12) _____réparé_____ la voiture. Quinze minutes après, on est reparti. Je vous ai dit que mon père est très calme, n'est-ce pas? Eh bien, ce jour-là, il prenait son temps! Toutes les autres voitures nous (13) ____dépassaient____, et on entendait des klaxons (*honking horns*). Un policier a dû remarquer que mon père roulait en dessous de (*under*) la limitation (14) ____de vitesse____, et il nous a retenus pendant dix minutes avec des questions incroyables (*incredible*). Il nous a donné une (15) _____amende_____ et il est parti en rigolant (*laughing*). Après tout ce tralala, je n'étais plus (*anymore*) nerveuse du tout. J'ai eu mon permis sans difficulté.

5 **Des solutions** Thierry isn't the best driver. For each of his complaints, suggest a way for him to avoid the problem the next time. Answers may vary. Suggested answers:

> **Modèle**
> Je suis rentré dans la voiture de devant.
> La prochaine fois, *freine plus tôt!*

1. Je suis tombé en panne d'essence.
   La prochaine fois, _____fais le plein d'essence avant de partir._____

2. J'ai un pneu crevé!
   La prochaine fois, _____vérifie la pression des pneus avant de partir._____

3. J'ai eu trois amendes aujourd'hui. Je roulais trop vite.
   La prochaine fois, _____fais attention à la limitation de vitesse._____

4. Je suis tombé en panne parce qu'il n'y avait presque pas d'huile dans le réservoir.
   La prochaine fois, _____vérifie l'huile avant de partir._____

5. Je suis en retard parce que la voiture de devant roulait très lentement.
   La prochaine fois, _____dépasse-la._____

6 **De bons conducteurs!** Think of someone real or fictitious who drives really well. Write five complete sentences about his or her driving habits. Answers will vary.

1. _____
2. _____
3. _____
4. _____
5. _____

CONTEXTES: AUDIO ACTIVITIES

1 **Logique ou illogique?** Listen to these statements and indicate whether each one is **logique** or **illogique**.

	Logique	Illogique			Logique	Illogique
1.	○	�).	5.		☑	○
2.	○	☑	6.		☑	○
3.	☑	○	7.		○	☑
4.	○	☑	8.		☑	○

2 **Les problèmes** Listen to people complaining about problems with their car and decide whether they need to take their car to the garage to get repaired or not.

> **Modèle**
>
> *You hear:* Mon embrayage est cassé.
> *You mark:* an **X** under **Visite chez le mécanicien nécessaire**

	Visite chez le mécanicien nécessaire	Visite pas nécessaire
Modèle	X	
1.		X
2.	X	
3.		X
4.	X	
5.	X	
6.		X
7.		X
8.	X	

3 **Décrivez** For each drawing, you will hear three brief descriptions. Indicate which description best describes the situation you see.

1. a. (b.) c.
2. a. b. (c.)

1.

2.

Unité 3 Audio Activities **101**

LES SONS ET LES LETTRES

The letter x

The letter **x** in French is sometimes pronounced -*ks*, like the *x* in the English word *axe*.

    ta**x**i   **ex**pliquer   me**x**icain   te**x**te

Unlike English, some French words begin with a *gz-* sound.

    xylophone   **x**énon   **x**énophile   **X**avière

The letters **ex-** followed by a vowel are often pronounced like the English word *eggs*.

    exemple   **exa**men   **exi**l   **exa**ct

Sometimes an **x** is pronounced *s*, as in the following numbers.

    soi**x**ante   si**x**   di**x**

An **x** is pronounced *z* in a liaison. Otherwise, an **x** at the end of a word is usually silent.

    deu**x** enfants   si**x** éléphants   mieu**x**   curieu**x**

1 **Prononcez** Répétez les mots suivants à voix haute.

    1. fax   4. prix   7. excuser   10. expression
    2. eux   5. jeux   8. exercice   11. contexte
    3. dix   6. index   9. orageux   12. sérieux

2 **Articulez** Répétez les phrases suivantes à voix haute.

    1. Les amoureux sont devenus époux.
    2. Soixante-dix euros! La note (*bill*) du taxi est exorbitante!
    3. Alexandre est nerveux parce qu'il a deux examens.
    4. Xavier explore le vieux quartier d'Aix-en-Provence.
    5. Le professeur explique l'exercice aux étudiants exceptionnels.

3 **Dictons** Répétez les dictons à voix haute.

    1. Les beaux esprits se rencontrent.
    2. Les belles plumes font les beaux oiseaux.

4 **Dictée** You will hear eight sentences. Each will be read twice. Listen carefully and write what you hear.

    1. Deux cent dix-huit? C'est le maximum? _____
    2. Tu veux envoyer ce fax à six heures? _____
    3. Impossible d'explorer la ville quand le temps est orageux. _____
    4. Il faut se relaxer après les examens. _____
    5. Ce restaurant mexicain est mieux pour eux. _____
    6. Ces dix exercices sont excellents, mais ils n'ont pas d'exemple. _____
    7. Mes neveux ont exactement les mêmes yeux et les mêmes cheveux. _____
    8. Ces deux époux sont jaloux. _____

Roman-photo

LA PANNE

Avant de regarder

1   **Qu'est-ce qui se passe?**   Look at the video still. What is Rachid doing? Consider the title and the photo, and guess what will happen in this episode.   Answers will vary.

_____

_____

_____

_____

_____

_____

_____

En regardant la vidéo

2   **La voiture**   Place check marks next to the car-related terms mentioned in this episode.

- ☑ 1. l'huile
- ☑ 2. les pneus
- ☐ 3. les freins
- ☑ 4. la ceinture
- ☐ 5. le capot
- ☑ 6. le voyant
- ☐ 7. le pare-brise
- ☑ 8. la station-service
- ☐ 9. les phares
- ☐ 10. le rétroviseur

3   **Qui...?**   Indicate which character says each of these lines. Write **A** for Amina, **M** for the **mécanicien**, **R** for Rachid, **S** for Sandrine, or **V** for Valérie.

   _M_   1. Elle est belle, votre voiture!

   _R_   2. Je suis un peu pressé en fait.

   _V_   3. Une vraie petite histoire d'amour, comme dans les films!

   _S_   4. Elle doit être amoureuse.

   _A_   5. Arrête de dire des bêtises.

   _R_   6. Tiens, c'est pour toi.

   _M_   7. Je peux vous aider?

   _A_   8. À quelle heure est notre réservation?

4 **Mettez-les dans l'ordre** Number these events in the order in which they occur.

_____2_____ a. Un voyant est allumé.

_____5_____ b. Rachid a un pneu crevé.

_____1_____ c. Rachid achète de l'essence.

_____3_____ d. Rachid retourne à la station-service.

_____4_____ e. Le mécanicien vérifie l'huile.

Après la vidéo

5 **Vrai ou faux?** Indicate whether these statements are **vrai** or **faux**.

	Vrai	Faux
1. À la station-service, le mécanicien vérifie la pression des pneus pour Rachid.	○	☑
2. La voiture de Rachid est de 2005.	☑	○
3. Rachid offre des fleurs à Amina.	☑	○
4. À la station-service, Rachid nettoie son pare-brise.	○	☑
5. Rachid et Amina ont un accident de voiture.	○	☑
6. Rachid va deux fois à la station-service.	☑	○
7. Amina est fâchée avec Rachid.	○	☑
8. Rachid s'énerve.	☑	○

6 **Que c'est romantique!** What happens in this episode that tells you that the relationship between Rachid and Amina has changed? Name at least three things they say or do. Answers will vary. Possible answers:

Rachid et Amina sortent ensemble; Amina met du maquillage; Amina

s'inquiète de son apparence; Rachid offre des fleurs à Amina; Rachid ouvre

la portière à Amina; Rachid vérifie que la ceinture de sécurité d'Amina est

attachée; Rachid dit qu'Amina est très belle; Amina est un peu timide.

7 **À vous!** Describe a time when the car you were riding in broke down or experienced mechanical issues. What happened? Answers will vary.

_____

_____

_____

_____

_____

_____

_____

_____

_____

Flash culture

LA TECHNOLOGIE

Avant de regarder

1 **En ville** In this video, you are going to learn about driving in France. Make a list of French words you associate with cars and traffic. Answers will vary.

_____

_____

_____

_____

_____

2 **Les moyens de transport** Circle all of the statements that describe you. Answers will vary.

1. J'ai une / Je n'ai pas de voiture.

2. J'ai une / Je n'ai pas de moto.

3. J'ai mon / Je n'ai pas de permis de conduire.

4. J'aime conduire / prendre le bus / prendre le métro.

En regardant la vidéo

3 **Identifiez-les** Match these images with their captions.

1. ___g___ 2. ___a___ 3. ___c___ 4. ___f___

5. ___b___ 6. ___h___ 7. ___d___ 8. ___e___

a. un camion commercial

b. une mobylette

c. une décapotable

d. un péage

e. une moto

f. un monospace

g. une voiture de luxe

h. un feu de signalisation

4 **Répondez** Complete these sentences with words from the list, according to what Csilla says in the video. Not all words will be used.

auto-école	essence	péage	route
circulation	se garer	permis	vitesse
conduire	marcher	roule	voiture

1. En ville, il y a beaucoup de _____circulation_____.

2. Regardez cette petite _____voiture_____! Elle consomme très peu d'_____essence_____.

3. On aime bien _____conduire_____ les motos ici.

4. C'est facile pour _____se garer_____ et on _____roule_____ plus vite.

5. Pour prendre l'autoroute, il faut payer au _____péage_____.

6. Pour avoir un _____permis_____ de conduire en France, il faut avoir au moins dix-huit ans.

7. On va à une _____auto-école_____ pour apprendre le code de la _____route_____.

8. Moi, je préfère _____marcher_____.

Après la vidéo

5 **Mettez-les dans l'ordre** In what order does Csilla mention these things people do at a service station?

___2___ a. vérifier l'huile

___4___ b. nettoyer le pare-brise

___1___ c. acheter de l'essence

___3___ d. vérifier la pression des pneus

6 **En ville** Answer these questions to describe your driving preferences and usual modes of transportation.

Answers will vary.

1. D'habitude, comment est-ce que vous allez au lycée?

_____

_____

2. Avez-vous une moto ou une voiture? Et vos parents? Quelle(s) sorte(s)?

_____

_____

3. Comment est la voiture de vos rêves (*dreams*)?

_____

_____

_____

_____

STRUCTURES

3B.1 The verbs ouvrir and offrir

1 **Sélectionnez** Select the appropriate verb for each sentence.

_____f_____ 1. Est-ce que vous ____ouvrez____ la fenêtre quand il
fait chaud ici?

_____a_____ 2. D'habitude, nous ____offrons____ une cravate à notre père
pour son anniversaire.

_____j_____ 3. À quel âge les petits ____découvrent____-ils le chocolat?

_____i_____ 4. Elle se ____couvre____ la tête quand elle est à l'église.

_____b_____ 5. Ce que (*How*) je ____souffre____ quand on me fait des piqûres!

_____d_____ 6. Le restaurant ____ouvre____ à quelle heure?

_____g_____ 7. Nous ____souffrons____ du stress pendant les examens.

_____c_____ 8. Puis, ____couvrez____ le poulet et laissez cuire (*cook*)
pendant 20 minutes.

_____h_____ 9. Vous ____découvrez____ les films de Truffaut, Mme Récamier?

_____e_____ 10. Qu'est-ce qu'ils ____offrent____ comme cadeau à leur mère?

a. offrons
b. souffre
c. couvrez
d. ouvre
e. offrent
f. ouvrez
g. souffrons
h. découvrez
i. couvre
j. découvrent

2 **Complétez** Complete these sentences with appropriate present-tense forms of **couvrir**, **découvrir**, **offrir**, **ouvrir**, and **souffrir**.

1. Vous ne ____souffrez____ pas trop de la chaleur (*heat*), j'espère?

2. Je n'____ouvre____ pas la porte avant de savoir qui est de l'autre côté.

3. Mes petits cousins ____découvrent____ les jeux vidéo.

4. Mesdames, messieurs, nous vous ____offrons____ les deux pour le prix d'un!

5. Tu ____découvres____ la France en voiture?

6. Mon père ____couvre____ sa voiture de sport d'une bâche (*tarp*) pendant la nuit.

7. Mes enfants ____souffrent____ terriblement quand ils n'ont pas accès à l'Internet.

8. Vous m'____ouvrez____ la porte, s'il vous plaît?

3 **Des conseils** Give advice to your friend Gisèle for each situation she describes to you. Use command forms of the verbs **couvrir**, **découvrir**, **offrir**, **ouvrir**, and **souffrir**. Note that some commands have plural subjects (**nous** or **vous**). Answers may vary. Suggested answers:

> **Modèle**
>
> C'est l'anniversaire de ma mère aujourd'hui. Offre-lui des fleurs.

1. Il va pleuvoir; mes cheveux vont être mouillés (*wet*).
Couvre-toi les cheveux, alors.

2. Il fait trop chaud dans cette pièce!
Ouvre la fenêtre.

3. Quand on rentre de vacances, les meubles sont pleins de poussière.
Couvrez les meubles avant de partir.

4. J'ai souvent mal à la tête.
Ne souffre pas. Prends des aspirines.

5. Toi et moi, nous nous ennuyons quand nous sommes à Paris.
Découvrons les musées de la ville.

6. Il y a une personne que je ne connais pas derrière la porte.
N'ouvre pas./Ne lui ouvre pas la porte.

4   **Qu'est-ce qu'ils ont fait?**   Complete the caption for each illustration showing what these people did recently by providing a past participle of **couvrir**, **découvrir**, **offrir**, **ouvrir**, or **souffrir**.

1. Martine a été très malade.
   Elle a beaucoup ___*souffert*___.

2. Josette et Alex ont ___*découvert*___ la fondue suisse au restaurant.

3. Pauline et Samira ont regardé un film d'horreur. Elles se sont souvent ___*couvert*___ les yeux.

4. Nathan a ___*offert*___ un cadeau à une de ses camarades de classe.

5. Les Calande ont ___*ouvert*___ une bouteille de cidre.

5   **Méli-mélo**   Unscramble these sentences. Provide the appropriate **passé composé** form of each verb in the place of the infinitive.

1. découvrir / vieille / qu'est-ce qu' / dans / ils / valise / la / ?
   Qu'est-ce qu'ils ont découvert dans la vieille valise?

2. cette / nous / restaurant / année / ouvrir / un
   Cette année, nous avons ouvert un restaurant./Nous avons ouvert un restaurant cette année.

3. la / couvrir / d'une nappe / serveur / le / table
   Le serveur a couvert la table d'une nappe.

4. beaucoup / en 2016 / nous / souffrir
   Nous avons beaucoup souffert en 2016./En 2016, nous avons beaucoup souffert.

5. pour / mon / offrir / un / anniversaire / m' / mes frères / appareil photo
   Mes frères m'ont offert un appareil photo pour mon anniversaire./
   Pour mon anniversaire, mes frères m'ont offert un appareil photo.

6. ouvrir / porte / qui / la / ?
   Qui a ouvert la porte?

3B.1 The verbs **ouvrir** and **offrir** (audio activities)

1   **Identifiez**   Listen to each sentence and write the infinitive of the verb you hear.

> **Modèle**
>
> *You hear:* J'offre rarement des fleurs à mes enfants.
> *You write:* offrir

1. _____ découvrir _____   5. _____ découvrir _____

2. _____ offrir _____   6. _____ ouvrir _____

3. _____ souffrir _____   7. _____ couvrir _____

4. _____ couvrir _____   8. _____ offrir _____

2   **Conjuguez**   Form a new sentence using the cue you see as the subject. Repeat the correct answer after the speaker. (*6 items*)

> **Modèle**
>
> *You hear:* Il ouvre le magasin tous les matins.
> *You see:* nous
> *You say:* Nous ouvrons le magasin tous les matins.

1. je   2. nous   3. ils   4. vous   5. tes amis   6. tu

3   **Questions**   Answer each question you see using the cue. Repeat the correct response after the speaker.

> **Modèle**
>
> *You hear:* Comment tu as ouvert ce fichier?
> *You see:* avec un mot de passe
> *You say:* Je l'ai ouvert avec un mot de passe.

1. un nouvel ordinateur   4. rarement
2. il y a deux jours   5. un voyage au Maroc
3. le soir   6. de cuir (*leather*)

4   **Décrivez**   For each drawing, you will hear two statements. Choose the one that corresponds to the drawing.

1.   2.

3.   4.

1. (a.)   b.
2. (a.)   b.
3. a.   (b.)
4. (a.)   b.

3B.2 Le conditionnel

1 **Soyons sympas** Fill in the blanks with the conditional forms of these verbs.

1. Je ____voudrais____ (vouloir) une baguette, s'il vous plaît.

2. Est-ce que vous ____auriez____ (avoir) la gentillesse (*kindness*) de m'envoyer une brochure?

3. Dis, tu n' ____n'aurais pas____ (avoir) pas un stylo? Je n'en ai pas.

4. Bonjour, Madame. Est-ce que je ____pourrais____ (pouvoir) parler à Jean-Yves?

5. On ____aimerait____ (aimer) regarder un film ce soir. Papa, est-ce qu'on peut aller au cinéma?

6. Mme Ducharme, est-ce que vous ____viendriez____ (venir) nous chercher à la gare?

7. Tu ne ____devrais____ (devoir) pas mettre la sonnerie de ton portable si fort. Ça fait mal aux oreilles.

8. Nous ____voudrions____ (vouloir) des jeux vidéo pour Noël (*Christmas*).

9. J' ____aimerais____ (aimer) savoir pourquoi tu es parti sans me dire au revoir.

10. Vous ____devriez____ (devoir) mettre de beaux vêtements pour la fête.

2 **Écrivez des légendes** Write a caption for each illustration telling what the person or people would do if they had a day off.

Answers may vary slightly. Possible answers:

Modèle

Tu *nettoierais* ta chambre.

 1.    2.    3.

 4.    5.

1. Je _____ lirais toute la journée. _____

2. Tu _____ inviterais des amis chez toi. _____

3. Nous _____ ferions du vélo. _____

4. Amira et son frère Hassan _____ rendraient visite à leur grand-mère. _____

5. Vous _____ dormiriez très tard le matin. _____

3 **Complétez** Complete these sentences telling what people would do if they won a large sum of money. Conjugate the verbs from the list so that they are in the conditional.

acheter	construire	dîner	partager
aider	devenir	donner	voyager

1. Vous _____dîneriez_____ tous les jours au restaurant.

2. On _____aiderait_____ les chats et les chiens de notre ville qui n'ont pas de maison.

3. Patrick et moi _____partagerions_____ l'argent 50/50.

4. Je _____deviendrais_____ artiste ou poète.

5. Tu _____voyagerais_____ en Chine et au Japon.

6. Mes frères _____achèteraient_____ une nouvelle télé et un lecteur de DVD.

7. Sœur Marie-Thérèse _____donnerait_____ tout l'argent à des organismes de charité.

8. Les Jacob _____construiraient/achèteraient_____ une nouvelle maison.

4 **Réécrivez** Rewrite these sentences so that they describe what *would happen* rather than what *is happening*. Replace the verb in the indicative with one in the conditional.

1. Tu envoies de temps en temps des e-mails à Rodrigue.
   Tu enverrais de temps en temps des e-mails à Rodrigue.

2. Les élèves choisissent un mot de passe.
   Les élèves choisiraient un mot de passe.

3. Nous éteignons les écrans avant de quitter la salle de classe.
   Nous éteindrions les écrans avant de quitter la salle de classe.

4. Je sauvegarde souvent le document.
   Je sauvegarderais souvent le document.

5. Maman achète une tablette tactile pour la famille.
   Maman achèterait une tablette tactile pour la famille.

6. Vous êtes en ligne tous les soirs pendant des heures.
   Vous seriez en ligne tous les soirs pendant des heures.

5 **Des scénarios** Complete each of these statements by indicating what would or should happen in each scenario. Use verbs in the conditional, and remember that the verb **devoir** in the conditional means *should*. Answers will vary. Sample answers:

> **Modèle**
> Avec ma voiture idéale *je ne tomberais jamais en panne.*

1. Dans un monde idéal, il n'y ___aurait pas de circulation.___

2. Vous n'avez pas d'argent? À votre place (*In your place*), je/j' ___arrêterais de manger au restaurant.___

3. On n'a pas cours lundi. On ___devrait aller au centre commercial.___

4. Dans un monde parfait, les gens ___attacheraient toujours leur ceinture de sécurité.___

5. C'est ton anniversaire aujourd'hui! Tu ___devrais manger du gâteau.___

3B.2 Le conditionnel (audio activities)

1 Choisissez Listen to each sentence and decide whether you hear a verb in the indicative or the conditional.

1. (indicatif) conditionnel
2. (indicatif) conditionnel
3. indicatif (conditionnel)
4. indicatif (conditionnel)
5. (indicatif) conditionnel
6. indicatif (conditionnel)
7. indicatif (conditionnel)
8. (indicatif) conditionnel

2 Identifiez Listen to each sentence and write the infinitive of the conjugated verb you hear.

> **Modèle**
>
> *You hear:* Nous pourrions prendre l'autre voiture.
> *You write:* pouvoir

1. _____ regarder _____   4. _____ faire _____
2. _____ devoir _____   5. _____ aller _____
3. _____ avoir _____   6. _____ être _____

3 Identifiez Listen to Ophélie talk about what her life would be like if she had a car. Write the missing verbs.

Je (1) _____ voudrais _____ une voiture à tout prix (*at any price*)! Si j'avais

une voiture, je (2) _____ pourrais _____ travailler loin de la maison. Je

(3) _____ n'aurais pas _____ besoin de prendre le train et le bus. Mes amis et

moi (4) _____ irions _____ souvent en voiture au centre-ville pour faire du shopping

ou voir des films. Et on (5) _____ dînerait _____ parfois ensemble au restaurant. Ce

(6) _____ serait _____ bien! Et puis, le week-end, on (7) _____ rentrerait _____

tard à la maison. Mais avant d'acheter une voiture, je (8) _____ devrais _____ avoir mon

permis de conduire!

4 Complétez Form a new sentence using the cue you hear as the subject. Repeat the correct response after the speaker. (*6 items*)

> **Modèle**
>
> Je vérifierais la pression des pneus. (le mécanicien).
> *Le mécanicien vérifierait la pression des pneus.*

Unité 3

PANORAMA

---

1 Des gens célèbres Match each description with the name of a famous person.

_d_ 1. homme politique et philosophe est l'une des figures importantes de la rébellion de la Corse.

_f_ 2. Cet écrivain et cinéaste de Marseille a écrit *La Gloire de mon père*.

_b_ 3. Cette championne du patinage artistique (*figure skating*) est née à Nice.

_a_ 4. Cet homme est surtout connu pour ses travaux d'astrologie.

_c_ 5. Cette actrice a gagné le prix d'interprétation féminine au Festival de Cannes en 1974.

_e_ 6. Ce chanteur français a chanté dans plusieurs opérettes.

a. Nostradamus
b. Surya Bonaly
c. Marie-Josée Nat
d. Pasquale Paoli
e. Tino Rossi
f. Marcel Pagnol

---

2 Des images Write a one-sentence caption in French to accompany each of these images.
Answers will vary. Suggested answers:

 1.

 2.

 3.

4.

5.

 6.

1. À Grasse, on cultive les fleurs pour la parfumerie française.

2. Des scientifiques viennent étudier le corail rouge à la réserve naturelle de Scandola en Corse.

3. Chaque année, en mai, il y a le Festival International du Film à Cannes.

4. Napoléon Bonaparte est né à Ajaccio en Corse.

5. En Camargue, il y a des chevaux blancs, des taureaux noirs et des flamants roses.

6. À Avignon, les touristes visitent le palais des Papes.

---

3 Vrai ou faux? Indicate whether each of these statements is **vrai** or **faux**.

	Vrai	Faux
1. Porto-Vecchio se trouve en Provence-Alpes-Côte d'Azur.	○	☑
2. La parfumerie est l'une des principales industries en Provence-Alpes-Côte d'Azur.	☑	○
3. Le premier Festival international du film à Cannes a eu lieu en 1964.	○	☑
4. Le tourisme est l'industrie la plus importante de Grasse.	☑	☑
5. Le Festival International du Film a lieu (*takes place*) chaque année à Cannes.	☑	○
6. Napoléon s'est déclaré Empereur en 1804.	☑	○
7. Chaque année, il y a une vingtaine de films en compétition au Festival International du Film.	○	○
8. Des vedettes (*movie stars*) assistent au Festival du Film à Grasse.	○	☑

---

4 **Des couleurs et des arômes** Complete each of these statements about the cultivation of flowers in the South of France.

1. __L'agriculture/La parfumerie__ est l'une des industries principales du sud-est de la France.

2. On cultive des fleurs à Grasse depuis le _____Moyen Âge_____.

3. Parmi les fleurs cultivées à Grasse, on compte la _____violette_____, la _____lavande_____ et la _____rose_____.

4. _____Molinard_____ est un des grands fabricants (*makers*) de parfum du sud de la France.

5 **Les villes de la région** Write the names of the towns described by the clues.

1. C'est la ville où l'on trouve le palais des Papes. A V I G N O N

2. Cette très grande ville de la côte (*coast*) se situe entre la Camargue et Toulon.

   M A R S E I L L E

3. Cette ville est la capitale mondiale de la parfumerie. G R A S S E

4. Cette ville est le lieu de naissance de Napoléon. A J A C C I O

5. De riches vacanciers anglais ont donné leur nom à la célèbre promenade de cette ville. N I C E

6. Cette ville organise le festival du film le plus connu (*most famous*) du monde. C A N N E S

6 **Des mots cachés camarguais** First, use the clues to identify some expressions related to the Camargue. Then find the words in the puzzle.

1. On appelle les _____gardians_____ les cow-boys camarguais.

2. C'est l'un des oiseaux exotiques qu'on trouve en Camargue: le _____flamant rose_____.

3. En Camargue, on voit (*sees*) ces grands _____taureaux_____ noirs.

4. Le meilleur (*best*) ami du cow-boy camarguais est un cheval _____blanc_____.

```
F  A  R  E  B  C  D  U  Î  G  A  E  J  G  F
X  L  B  K  T  L  F  Y  M  P  J  S  Z  A  W
Z  P  A  I  F  F  H  L  M  U  W  O  C  R  J
S  N  C  M  B  Â  Y  J  G  Q  J  R  N  D  B
G  Z  W  N  A  E  N  F  J  Q  I  P  A  I  X
A  R  N  X  S  N  C  P  T  S  É  A  L  A  A
T  Y  O  A  A  H  T  A  L  M  U  O  B  N  U
R  V  T  Q  H  Z  U  R  L  B  K  U  C  S  L
O  C  H  B  O  R  S  Q  O  M  E  N  P  Z  V
H  J  M  E  E  C  T  C  B  S  J  F  S  R  X
Q  Z  J  A  N  C  D  U  U  U  E  Q  P  Q  B
J  H  U  K  C  X  A  I  Z  H  U  L  Y  X  O
I  X  W  É  T  A  N  G  S  V  E  R  Z  A  Q
S  U  Y  A  X  G  Y  G  A  W  H  W  M  O  C
C  D  X  I  O  I  W  D  O  S  I  A  R  A  M
```

Unité 4

CONTEXTES

Leçon 4A

1 **À la banque** There is a long line at the bank, so Marion has plenty of time to see what is going on around her. Fill in the blanks with the appropriate words and expressions. Make all the necessary changes and agreements.

accompagner	emprunter
un compte bancaire	remplir un formulaire
un compte d'épargne	retirer de l'argent
une dépense	signer

1. La vieille dame a des difficultés à ____remplir un formulaire____ parce que c'est écrit trop petit et qu'elle n'a pas ses lunettes.

2. Une étudiante va ouvrir ____un compte bancaire____ afin de pouvoir recevoir de l'argent de ses parents.

3. Un homme demande des explications sur ____une dépense____ qu'il n'a pas faite, mais qui apparaît sur son relevé de compte (*statement*). Il pense qu'il doit y avoir plus d'argent sur son compte.

4. Une petite fille ____accompagne____ sa maman.

5. Un homme d'affaires ____emprunte____ de l'argent pour créer une nouvelle entreprise (*start a new business*).

6. Une adolescente veut ____retirer de l'argent____ de son compte, mais elle a besoin de l'autorisation de ses parents.

7. Un homme n'a pas ____signé____ son chèque avant de le donner au banquier.

8. Moi, je veux déposer de l'argent sur ____un compte d'épargne____ parce que j'économise (*save*) pour les vacances.

2 **Les publicités** Fill in the blanks with the type of store each ad promotes.

1. «N'oubliez pas de faire vos réservations pour les fêtes et venez déguster nos plats spéciaux.»
____une brasserie/un restaurant/un café____

2. «Vous avez besoin d'un crayon, d'un cahier ou bien de fournitures (*supplies*) pour votre bureau? Nous sommes toujours à votre service.» ____une papeterie____

3. «Vous n'avez pas envie de faire la queue au guichet (*counter*)? Pas de problème. Nous avons beaucoup de distributeurs automatiques. ____une banque____

4. «Besoin d'un cadeau qu'elle ne va jamais oublier? Venez voir (*to see*) notre nouvelle collection.»
____une bijouterie____

5. «Nous proposons maintenant des soins du visage (*skincare*) pour les hommes.»
____un salon de beauté____

6. «Quand vous venez acheter des timbres, demandez ceux pour la commémoration du premier 'rendez-vous' à Fort Williams.» ____un bureau de poste____

3   **Au bureau de poste**   Look at the drawing and write a caption for each numbered item or action.

Answers may vary slightly.

1. _____ Elle envoie un colis. _____
2. _____ une boîte aux lettres _____
3. _____ Il poste une lettre. _____
4. _____ une enveloppe _____

5. _____ le courrier _____
6. _____ le facteur _____
7. _____ un timbre _____
8. _____ Ils font la queue. _____

---

4   **Vrai ou faux?**   Read these statements and indicate whether they are **vrai** or **faux**. Correct the false statements.   Answers may vary slightly.

1. Quand il y a beaucoup de personnes dans un magasin, il faut remplir un formulaire.

    Faux. Quand il y a beaucoup de personnes dans un magasin, il faut faire la queue.

2. On peut avoir un compte bancaire à la mairie.

    Faux. On peut avoir un compte bancaire à la banque.

3. Si on veut se marier, il faut aller à la mairie.

    Vrai.

4. On peut acheter un magazine à la laverie.

    Faux. On peut acheter un magazine chez le marchand de journaux.

5. Quelquefois, les magasins sont fermés le dimanche.

    Vrai.

6. On va au salon de beauté pour prendre un sandwich et un café.

    Faux. On va à la brasserie pour prendre un sandwich et du café.

7. On peut envoyer un grand colis dans une boîte aux lettres.

    Faux. On peut envoyer un grand colis dans un bureau de poste./
    On peut poster une lettre ou une carte postale dans une boîte aux lettres.

8. On peut retirer de l'argent à un distributeur automatique.

    Vrai.

CONTEXTES: AUDIO ACTIVITIES

1 **Logique ou illogique?** Listen to these sentences and indicate whether each one is **logique** or **illogique**.

	Logique	Illogique
1.	○	☑
2.	☑	○
3.	☑	○
4.	○	☑
5.	☑	○
6.	○	☑
7.	☑	○
8.	○	☑

2 **Les courses** Look at the drawing and listen to Rachel's description of her day. During each pause, write the name of the place she went. The first one has been done for you. **Attention!** Rachel visited one of these places twice.

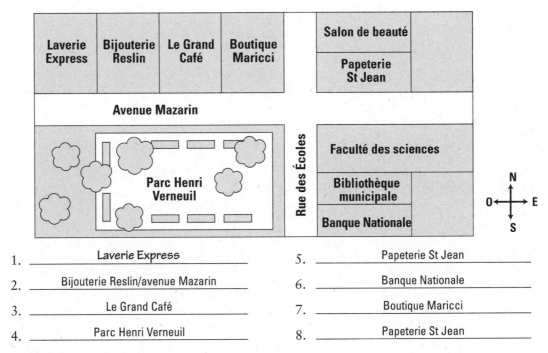

1. _____Laverie Express_____
2. _Bijouterie Reslin/avenue Mazarin_
3. _____Le Grand Café_____
4. _____Parc Henri Verneuil_____
5. _____Papeterie St Jean_____
6. _____Banque Nationale_____
7. _____Boutique Maricci_____
8. _____Papeterie St Jean_____

3 **Questions** Answer each question you hear using vocabulary from the lesson. Repeat the correct response after the speaker. (*6 items*)

> **Modèle**
> Où peut-on acheter une nouvelle jupe?
> *On peut acheter une nouvelle jupe à la boutique.*

LES SONS ET LES LETTRES

The letter h

You already know that the letter **h** is silent in French, and you are familiar with many French words that begin with an **h muet**. In such words, the letter **h** is treated as if it were a vowel. For example, the articles **le** and **la** become **l'** and there is a liaison between the final consonant of a preceding word and the vowel following the **h**.

l'heure   l'homme   des hôtels   des hommes

Some words begin with an **h aspiré**. In such words, the **h** is still silent, but it is not treated like a vowel. Words beginning with **h aspiré**, like these you've already learned, are not preceded by **l'** and there is no liaison.

la honte   les haricots verts   le huit mars   les hors-d'œuvre

Words that begin with an **h aspiré** are normally indicated in dictionaries by some kind of symbol, usually an asterisk (*).

---

1 **Prononcez** Répétez les mots suivants à voix haute.

1. le hall
2. le handicap
3. l'humeur
4. la honte
5. le héron
6. l'horloge
7. l'horizon
8. le hippie
9. l'hilarité
10. la Hongrie
11. l'hélicoptère
12. les hamburgers
13. les hiéroglyphes
14. les hors-d'œuvre
15. les hippopotames
16. l'hiver

---

2 **Articulez** Répétez les phrases suivantes à voix haute.

1. Hélène joue de la harpe.
2. Hier, Honorine est allée à l'hôpital.
3. Le hamster d'Hervé s'appelle Henri.
4. La Havane est la capitale de Cuba.
5. L'anniversaire d'Héloïse est le huit mars.
6. Le hockey et le hand-ball sont mes sports préférés.

---

3 **Dictons** Répétez les dictons à voix haute.

1. La honte n'est pas d'être inférieur à l'adversaire, c'est d'être inférieur à soi-même.
2. L'heure, c'est l'heure; avant l'heure, c'est pas l'heure; après l'heure, c'est plus l'heure.

---

4 **Dictée** You will hear eight sentences. Each will be read twice. Listen carefully and write what you hear.

1. Les enfants ont l'habitude d'écouter une histoire le soir.
2. Hector était un grand homme, un vrai héros.
3. Ton sac à main a coûté huit cents euros.
4. Heureusement que les gens sont honnêtes!
5. J'ai fêté Halloween avec Henri, qui était de très bonne humeur!
6. Nous habitons à l'hôtel.
7. À cette heure-ci, il joue au hand-ball.
8. Hier, notre hôte nous attendait dans le hall.

Roman-photo

ON FAIT DES COURSES.

Avant de regarder

1 **Qu'est-ce qui se passe?** Read the title, look at the photo, and guess what might happen in this video module. What words and expressions do you expect to hear? Answers will vary.

_____

_____

_____

_____

En regardant la vidéo

2 **En ville** Place check marks next to the places mentioned in this video module.

☑ 1. un bureau de poste   ☐ 7. une papeterie

☑ 2. une banque   ☐ 8. un salon de beauté

☐ 3. un cybercafé   ☐ 9. un marchand de journaux

☑ 4. une bijouterie   ☑ 10. une boutique

☐ 5. une laverie   ☑ 11. un parc

☑ 6. une brasserie   ☐ 12. un commissariat de police

3 **Complétez** Watch the first two segments as Amina and Rachid run errands, and complete these sentences according to what the characters say. Not all words in the list will be used.

banque	billets	chèque	liquide	salade
bijouterie	boutique	courses	poste	tranches

1. Bonjour, Madame, quatre _____tranches_____ de pâté et de la _____salade_____ de carottes pour deux personnes, s'il vous plaît.

2. Ah désolée, Monsieur, nous n'acceptons que les paiements en _____liquide_____ ou par _____chèque_____ .

3. Je dois aller à la _____poste_____ pour acheter des timbres et envoyer quelques cartes postales, et puis je voudrais aller à la _____bijouterie_____ .

4. J'ai quelques _____courses_____ à faire plus tard cet après-midi.

5. Et après ça, je dois passer à la _____boutique_____ .

4 **Mettez-les dans l'ordre** Number these events in the order in which they occur.

_____7_____ a. Les quatre amis se rencontrent.

_____8_____ b. Sandrine invite Rachid et Amina à aller dans une brasserie.

_____1_____ c. Rachid commande des provisions pour un pique-nique.

_____3_____ d. Rachid emprunte de l'argent à Amina.

_____5_____ e. David et Sandrine cherchent un distributeur automatique.

_____4_____ f. David invite Sandrine à aller dans une brasserie.

_____2_____ g. Rachid découvre qu'il n'a pas de liquide.

_____6_____ h. Amina et Rachid arrivent au distributeur automatique.

Après la vidéo

5 **Vrai ou faux?** Indicate whether these statements are **vrai** or **faux**.

	Vrai	Faux
1. La banque est fermée.	●	○
2. Sandrine n'aime pas la cuisine alsacienne.	○	●
3. La charcuterie accepte les cartes de crédit.	○	●
4. Amina veut acheter des cartes postales.	○	●
5. Les quatre amis vont aller dans une brasserie ensemble.	○	●
6. Aujourd'hui, c'est samedi.	●	○

6 **Expliquez** Read the caption and explain what is happening in this photo.

Answers will vary. Possible answer:
Amina et Sandrine parlent de Rachid et de David.
Elles ne cherchent plus de petit ami parce qu'elles
sortent maintenant avec Rachid et David.

—Alors! On n'a plus besoin de chercher un cyberhomme?
—Pour le moment, je ne cherche personne.

7 **À vous!** Describe a day in which you ran several errands. Tell where you went and what you did at each place. Mention at least four different places. Answers will vary.

1. _____

2. _____

3. _____

4. _____

Flash culture

EN VILLE

Avant de regarder

1 **Les petits commerçants** In this video, you're going to learn about shopping in small stores in France. In preparation for watching the video, make a list in French of various types of shops and boutiques. Answers will vary.

_____ _____

_____ _____

_____ _____

_____ _____

_____ _____

En regardant la vidéo

2 **Complétez** Watch as Benjamin visits a post office, and complete the conversation with the words that he says.

argent	commerces
boîte aux lettres	distributeur automatique
bureau de poste	marchand de journaux
cartes postales	timbres

Nous sommes devant le (1) ____bureau de poste____. Il est fermé maintenant, mais ce n'est pas grave, j'ai déjà acheté les (2) ____timbres____. J'ai des (3) ____cartes postales____ à envoyer à mes amis. Voici une (4) ____boîte aux lettres____. Bon, maintenant, je dois trouver un (5) ____distributeur automatique____ pour retirer de l' (6) ____argent____, et puis je vais aller chez le (7) ____marchand de journaux____. Je vais aussi vous montrer d'autres (8) ____commerces____. Allons-y!

3 **Dans quel ordre?** Number these places in the order in which they are mentioned in the video.

__3__ a. une laverie

__9__ b. une boucherie

__12__ c. une cafétéria

__1__ d. un distributeur automatique

__10__ e. un chocolatier

__11__ f. un centre commercial

__6__ g. une papeterie

__2__ h. un marchand de journaux

__4__ i. une bijouterie

__5__ j. un salon de coiffure

__8__ k. une boulangerie

__7__ l. une charcuterie

Après la vidéo

4 **Vrai ou faux?** Indicate whether these statements are **vrai** or **faux**.

	Vrai	Faux
1. Les hypermarchés sont très grands.	◉	◯
2. En général, les centres commerciaux se trouvent au centre-ville.	◯	◉
3. Pour acheter du jambon, on va à la boucherie.	◯	◉
4. On peut souvent acheter du papier et des livres dans le même magasin.	◉	◯
5. Normalement, on trouve une cafétéria dans un centre commercial.	◉	◯

5 **Où est-ce qu'on va pour...?** Where might you go in France to do these things? Answers may vary. Possible answers:

1. envoyer une lettre _____ au bureau de poste _____

2. acheter un livre _____ à la librairie/à la papeterie _____

3. se faire couper les cheveux _____ au salon de coiffure/salon de beauté _____

4. acheter du bœuf _____ à la boucherie _____

5. laver les vêtements _____ à la laverie _____

6. acheter du pain _____ à la boulangerie _____

7. avoir une manucure _____ au salon de beauté _____

8. acheter un journal _____ chez le marchand de journaux _____

6 **À vous!** In this segment, you saw many types of businesses that may be similar to or different from those where you live. Which places in this video segment also exist where you live? Which do you frequent? Which types of business are not as common in your area? Do you think they should be? Answers will vary.

_____

_____

_____

_____

_____

_____

_____

_____

_____

_____

_____

STRUCTURES

4A.1 Voir, croire, recevoir, and apercevoir

1 **En ville** Use the following elements to create complete sentences. Conjugate the verbs in the present tense.

1. tu / apercevoir / la boîte aux lettres / devant / la mairie / ?
   Tu aperçois la boîte aux lettres devant la mairie?
2. nous / ne pas voir / le distributeur automatique
   Nous ne voyons pas le distributeur automatique.
3. je / croire / que / la poste / se trouver / en face de / le commissariat de police
   Je crois que la poste se trouve en face du commissariat de police.
4. vous / ne pas voir / que / la banque / être / fermé / ?
   Vous ne voyez pas que la banque est fermée?
5. on / croire / que / vous / pouvoir / payer / par chèque / à / le bureau de poste
   On croit que vous pouvez payer par chèque au bureau de poste.
6. Apolline et Fouad / ne pas recevoir / les e-mails / de l'association des lycéens
   Apolline et Fouad ne reçoivent pas les e-mails de l'association des étudiants.
7. le marchand de journaux / ne pas voir / les pièces de monnaie
   Le marchand de journaux ne voit pas les pièces de monnaie.
8. tu / croire / que / la laverie / être / ouvert / le dimanche / ?
   Tu crois que la laverie est ouverte le dimanche?

2 **Le courrier** Use the cues provided to conjugate the verb **recevoir** in the appropriate tense.

 Modèle

hier / Magali
Hier, Magali a reçu des photos.

il y a deux jours / nous
1. Nous avons reçu une lettre il y a deux jours./
   Il y a deux jours, nous avons reçu une lettre.

elle / maintenant
2. Elle reçoit un colis maintenant./
   Maintenant, elle reçoit un colis.

le matin / je
3. Le matin, je reçois des journaux./
   Je reçois des journaux le matin.

vous / chaque semaine
4. Vous recevez des fleurs chaque semaine./
   Chaque semaine, vous recevez des fleurs.

3 **Reliez** Make complete sentences by matching each item in the first column with the appropriate item in the second column.

___g___ 1. Est-ce que vous

___d___ 2. D'ici, on

___e___ 3. Mme Ben Brahim a

___f___ 4. Nous

___a___ 5. Je

___h___ 6. Nous nous sommes

___b___ 7. Ah, non! Les enfants

___c___ 8. Tu n'as pas

a. reçois parfois des cartes postales de ma nièce.

b. aperçoivent le marchand de glaces.

c. vu le nouveau salon de beauté en ville?

d. s'aperçoit que la banque est fermée.

e. cru voir le facteur passer, mais elle n'a pas reçu de courrier.

f. apercevons la boîte aux lettres devant le bureau de poste.

g. recevez beaucoup de clients dans votre boutique?

h. revus samedi à la brasserie.

4 **Un dimanche matin** You are writing to your best friend about your vacation with your family. Here are some of the notes you wrote for your letter. Conjugate the verb in parentheses in the appropriate tense.

1. Ce matin, je/j' ___me suis aperçu(e)___ (s'apercevoir) que j'avais oublié de t'écrire.

2. Ce matin, il y avait beaucoup de brouillard (*fog*) et je ne pouvais même pas ___apercevoir___ (apercevoir) les maisons de l'autre côté de la rue.

3. La lettre que tu as envoyée il y a un mois, je la/l' ___ai reçue___ (recevoir) seulement hier.

4. Quand est-ce que je te/t' ___reçois___ (recevoir) ici? Tu sais que tu peux venir quand tu veux (*want*).

5. Je crois que je/j' ___ai aperçu___ (apercevoir) un ami d'enfance à la poste, hier.

6. Je ne retrouve pas mon livre de Maupassant. Écris-moi si tu le/l' ___aperçois___ (apercevoir) quelque part dans l'appartement.

5 **Au commissariat** Amélie has been asked by the police to come to the station. Fill in the blanks with the correct forms of the verb **recevoir**, **apercevoir**, or **s'apercevoir**.

L'AGENT Je suis heureux de voir que vous (1) ___avez reçu___ votre convocation (*notification*). Pouvez-vous me dire quand vous (2) ___avez aperçu___ le suspect?

AMÉLIE Je le/l' (3) ___ai aperçu___ lundi dernier à 9h30 devant le marchand de journaux.

L'AGENT Est-ce que le suspect (4) ___s'est aperçu___ de votre présence?

AMÉLIE Non, je ne crois pas, mais nous (5) ___avons reçu___ un courrier bizarre ce matin: une lettre blanche.

L'AGENT Est-ce que je peux voir la lettre que vous (6) ___avez reçue___?

AMÉLIE Non, malheureusement, mon mari l'a jetée (*threw it away*) immédiatement.

L'AGENT Si vous en (7) ___recevez___ une autre, il faut nous l'apporter. N'hésitez pas à nous contacter si vous (8) ___apercevez___ une personne suspecte près de chez vous.

4A.1 Voir, croire, recevoir, and apercevoir (audio activities)

1 **Choisissez** You will hear some sentences with a beep in place of the verb. Circle the form of **voir**, **recevoir**, **apercevoir**, or **croire** that correctly completes each sentence.

> **Modèle**
>
> *You hear:* Jeanne *(beep)* Guillaume à la banque.
> *You see:* aperçoit   avons aperçu
> *You circle:* aperçoit

1. (aperçois)   aperçoit   4. reçoit   (aperçoit)
2. (ont reçu)   ont cru   5. as aperçu   (as cru)
3. reçois   (reçoit)   6. (voient)   croient

2 **Conjuguez** Restate each sentence or question using the cue you see as the subject. Repeat the correct answer after the speaker.

> **Modèle**
>
> *You hear:* Vous recevez cette chaîne ici?
> *You see:* tu
> *You say:* Tu reçois cette chaîne ici?

1. je   3. nous   5. vous
2. il   4. nous   6. vous

3 **La liste** Look at Hervé's shopping list for the holidays and answer each question you hear. Repeat the correct response after the speaker. (*6 items*)

Aurore	un rendez-vous dans un salon de beauté
grands-parents	un voyage à la Martinique
cousin François	du papier à lettres
parents	un lecteur de DVD et un smartphone
Jean-Michel	une montre

4 **Questions** Answer each question you hear using the cue you see. Repeat the correct response after the speaker.

> **Modèle**
>
> *You hear:* Où est-ce qu'il a aperçu la poste?
> *You see:* en face
> *You say:* Il a aperçu la poste en face.

1. le 19   4. la semaine dernière
2. à la poste   5. devant la banque
3. le mois de janvier 6. oui

4A.2 Negative/Affirmative expressions

1 **Les antonymes** For each item provided, write the negative expression that means the opposite.
Answers may vary slightly.

1. toujours ≠ _____ne... jamais_____   4. quelque chose ≠ _____ne... rien_____

2. encore ≠ _____ne... plus_____   5. tout ≠ _____aucun/ne... rien_____

3. quelqu'un ≠ _____personne_____   6. et... et ≠ _____ne... ni... ni_____

2 **Un travail difficile** Your friend is writing to you about his new job at the student activities office.
Complete each sentence with the most appropriate negative word or expression from the list.

aucun(e)... ne/n'	ne/n'... ni... ni	personne ne/n'
ne/n'... aucun(e)	ne/n'... plus personne	rien ne/n'
ne/n'... jamais	ne/n'... que/qu'	

1. Je _____n'_____ aime _____ni_____ mes horaires _____ni_____ mon salaire.

2. Je _____n'_____ ai _____qu'_____ une demi-heure pour déjeuner.

3. Je _____n'_____ ai _____jamais_____ le temps de manger à midi.

4. _____Personne n'_____ est content des activités proposées.

5. Il _____n'_____ y a _____plus personne_____ à l'accueil (reception).

6. Je _____n'_____ ai _____aucune_____ aide pour préparer les sorties (field trips).

7. _____Aucun_____ étudiant _____ne_____ veut travailler ici.

8. _____Rien n'_____ est vraiment bien ici.

3 **Les différences d'opinion** You and your little brother are talking about errands you ran this morning, yet you don't seem to agree on what happened. Rewrite each sentence to say that the opposite happened. Answers may vary. Suggested answers:

1. Nous avons trouvé tous les cadeaux que nous cherchions.

   Nous n'avons trouvé aucun des cadeaux que nous cherchions.

2. Il nous reste toujours de l'argent.

   Il ne nous reste plus d'argent.

3. Nous avons parlé à tous nos amis.

   Nous n'avons parlé à personne./Nous n'avons parlé à aucun ami.

4. Tout était cher.

   Rien n'était cher.

5. Tout le monde faisait les magasins.

   Personne ne faisait les magasins.

4 **À la poste** You are waiting in line at the post office. You need help from the clerk for a few things, but he is in a really bad mood and always answers in the negative. Complete each sentence by selecting the appropriate negative word or expression in parentheses.

1. Nous n'avons ____aucun____ (pas / rien / aucun) distributeur automatique qui fonctionne.

2. Il ne me reste ____plus____ (plus / que / aucun) de timbres de cette collection.

3. Votre colis ne va ____jamais____ (que / rien / jamais) arriver à temps pour les fêtes.

4. ____Personne____ (Aucun / Jamais / Personne) d'autre ne peut vous aider.

5. Nous n'acceptons ____que____ (rien / aucun / que) les billets de moins de 50 euros.

6. Il n'y a ____rien____ (pas / rien / jamais) d'autre à faire.

7. Nous ne faisons ____pas____ (rien / personne / pas) ce genre (*kind*) de chose.

8. ____Aucune____ (Pas / Rien / Aucune) enveloppe n'est en vente ici.

5 **L'entretien** Your big sister gave negative responses to all of the questions she was asked during a job interview. Write her answers in complete sentences. **Answers may vary slightly.**

1. Est-ce que vous avez un diplôme en économie d'entreprise?

   Non, je n'ai aucun diplôme en économie de l'entreprise.

2. Avez-vous déjà travaillé dans une grande entreprise?

   Non, je n'ai jamais travaillé dans une grande entreprise.

3. Faites-vous toujours du volontariat (*voluntary service*)?

   Non, je ne fais plus de volontariat.

4. Êtes-vous intéressé(e) par des heures supplémentaires?

   Non, je ne suis pas intéressé(e) par des heures supplémentaires.

5. Est-ce que quelque chose vous dérange (*disturb*) dans le travail de nuit?

   Non, rien ne me dérange dans le travail de nuit.

6. Est-ce que vous connaissez quelqu'un qui travaille dans cette entreprise?

   Non, je ne connais personne qui travaille dans cette entreprise.

7. Savez-vous utiliser le logiciel *Excellence* et le logiciel *Magenta*?

   Je ne sais utiliser ni le logiciel *Excellence* ni le logiciel *Magenta*.

8. Est-ce qu'il y a quelque chose d'autre que je dois savoir?

   Non, il n'y a rien d'autre que vous devez savoir.

4A.2 Negative/Affirmative expressions (audio activities)

1 **Identifiez** Listen to each statement and mark an **X** in the column of the negative expression you hear.

> **Modèle**
> *You hear:* Je ne reçois jamais de lettre.
> *You mark:* an **X** under **ne... jamais**

	ne... rien	ne... que	personne	ne... personne	ne... jamais	ne... plus
Modèle					X	
1.				X		
2.						X
3.					X	
4.			X			
5.		X				
6.	X					
7.				X		
8.		X				

2 **Transformez** Change each sentence you hear to say the opposite is true. Repeat the correct answer after the speaker. (*6 items*)

> **Modèle**
> Je vais toujours à cette agence.
> *Je ne vais jamais à cette agence.*

3 **Questions** Answer each question you hear in the negative. Repeat the correct response after the speaker. (*6 items*)

> **Modèle**
> Vous avez reçu quelqu'un aujourd'hui?
> *Non, nous n'avons reçu personne.*

4 **Au téléphone** Listen to this phone conversation between Philippe and Sophie. Then decide whether the statements are **vrai** or **faux**.

	Vrai	Faux
1. Philippe ne peut voir personne aujourd'hui.	⊗	○
2. Il n'a jamais organisé de rendez-vous.	○	⊗
3. Le service de Sophie n'a rien reçu.	⊗	○
4. Il n'y a aucun rendez-vous pour le lundi matin.	⊗	○
5. Il ne reste de rendez-vous que pour le lundi matin.	○	⊗

Unité 4

CONTEXTES

---

1 **Les définitions** For each definition, write the corresponding word or expression from the lesson.

1. En France, la plus célèbre est celle des Champs-Élysées. C'est _____ une avenue _____.

2. Si on conduit, il faut s'arrêter quand il est rouge. C'est _____ un feu de signalisation _____.

3. Si on veut traverser une rivière sans se mouiller (*getting wet*), on doit l'utiliser. C'est _____ un pont _____.

4. C'est la direction opposée au sud. C'est _____ le nord _____.

5. Ne plus savoir où on est, c'est _____ être perdu _____.

6. Quand on essaie de trouver son chemin, c'est _____ s'orienter _____.

7. On peut s'y asseoir dans un parc. C'est _____ un banc _____.

8. C'est l'intersection de deux routes. C'est _____ un carrefour _____.

---

2 **Où ça?** Identify the final destination for each set of directions.

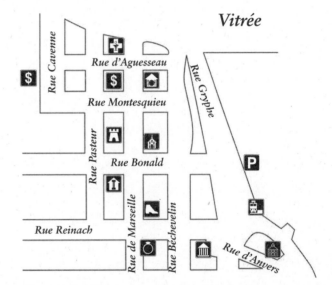

- 🏰 *Place Déperet*
- 🏛 *Place du Prado*
- 💲 *banque*
- 🏢 *MJC*
- ✚ *pharmacie*
- ⛪ *église*
- 🚇 *métro*
- 🏫 *école*
- 🅿 *parking*
- 🔘 *bijouterie*
- ◻ *magasin de chaussures*
- 🏠 *Café du Septième*

Vitrée

1. Vous êtes sur la place du Prado. Prenez la rue Reinach vers l'ouest. Tournez à droite dans la rue Pasteur. Continuez jusqu'à la rue Montesquieu. Tournez à gauche. Vous ne pouvez pas le manquer (*miss*).
   la banque (de la rue Cavenne)

2. Quand vous sortez de la banque, prenez la rue Montesquieu jusqu'à la rue Béchevelin. Tournez à droite et continuez jusqu'à la rue Reinach. Tournez à gauche. Pour aller à l'endroit que vous cherchez, traversez la rue Gryphe. Ce n'est pas très loin de l'école.
   le métro

3. Quand vous sortez du parking rue Gryphe, prenez la rue Bonald en face de vous. Continuez jusqu'au carrefour de la rue de Marseille. Traversez la rue de Marseille. C'est sur votre droite. Vous ne pouvez pas la manquer.
   la place Déperet

4. Quand vous êtes à la bijouterie, remontez la rue de Marseille toujours tout droit jusqu'à la rue d'Aguesseau. Tournez à gauche. Elle se trouve sur votre droite, en face de la banque.
   la pharmacie

---

3 **L'orientation** Look at the illustration on pp. 222-223 of your textbook and complete each sentence by selecting the most appropriate verb in parentheses. Conjugate it in the appropriate tense.

1. Je pense que la voiture va _____traverser_____ (tourner / se déplacer / traverser) le pont.

2. Un homme _____descend_____ (tourner / descendre / continuer) l'escalier. Peut-être qu'il va pouvoir nous aider.

3. L'homme _____suit_____ (tourner / suivre / continuer) la femme car (*because*) il ne sait pas comment _____s'orienter_____ (être perdu / traverser / s'orienter).

4. On va _____monter_____ (se déplacer / tourner / monter) l'escalier pour avoir une meilleure vue du parc.

5. Regardons le plan. Il faut aller vers l'est. Nous devons donc _____tourner_____ (tourner / traverser / suivre) à droite.

6. Regarde l'homme qui est assis sur le banc. Il se promenait au parc, mais il est fatigué maintenant. Il va _____continuer_____ dans quelques minutes.

4 **C'est par où?** Alexandre and his sister, Nadège, have been driving around for ten minutes and they cannot find their friends' house. Fill in each blank with the most appropriate word or expression from the list, and make all the necessary changes and agreements.

à droite	indications	être perdu
le banc	continuer	jusqu'à

ALEXANDRE Tu m'as bien dit de (1) _____traverser_____ le pont et de (2) _____suivre_____ la rue de Provence.

NADÈGE Oui, mais après le pont, il faut tourner (3) _____à droite_____ dans la rue de Strasbourg.

ALEXANDRE Tu ne pouvais pas le dire plus tôt?! Bon. Maintenant, on est en face du marchand de journaux, au numéro 44. Qu'est-ce que je fais?

NADÈGE Est-ce que tu as ton portable?

ALEXANDRE Pourquoi? Tu veux demander des (4) _____indications_____?

NADÈGE Oui, je veux appeler Ousmane et lui demander comment aller (5) _____jusqu'à_____ son appartement. Je crois bien que nous (6) _____sommes perdus_____.

ALEXANDRE Désolé, je ne l'ai pas. (7) _____Continuons_____ jusqu'au carrefour. Je suis certain qu'on va tomber sur la bonne rue.

NADÈGE Arrête-toi. Je vais aller demander au monsieur assis sur (8) _____le banc_____ là-bas. Je pense qu'il va pouvoir nous aider.

ALEXANDRE D'accord.

CONTEXTES: AUDIO ACTIVITIES

1 **Orientez-vous** Indicate whether each statement you hear is **vrai** or **faux**.

	Vrai	Faux
1.	☑	○
2.	☑	○
3.	○	☑
4.	○	☑
5.	○	☑
6.	☑	○

2 **Décrivez** Indicate whether each statement you hear is **vrai** or **faux** based on the drawing.

	Vrai	Faux
1.	☑	○
2.	○	☑
3.	☑	○
4.	○	☑
5.	○	☑
6.	○	☑

3 **Complétez** Listen to Laurent describe where he lives and write the missing words in your lab manual.

Voici les (1) _____indications_____ pour venir chez moi. À la sortie de l'aéroport, suivez le

(2) _____boulevard_____ jusqu'au centre-ville. Quand vous arrivez à la fontaine,

(3) _____tournez_____ à droite. Prenez le (4) _____pont_____ pour

(5) _____traverser_____ Tournez ensuite dans la première rue à droite et

(6) _____continuez_____ (7) _____tout droit_____ jusqu'au bout de la rue. J'habite un

grand (8) _____bâtiment_____ à l'angle de cette rue et de l'avenue Saint-Michel.

Unité 4 Audio Activities **131**

LES SONS ET LES LETTRES

Les majuscules et les minuscules

Some of the rules governing capitalization are the same in French as they are in English. However, many words that are capitalized in English are not capitalized in French. For example, the French pronoun **je** is never capitalized except when it is the first word in a sentence.

> Aujourd'hui, **je** vais au marché.   *Today, I am going to the market.*

Days of the week, months, and geographical terms are not capitalized in French.

> Qu'est-ce que tu fais **l**undi après-midi?   Mon anniversaire, c'est le 14 **o**ctobre.
> Cette ville est au bord de la **m**er Méditerranée.

Languages are not capitalized in French, nor are adjectives of nationality. However, if the word is a noun that refers to a person or people of a particular nationality, it is capitalized.

> Tu apprends le français.   C'est une voiture allemande.
> *You are learning French.*   *It's a German car.*
>
> Elle s'est mariée avec un Italien.   Les Français adorent le foot.
> *She married an Italian.*   *The French love soccer.*

As a general rule, you should write capital letters with their accents. Diacritical marks can change the meaning of words, so not including them can create ambiguities.

> LES AVOCATS SERONT JUGÉS.   LES AVOCATS SERONT JUGES.
> *Lawyers will be judged.*   *Lawyers will be the judges.*

---

1   **Décidez** Listen to these sentences and decide whether the words below should be capitalized.

1. a. canadienne   (b.) Canadienne   5. (a.) océan   b. Océan
2. (a.) avril   b. Avril   6. a. je   (b.) Je
3. (a.) japonais   b. Japonais   7. (a.) mercredi   b. Mercredi
4. (a.) québécoises   b. Québécoises   8. (a.) marocain   b. Marocain

---

2   **Écoutez** You will hear a paragraph containing the words in the list. Check the appropriate column to indicate whether they should be capitalized (**majuscule**).

	Majuscule	Minuscule			Majuscule	Minuscule
1. lundi	X		4. suisse		X	
2. avenue		X	5. quartier			X
3. français		X				

---

3   **Dictée** You will hear eight sentences. Each will be read twice. Listen carefully and write what you hear.

1. On est le jeudi 2 octobre.
2. Est-ce que je dois le faire tout de suite?
3. Les Français parlent mal anglais.
4. Mon mari est allemand, mais nous vivons en France.
5. La tour Eiffel est à l'est de la cathédrale Notre-Dame de Paris.
6. Le président des États-Unis doit être de nationalité américaine.
7. L'église Saint-Pierre se trouve sur le boulevard Zola.
8. «Un peu plus loin sur la gauche» est le dernier livre de Paul Delaporte.

Roman-photo

CHERCHER SON CHEMIN

Avant de regarder

1 **Qu'est-ce qui se passe?** Read the title, look at the photo, and guess what might happen in this video module. Answers will vary.

_____
_____
_____
_____
_____

2 **Qu'est-ce que c'est?** Check the appropriate column to classify these words as directions (indications) or places (endroits).

	indication	endroit		indication	endroit
1. fontaine		X	6. rue		X
2. traverser	X		7. tourner	X	
3. suivre	X		8. feu rouge		X
4. descendre	X		9. continuer	X	
5. angle		X	10. boulevard		X

En regardant la vidéo

3 **Complétez** Watch the scene with the tourist in the café, and complete the conversation with the missing words.

à côté de	droite	gauche	tout droit
continuez	en face de	loin	traversez
descendez	feu rouge	tournez	se trouve

TOURISTE Excusez-moi, est-ce que vous savez où (1) __se trouve__ le bureau de poste, s'il vous plaît?

RACHID Oui, ce n'est pas (2) __loin__ d'ici. Vous (3) __descendez__ la rue, juste là, ensuite vous (4) __continuez__ jusqu'au (5) __feu rouge__ et vous (6) __tournez__ (7) à __gauche__.

DAVID Non! À (8) __droite__!

RACHID Non, à gauche! Puis, vous continuez (9) __tout droit__, vous (10) __traversez__ le cours Mirabeau et c'est juste là, (11) __en face de__ la fontaine de la Rotonde (12) __à côté de__ la gare.

4 | **Mettez-les dans l'ordre** Number these people in the order in which they give the tourist directions.

___4___ a. Stéphane ___1___ b. le marchand de journaux ___2___ c. Rachid ___3___ d. David

Who finally gives good directions? _____ Stéphane _____

Après la vidéo

5 | **Qu'est-ce qui se passe?** Match these images with their captions.

1. ___c___

2. ___b___

3. ___f___

4. ___a___

5. ___d___

6. ___e___

a. Qu'est-ce que vous allez faire le week-end prochain?
b. Voici cinq, six, sept euros qui font dix.
c. Oui, je l'adore!
d. Euh merci, je… je vais le trouver tout seul.
e. Bonjour, je peux vous aider?
f. Excusez-moi, où est le bureau de poste, s'il vous plaît?

6 | **Vrai ou faux?** Indicate whether these statements are **vrai** or **faux**.

	Vrai	Faux
1. Sandrine chante très mal.	⊘	○
2. M. Hulot ne sait pas où se trouve le bureau de poste.	⊘	○
3. Le touriste va au café parce qu'il a soif.	○	⊘
4. Amina aime bien Pauline Ester.	○	⊘
5. Le bureau de poste est derrière une grande fontaine.	⊘	○

7 | **Comment est-ce qu'on va…?** Give directions from your home to these places. Answers will vary.

1. Pour aller de chez moi au parc, _____

_____

_____

2. Pour aller de chez moi à la banque, _____

_____

_____

3. Pour aller de chez moi au supermarché, _____

_____

_____

STRUCTURES

4B.1 Le futur simple

1 **Dans dix ans** You are with a group of friends discussing where you see yourselves in ten years. Conjugate the verbs in parentheses in the future tense to find out what everybody is thinking.

1. Je _____travaillerai_____ (travailler) pour une grande entreprise française à Paris.

2. Il _____épousera_____ (épouser) Stéphanie.

3. Vous _____achèterez_____ (acheter) une île dans les Caraïbes.

4. Elle _____écrira_____ (écrire) des romans pour enfants.

5. Tu _____offriras_____ (offrir) une voiture à tes parents.

6. Elles _____se rendront_____ (se rendre) compte que le lycée, c'était facile.

7. J' _____ouvrirai_____ (ouvrir) mon propre restaurant français.

8. Nous _____réussirons_____ (réussir) tous notre vie.

2 **Les obligations** Look at these pictures and write complete sentences using the cues provided. Use the future tense. **Answers may vary slightly.**

1. lundi / poster des lettres

Lundi, il postera des lettres.
_____

2. mercredi / retirer de l'argent au distributeur automatique

Mercredi, ils retireront de l'argent
au distributeur automatique.

3. jeudi / explorer Aix-en-Provence

Jeudi, ils exploreront Aix-en-Provence.
_____

4. mardi / se promener en ville

Mardi, ils se promèneront en ville.
_____

5. vendredi / payer sa facture en liquide

Vendredi, elle paiera/payera sa facture en liquide.
_____

6. samedi / acheter des timbres pour envoyer des cartes postales

Samedi, il achètera des timbres
pour envoyer des cartes postales.

3 **La lettre** Your friend has written a letter to her French pen pal, telling her what she is about to do. However, she is not satisfied with it. Help her by rewriting this paragraph in **le futur simple**.

Pendant les vacances d'été, je vais partir en Europe pendant un mois. Je vais visiter les principaux monuments et les grandes villes. Je pense aussi essayer la nourriture locale. Je n'ai jamais mangé d'escargots ni de haggis. Je vais prendre beaucoup de photos avec l'appareil photo numérique que je vais acheter le mois prochain. Je vais te les montrer quand je vais passer te rendre visite. J'espère que nous allons bien nous amuser ensemble. Je vais t'apporter quelque chose de spécial, mais je ne vais pas te dire ce que c'est. Ça doit être une surprise. Vivement (*I can't wait*) les vacances!   Answers may vary slightly.

Pendant les vacances d'été, je partirai en Europe pendant un mois. Je visiterai les principaux monuments et les grandes

villes. J'essayerai/essaierai la nourriture locale. Je n'ai jamais mangé d'escargots ni de haggis. Je prendrai beaucoup

de photos avec l'appareil photo numérique que j'achèterai le mois prochain. Je te les montrerai quand je passerai te

rendre visite. J'espère que nous nous amuserons bien ensemble. Je t'apporterai quelque chose de spécial, mais je

ne te dirai pas ce que c'est. Ça doit être une surprise. Vivement les vacances!

4 **Répondez** Your younger brother would like to know what your plans are while your parents are away for the weekend. Answer these questions with the **futur simple** and the words in parentheses.

1. Quand vas-tu partir pour le gymnase? (à 8h30)

   Je partirai au gymnase à 8h30.

2. Quand allons-nous déjeuner ensemble? (à 1h00)

   Nous déjeunerons ensemble à 1h00.

3. Qui va manger avec nous? (Caroline et Serge)

   Caroline et Serge mangeront avec nous.

4. À quelle heure est-ce que tu vas faire tes devoirs? (à 2h30)

   Je ferai mes devoirs à 2h30.

5. Qui va mettre la table pour le dîner? (tu)

   Tu mettras la table pour le dîner.

6. Qui va préparer le repas? (notre tante Zoé)

   Notre tante Zoé préparera le repas.

7. Qu'est-ce que nous allons faire ce soir? (regarder un film français)

   Nous regarderons un film français.

8. À quelle heure est-ce que tu vas te lever demain? (à 7h00)

   Je me lèverai à 7h00.

4B.1 Le futur simple (audio activities)

1 **Identifiez** Listen to each sentence and write the infinitive of the verb you hear.

> **Modèle**
>
> *You hear:* Ils se déplaceront pour le 14 juillet.
> *You write:* se déplacer

1. _____ suivre _____   5. _____ se perdre _____

2. _____ continuer _____   6. _____ rester _____

3. _____ acheter _____   7. _____ partir _____

4. _____ traverser _____   8. _____ s'habiller _____

2 **Questions** Answer each question you hear using the cue. Repeat the correct response after the speaker.

> **Modèle**
>
> *You hear:* Quand est-ce que tu retrouveras
>   ta cousine?
> *You see:* jeudi
> *You say:* Je retrouverai ma cousine jeudi.

1. 8 heures et demie   4. Jean-Pierre et son équipe

2. nous   5. en train

3. sur la droite   6. au carrefour

3 **Transformez** Change each sentence from the present to the future. Repeat the correct answer after the speaker.

> **Modèle**
>
> Bertrand travaille près d'ici.
> Bertrand travaillera près d'ici.

4 **Le futur** Look at the timeline, which shows future events in Christian's life, and answer each question you hear. Then repeat the correct response after the speaker. (*6 items*)

2025   2028   2030   2032   2041   2060

visiter   épouser Sylvie   écrire un livre   prendre sa
l'Italie adopter   construire   sur l'Espagne   retraite
          un chien   une maison à
                             la campagne

4B.2 Irregular future forms

1 **En ville** Karim and Sandra are discussing what they will do tomorrow when they go into town. Complete their conversation with the appropriate **futur simple** forms of the verbs in parentheses.

SANDRA Demain, j' (1) _____ irai _____ (aller) au cybercafé, à côté de la papeterie.

J' (2) _____ enverrai _____ (envoyer) enfin mon formulaire électronique.

KARIM Je (3) _____ viendrai _____ (venir) peut-être avec toi.

SANDRA Tu (4) _____ pourras _____ (pouvoir) m'aider avec ça.

KARIM J' (5) _____ essaierai/essayerai _____ (essayer), mais je ne te promets rien.

SANDRA Comme nous (6) _____ serons _____ (être) en ville, nous

(7) _____ pourrons _____ (pouvoir) passer chez Yannick.

KARIM Je ne suis pas sûr de pouvoir le faire parce que je (8) _____ reviendrai _____ (revenir)

par le train de 15h00.

2 **La voyante** Stéphanie and her friends are at the fair and go to see a fortune teller (**voyante**). Create sentences in the **futur simple** using the elements provided to find out what she predicts.

1. vous / devoir / partir / dans un pays lointain (_distant_)

   Vous devrez partir dans un pays lointain.

2. cet homme / recevoir / une bonne nouvelle

   Cet homme recevra une bonne nouvelle.

3. elles / faire / quelque chose d'extraordinaire

   Elles feront quelque chose d'extraordinaire.

4. vous / avoir / beaucoup de chance / la semaine prochaine

   Vous aurez beaucoup de chance la semaine prochaine.

5. il / falloir / faire très attention / vendredi 13

   Il faudra faire très attention vendredi 13.

6. il / devenir / très vulnérable / après le 21 de ce mois

   Il deviendra très vulnérable après le 21 de ce mois.

7. elle / savoir / comment résoudre (_resolve_) vos problèmes

   Elle saura comment résoudre vos problèmes.

8. ils / être / très heureux / samedi prochain

   Ils seront très heureux samedi prochain.

3 **L'avenir** Samuel talks about his future. Complete this paragraph by choosing the best verb and writing its correct form in the **futur simple**.

En juin, je (1) _____ recevrai _____ (recevoir / prendre / apercevoir) mon diplôme et

je/j' (2) _____ aurai _____ (être / avoir / savoir) 21 ans le mois suivant. Avant l'été,

je/j' (3) _____ enverrai _____ (vouloir / pouvoir / envoyer) mon CV pour trouver un

emploi. Je pense que ça (4) _____ ira _____ (faire / venir / aller) bien et que

je/j' (5) _____ pourrai _____ (pouvoir / savoir / avoir) commencer à travailler en septembre.

Pendant l'été, je (6) _____ partirai _____ (retenir / devenir / partir) faire le tour de l'Europe.

Je (7) _____ ferai _____ (savoir / faire / devenir) la connaissance de beaucoup de nouvelles

personnes et peut-être que je/j' (8) _____ rencontrerai _____ (apercevoir / recevoir / rencontrer) même

mon âme sœur (_soulmate_)! En tout cas, je (9) _____ reviendrai _____ (devenir / revenir / retenir)

avec des souvenirs. Et toi, qu'est-ce que tu (10) _____ feras _____ (tenir / pouvoir / faire)

pendant ce temps?

4 **La confusion** The exchange student who lives at your house is very confused today. He is telling you about things that will happen as though they have already happened. Correct his mistakes by rewriting each sentence, using the subject in parentheses and putting the verb in the **futur simple**.

1. Ton cousin est venu te rendre visite. (ma sœur)

   Ma sœur viendra me rendre visite.

2. Ton professeur de français t'a envoyé un e-mail. (mon professeur de français et celui d'espagnol)

   Mon professeur de français et celui d'espagnol m'enverront un e-mail.

3. Tes parents sont partis à Tahiti. (mon oncle et ma tante)

   Mon oncle et ma tante partiront à Tahiti.

4. Hassan a reçu la visite du directeur du lycée. (Malika et Hassan)

   Malika et Hassan recevront la visite du directeur du lycée.

5. Tu es allé(e) à l'exposition Marc Chagall. (tous les élèves de la classe)

   Tous les élèves du cours d'art iront à l'exposition Marc Chagall.

6. Le professeur de mathématiques est revenu de sa conférence à Toulouse. (le professeur de physique)

   Le professeur de physique reviendra de sa conférence à Toulouse.

7. Stéphanie a eu un nouveau chat. (les voisins)

   Les voisins auront un nouveau chat.

8. Il faut balayer. (sortir la poubelle)

   Il faudra sortir la poubelle.

4B.2 Irregular future forms (audio activities)

1 **Identifiez** Listen to each statement and mark an X in the column of the verb you hear.

Modèle

> *You hear:* Nous ne serons pas au parc cet après-midi.
> *You mark:* an **X** under **être**

	aller	avoir	être	faire	savoir
Modèle			X		
1.	X				
2.			X		
3.					X
4.				X	
5.				X	
6.					X
7.	X				
8.		X			

2 **Décrivez** For each drawing, you will hear two statements. Choose the one that corresponds to the drawing.

1. (a.)　　b.　　　　　2. a.　　(b.)　　　　　3. a.　　(b.)

4. (a.)　　b.　　　　　5. a.　　(b.)　　　　　6. a.　　(b.)

3 **En ville** Listen to Brigitte and Zoé talk about their plans for tomorrow. Then read the statements and decide whether they are **vrai** or **faux**.

	vrai	faux
1. Zoé n'ira pas en ville demain.	○	⊘
2. Elle fera des courses l'après-midi.	○	⊘
3. Elles iront au restaurant.	⊘	○
4. Elle viendra chercher Brigitte à son travail.	⊘	○
5. Brigitte aura ses photos.	⊘	○
6. Zoé verra le bureau de Brigitte.	⊘	○

4 **Qui?** Answer each question you hear according to the cue you see. Use irregular future verbs. Repeat the correct answer after the speaker.

1. nous
2. Léo
3. tu
4. elles
5. je
6. vous

Unité 4

PANORAMA

Savoir-faire

---

1 **Les photos** Label each photo.

1. _Jules Verne_

2. _George Sand_

3. _La Loire_

4. _Chambord_

---

2 **Les Pays de la Loire** Answer these questions in complete sentences.

1. Quand le château de Chambord a-t-il été construit?

   Le château de Chambord a été construit au XVIe siècle.

2. Combien de pièces le château de Chambord possède-t-il?

   Le château de Chambord possède 440 pièces.

3. Quelle est la caractéristique des deux escaliers du logis central?

   Les deux escaliers en forme de double hélice vont dans la même direction, mais ne se croisent jamais.

4. Quel est l'autre nom de la vallée de la Loire?

   L'autre nom de la vallée de la Loire est la vallée des rois.

5. Qui inaugure le siècle des «rois voyageurs»?

   François Ier inaugure le siècle des «rois voyageurs».

6. Quel est le nom des trois châteaux les plus visités (*the most visited*)?

   Les trois châteaux les plus visités sont Chenonceau, Chambord et Amboise.

---

3 **Les attractions** Complete the sentences with the correct words.

1. Le Printemps de _____Bourges_____ est un festival de musique.

2. À ce festival de musique, il y a des _____dizaines_____ de spectacles et des _____milliers_____ de spectateurs.

3. Les 24 heures du _____Mans_____ est une course d'_____endurance automobile_____.

4. Cette course existe depuis _mille neuf cent vingt-trois (1923)_.

5. Les Machines de l'Île sont installées sur le site des anciens chantiers navals de _____l'Île de Nantes_____.

6. C'est un monde fantastique habité par de grands _____animaux mécaniques_____.

---

4 **Vrai ou faux?** Indicate whether these statements are **vrai** or **faux**. Correct the false statements.

1. La viticulture est une des principales industries du Centre-Val de Loire.

   Faux. Le tourisme est l'industrie principale du Centre-Val de Loire.

2. La ville des Sables-d'Olonne est située dans un département des Pays de la Loire.

   Vrai.

3. George Sand est un homme. C'est un inventeur.

   Faux. George Sand est une femme. C'est une écrivaine.

4. Louis XIV a influencé l'architecture du château de Chambord.

   Faux. Léonard de Vinci a influencé l'architecture du château de Chambord.

5. François Ier est resté au château de Chenonceau toute sa vie.

   Faux. François Ier allait de château en château avec sa cour et toutes ses possessions.

6. Au Printemps de Bourges, tous les styles de musique sont représentés.

   Vrai.

7. Yves Montand est un écrivain.

   Faux. Yves Montand est un chanteur/un musicien.

8. Le Grand Éléphant à Nantes est une statue installée dans le parc.

   Faux. Le Grand Éléphant est une machine qui transporte des passagers entre les installations du parc.

5 **Le mot mystère** Complete these definitions and fill in the corresponding spaces in the grid to find out the mystery word.

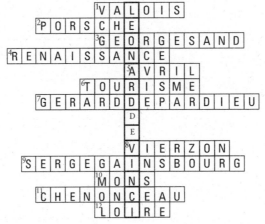

1. C'est le nom d'une dynastie de rois.
2. C'est une célèbre marque de voiture; ce n'est pas Ferrari.
3. C'est une écrivaine du XIXe siècle.
4. C'est le style de nombreux châteaux de la vallée de la Loire.
5. C'est le mois du Printemps de Bourges.
6. C'est l'industrie principale du Centre.
7. C'est un acteur du Centre-Val de Loire.

8. C'est une ville dans la région du Centre-Val de Loire, près de Bourges.
9. C'est le nom d'un chanteur au Printemps de Bourges.
10. C'est le nom d'une ville où une course d'endurance automobile a lieu.
11. C'est le nom d'un château de la Loire.
12. C'est le nom du fleuve qui traverse les deux régions.

Mot mystère: C'est le nom d'un célèbre peintre du XVIe siècle. Il a travaillé (*worked*) pour François Ier.

Unité 5

CONTEXTES

Leçon 5A

---

1   **Choisissez**   Complete each sentence with the appropriate word or expression from the lesson.

1. Thomas gagne un salaire _____élevé_____ (élevé / modeste). Il est homme d'affaires.
2. Leïla a obtenu un _____poste_____ (poste / domaine) de vendeuse au magasin du Monde.
3. Vous allez l'embaucher? Mais il n'a pas de _____références_____ (références / conseil)!
4. Nathalie veut faire un(e) _____stage_____ (stage / messagerie) dans la finance.
5. Un bon patron donne des _____conseils_____ (conseils / combinés) à ses employés de temps en temps.
6. C'est une entreprise qui _____embauche_____ (embauche / postule) beaucoup de personnes.
7. Je refuse de _____patienter_____ (patienter / faire des projets) plus de cinq minutes au téléphone.
8. Il y a combien de _____candidats_____ (candidats / chefs du personnel) pour le poste de secrétaire?

---

2   **Complétez les phrases**   Complete these sentences with appropriate expressions from the lesson.

1. Hassan a pris _____(un) rendez-vous_____ avec le chef du personnel pour passer un entretien.
2. Yoline a appelé son ancien (*former*) patron pour demander une lettre _____de recommandation_____.
3. Gilles ne trouve pas de travail parce qu'il n'a pas d'_____expérience_____ professionnelle.
4. Vous avez reçu plusieurs _____mentions_____ aux examens? C'est impressionnant (*impressive*).
5. Karim a fait une _____formation_____ en management?
6. Christelle a trouvé un _____travail_____! On va célébrer ce soir.
7. Dans quel _____domaine_____ est-ce que vous voulez travailler plus tard?
8. Amadou a fait un stage dans quelle _____entreprise/compagnie_____?

---

3   **À la recherche d'un travail**   Describe these illustrations that show steps one often takes to find work. Use expressions from the lesson.

Answers may vary. Suggested answers:

Modèle

On doit appeler le chef du personnel.

Je voudrais me proposer comme candidate...

Vous êtes disponible mercredi?

1.   2.   3.   4.

1. On doit écrire un CV et une lettre de motivation.
2. On doit lire les annonces.
3. On doit prendre rendez-vous pour passer un entretien.
4. On doit passer un entretien.

---

4   **Un appel téléphonique** Put this phone conversation in order by numbering the lines.

___7___ Le chef du personnel n'est pas là en ce moment, mais je peux lui laisser un message. Quel est votre numéro de téléphone?

___4___ C'est Hélène Bonnaire à l'appareil.

___6___ Euh, oui, c'est ça.

___3___ C'est de la part de qui?

___9___ Très bien. Au revoir, mademoiselle.

___1___ Allô?

___2___ Bonjour, je peux parler au chef du personnel, s'il vous plaît?

___8___ C'est le zéro, un, dix-sept, quatre-vingts, quatorze, vingt.

___10___ Merci, au revoir monsieur.

___5___ Alors, vous appelez pour prendre rendez-vous avec lui, c'est ça?

5   **Répondez** Answer some typical questions that one encounters while looking for work. Use complete sentences and provide some information besides a simple *yes* or *no* answer. The expressions listed might be helpful to you.   Answers will vary.

> ### Coup de main
> | | |
> |---|---|
> | les affaires *business* | le produit *product* |
> | l'éducation *education* | la restauration *the restaurant business* |
> | la finance *finance* | la santé *healthcare* |
> | le marketing *marketing* | les ventes *sales* |

1. Vous avez une expérience professionnelle? Dans quels domaines?

_____

_____

2. Qu'avez-vous comme références?

_____

_____

3. Pourquoi voulez-vous travailler pour notre compagnie?

_____

_____

4. Qu'avez-vous envoyé avec votre CV?

_____

_____

5. Qui est à l'appareil?

_____

_____

6. Vous voulez laisser un message?

_____

_____

CONTEXTES: AUDIO ACTIVITIES

1 **Identifiez** You will hear a series of words. Write the word that does not belong in each series.

1. _____ trouver un travail _____   5. _____ combiné _____

2. _____ spécialiste _____   6. _____ candidat _____

3. _____ prendre un rendez-vous _____   7. _____ embaucher _____

4. _____ conseil _____   8. _____ postuler _____

2 **Logique ou illogique?** Listen to these statements and indicate whether they are **logique** or **illogique**.

	logique	illogique			logique	illogique
1.	⊘	○		5.	⊘	○
2.	⊘	○		6.	○	⊘
3.	○	⊘		7.	○	⊘
4.	○	⊘		8.	⊘	○

3 **Les annonces** Read both ads. Then listen to the statements and decide whether each one **vrai** or **faux**.

SPÉCIALISTES BEAUTÉ

Recherchons 5 spécialistes "beauté-forme" sur Paris.

- 3 ans d'expérience minimum
- excellente présentation
- bon contact avec les client(e)s
- sérieux et professionnalisme

Envoyez lettre de motivation et C.V à Mme Fréchine, Salon de beauté Sublime, 58 avenue de Constantinople, 75008 Paris.

VENDEURS/VENDEUSES

- Compagnie de production d'une boisson aux fruits célèbre recherche des vendeurs/ vendeuses dans toute la France.
- De formation commerciale supérieure (Bac + 2 minimum), vous avez déjà une solide expérience. (5 ans minimum)
- Salaire: 3800 euros par mois.

Pour plus d'information, rendez-vous sur le site http://www.boissonauxfruitssympa.com

---

	Vrai	Faux
1.	⊘	○
2.	○	⊘
3.	○	⊘
4.	○	⊘
5.	○	⊘
6.	⊘	○

LES SONS ET LES LETTRES

La ponctuation française

Although French uses most of the same punctuation marks as English, their usage often varies. Unlike English, no period (**point**) is used in abbreviations of measurements in French.

200 **m** *(meters)*	30 **min** *(minutes)*	25 **cl** *(centiliters)*	500 **g** *(grams)*

In other abbreviations, a period is used only if the last letter of the abbreviation is different from the last letter of the word they represent.

Mme Bonaire = Mada**me** Bonaire   **M.** Bonaire = Monsieur Bonaire

French dates are written with the day before the month, so if the month is spelled out, no punctuation is needed. When using digits only, use slashes to separate them.

le 25 février 1954   25/2/1954   le 15 août 2006   15/8/2006

Notice that a comma (**une virgule**) is not used before the last item in a series or list.

Lucie parle français, anglais et allemand.   *Lucie speaks French, English, and German.*

Generally, in French, a direct quotation is enclosed in **guillemets**. Notice that a colon (**deux points**), not a comma, is used before the quotation.

Charlotte a dit: «Appelle-moi!»   Marc a demandé: «Qui est à l'appareil?»

---

1 **La ponctuation** Repeat the names of these punctuation marks in French.

1. un point (.)
2. une virgule (,)
3. un trait d'union (-)
4. un point d'interrogation (?)
5. un point d'exclamation (!)

6. deux points (:)
7. un point-virgule (;)
8. des points de suspension (…)
9. des guillemets (« »)
10. une apostrophe (')

---

2 **À vous de ponctuer!** Listen to the following sentences and insert the punctuation marks you hear.

1. Voici ce que je dois acheter au marché des carottes des tomates et du fromage
   Voici ce que je dois acheter au marché: des carottes, des tomates et du fromage.
2. Tu n'as pas encore commencé tes devoirs Tu vas peut-être les faire cette nuit
   Tu n'as pas encore commencé tes devoirs? Tu vas peut-être les faire cette nuit!
3. Monsieur Grosjean euh m'avez vous téléphoné
   Monsieur Grosjean… euh… m'avez-vous téléphoné?
4. Ma sœur a répondu Je t'attends depuis deux heures et quart
   Ma sœur a répondu: «Je t'attends depuis deux heures et quart!»
5. Vous pouvez entrer Madame
   Vous pouvez entrer, Madame.
6. Nous n'avons pas pu sortir hier soir il pleuvait trop fort
   Nous n'avons pas pu sortir hier soir; il pleuvait trop fort.

---

3 **Dictée** You will hear eight sentences. Each will be said twice. Listen carefully and write what you hear. Use abbreviations when you can.

1. J'ai rencontré M. et Mme Bernard et leurs enfants hier.
2. M. Petit sera là dans trente minutes et il pourra vous recevoir.
3. On est le douze décembre deux mille un.
4. L'homme a répondu: «Personne n'est entré par cette porte.»
5. Melle Simon finira tôt le mardi, mercredi et jeudi.
6. Le livre que je lis en ce moment c'est: «Une saison à la mer.»
7. Il travaille pour Pierre et Fils depuis le 4 février.
8. Nous avons garé la voiture à deux cents mètres, devant le garage de Mme Latour.

Roman-photo

LE BAC

Avant de regarder

1 **Qu'est-ce qui se passe?** In this video module, Stéphane and Astrid take **le bac** and talk about their future plans. What words and expressions do you expect to hear them say? Answers will vary.

_____

_____

_____

_____

En regardant la vidéo

2 **Qui?** Watch as Stéphane talks to his mother and Astrid after **le bac** and indicate which character says these lines. Write **As** for Astrid, **St** for Stéphane, or **V** for Valérie.

___As___ 1. Qu'est-ce que tu vas faire une fois que tu auras le bac?

___St___ 2. On vient juste de passer le bac, il faut fêter ça!

___St___ 3. Je peux emprunter ta télécarte, s'il te plaît?

___V___ 4. Qui est à l'appareil?

___As___ 5. Tu vas à l'université ou tu vas chercher du travail?

___St___ 6. Je suis tellement content aujourd'hui.

___V___ 7. Mais bien sûr que je m'inquiète!

___St___ 8. L'avenir, l'avenir! Vous n'avez que ce mot à la bouche!

3 **Complétez** Watch the phone call between Stéphane and his mother and complete the conversation with the missing words.

auras	inquiète	réfléchi	saura
été	prendre	réussi	seront

VALÉRIE Stéphane! Alors, comment ça a (1) ___été___?
Tu penses avoir (2) ___réussi___?

STÉPHANE Oui, bien sûr, maman. Ne t' (3) ___inquiète___ pas!

VALÉRIE En tout cas, on (4) ___saura___ bientôt. Tu sais
quand tu (5) ___auras___ les résultats?

STÉPHANE Ils (6) ___seront___ affichés dans deux semaines.

VALÉRIE En attendant, il faut (7) ___prendre___ des décisions
pour préparer l'avenir. Tu y as (8) ___réfléchi___ un peu?

Unité 5 Roman-photo Activities **147**

4 **Mettez-les dans l'ordre** Number these events in the order in which they occur.

    _3_ a. Stéphane téléphone à sa mère.

    _4_ b. Caroline se présente à Valérie.

    _1_ c. Stéphane et Astrid passent le bac.

    _2_ d. Stéphane et Astrid parlent de l'avenir.

    _5_ e. Michèle parle de ses projets au téléphone.

Après la vidéo

5 **Les projets d'avenir** Which character do these statements describe?

1. Il/Elle va étudier l'architecture.
   - (a.) Stéphane   b. Astrid   c. Michèle   d. Caroline

2. Il/Elle va étudier la médecine.
   - a. Stéphane   (b.) Astrid   c. Michèle   d. Caroline

3. Il/Elle cherche un travail au P'tit Bistrot.
   - a. Stéphane   b. Astrid   c. Michèle   (d.) Caroline

4. Il/Elle cherche un travail comme réceptionniste.
   - a. Stéphane   b. Astrid   (c.) Michèle   d. Caroline

5. Il/Elle veut aller à l'Université de Marseille.
   - (a.) Stéphane   b. Astrid   c. Michèle   d. Caroline

6. Il/Elle va aller à l'Université de Bordeaux.
   - a. Stéphane   (b.) Astrid   c. Michèle   d. Caroline

6 **Expliquez** Look at this photo and describe the phone conversation between Michèle and a friend.

Answers will vary. Possible answer: Michèle cherche un nouveau travail. Elle a un entretien pour un poste de réceptionniste. Elle n'a pas l'intention de demander une lettre de recommandation à Madame Forestier.

7 **À vous!** Based on what has happened so far, what do you think will happen in upcoming episodes? Make predictions for each of these characters. Answers will vary.

1. Stéphane: _____

2. Astrid: _____

3. Michèle: _____

4. Valérie: _____

STRUCTURES

5A.1 Le futur simple with quand and dès que

1 **Complétez** There are several possible logical endings for each of these sentences. Pick the most appropriate one for each sentence so that each answer is used only once.

___d___ 1. J'irai chez Cédric pour regarder un film…

___a___ 2. Je dirai «Joyeux anniversaire» à maman…

___e___ 3. J'aurai un château et une collection de voitures de sport…

___b___ 4. On ira au concert…

___g___ 5. Léna viendra nous chercher à la gare…

___c___ 6. On prendra des leçons de conduite (*driving lessons*) à l'auto-école…

___h___ 7. On mangera au restaurant chinois…

___f___ 8. Je donnerai des bonbons aux enfants…

a. quand elle m'appellera ce soir.

b. dès que papa nous donnera la permission d'y aller.

c. quand on aura dix-huit ans.

d. dès qu'il m'appellera pour dire qu'il est rentré.

e. quand je serai riche!

f. quand ils seront plus gentils avec moi.

g. dès que le train arrivera.

h. quand on ira à San Francisco.

2 **Qu'est-ce qu'ils feront?** Complete each sentence with the correct form of the verb provided.

1. Elle décrochera dès que le téléphone _____sonnera_____ (sonner).

2. Elles _____écriront_____ (écrire) leur CV quand elles auront accès au nouveau logiciel.

3. Dès que le journal arrivera, Paul _____lira_____ (lire) les annonces.

4. J'aurai un salaire modeste quand je _____trouverai_____ (trouver) du travail.

5. Ils travailleront dans ce domaine quand ils _____auront_____ (avoir) une formation.

6. Tu chercheras du travail dès que tu _____obtiendras_____ (obtenir) ton diplôme.

3 **Faites des phrases** Use these cues to write sentences. Make sure to conjugate the verbs and make other changes (add articles, make contractions, etc.) so that the sentences are grammatically correct.
Answers may vary slightly.

1. elle / donner / CV / à / chef du personnel / quand / elle / être / à / bureau
   Elle donnera son CV au chef du personnel quand elle sera au bureau.

2. je / écrire / lettre de recommandation / dès que / je / avoir / temps
   J'écrirai la lettre de recommandation dès que j'aurai le temps.

3. je / parler / à / Thierry / de / salaire / quand / je / le / appeler
   Je parlerai à Thierry de son salaire quand je l'appellerai.

4. il / chercher / travail / quand / il / avoir / voiture
   Il cherchera du travail quand il aura une voiture.

5. elle / avoir / salaire / élevé / dès que / elle / obtenir / nouveau / poste
   Elle aura un salaire élevé dès qu'elle obtiendra son nouveau poste.

6. Thomas / prendre / rendez-vous / quand / il / appeler
   Thomas prendra rendez-vous quand il appellera.

7. je / commencer / mon stage / quand / je / être / en / ville
   Je commencerai mon stage quand je serai en ville.

8. Amir / raccrocher / dès que / il / entendre / message
   Amir raccrochera dès qu'il entendra le message.

4 **Quel temps?** Complete these sentences by choosing verbs in the correct tense.

1. En général, quand elle ___se dispute___ (se dispute / se disputera) avec sa meilleure amie au

   téléphone, elle lui ___raccroche___ (raccroche / raccrochera) au nez.

2. Il ___laissera___ (laisse / laissera) un message pour réserver une chambre à l'hôtel dès qu'il

   ___entendra___ (entend / entendra) le bip sonore (*beep*).

3. D'habitude, les employés ___se mettent___ (se mettent / se mettront) à travailler quand le patron

   ___arrive___ (arrive / arrivera).

4. Je ___passerai___ (passe / passerai) un entretien dès que je ___prendrai___ (prends / prendrai)

   rendez-vous avec le chef du personnel.

5. Les Ducasse ___visiteront___ (visitent / visiteront) des médinas quand ils

   ___seront___ (sont / seront) au Maroc, en avril.

6. Le plus souvent, Alex ne ___travaille___ (travaille / travaillera) que quand il ___a___

   (a / aura) envie de se détendre.

5 **Des pronostics** Make predictions about what these people are going to do. Use complete sentences with **quand** and **dès que**. Answers will vary. Suggested answers:

> **Modèle**
> Bientôt, Cédric aura son diplôme.
> *Dès qu'il aura son diplôme, il trouvera un travail.*

1. Bientôt, Mme Djebali obtiendra un nouveau poste avec un salaire élevé.
   Dès qu'elle obtiendra un nouveau poste avec un salaire élevé, elle achètera une nouvelle voiture.

2. Dans deux ans, Alexandre ira à l'université.
   Dès qu'il ira à l'université, il vendra sa voiture.

3. Lundi prochain, j'arriverai à Alger.
   Quand tu arriveras à Alger, tu rendras visite à ta famille.

4. Bientôt, M. Jeunet sera de retour de vacances.
   Dès qu'il sera de retour de vacances, il se mettra à travailler.

5. Le week-end prochain, nous achèterons un lecteur de DVD.
   Dès que nous achèterons le lecteur de DVD, nous commencerons à regarder des films.

6. Bientôt, M. Le Floch aura une promotion.
   Quand il aura une promotion, on la fêtera.

7. Le mois prochain, j'aurai un abonnement (*subscription*) au *Journal du soir*.
   Quand tu auras un abonnement au *Journal du soir*, tu liras les annonces tous les jours.

8. Dans quelques semaines, j'enverrai mon CV au chef du personnel.
   Quand vous enverrez votre CV au chef du personnel, il vous appellera pour prendre rendez-vous.

5A.1 Le futur simple with quand and dès que (audio activities)

1 **Au futur?** Listen to each question and indicate whether or not the response should be given using the future tense.

	oui	non
1.	⊘	○
2.	⊘	○
3.	○	⊘
4.	⊘	○
5.	○	⊘
6.	○	⊘

2 **Conjuguez** Change each sentence from the present to the future. Repeat the correct response after the speaker. (6 *items*)

> **Modèle**
>
> Nous travaillons quand nous sommes prêts.
> Nous travaillerons quand nous serons prêts.

3 **Transformez** You will hear two sentences. Form a new sentence using **quand**. Repeat the correct response after the speaker. (6 *items*)

> **Modèle**
>
> Notre assistante vous dira. La réunion peut avoir lieu.
> Notre assistante vous dira quand la réunion pourra avoir lieu.

4 **Questions** Answer each question you hear using **dès que** and the cue. Repeat the correct response after the speaker.

> **Modèle**
>
> *You hear:* Quand est-ce que tu commenceras?
> *You see:* l'entreprise m'appelle
> *You say:* Je commencerai dès que l'entreprise m'appellera.

1. le stage commence
2. il est libre
3. quelqu'un décroche
4. l'annonce est dans le journal
5. cette compagnie le peut
6. il sort de son rendez-vous

5A.2 The interrogative pronoun **lequel**

1 **Lequel?** Match each image to an appropriate caption. Pay attention to the gender and number.

a.

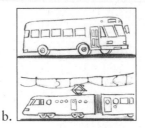
b.

c.

d.

e.

f.

g.

h.

____g____ 1. Lequel est ton cousin?

____c____ 2. Laquelle avez-vous écrite, M. Lemeur?

____e____ 3. Lesquels sont pour la poste aérienne (_air mail_)?

____d____ 4. Lesquelles vont avec ces chaussettes?

____b____ 5. Lequel est-ce que tu vas prendre?

____a____ 6. Laquelle est la meilleure de l'équipe?

____h____ 7. Lesquels est-ce que tu vas lire ce semestre?

____f____ 8. Lesquelles sont pour la soupe?

2 **Rédigez les phrases** Use forms of **lequel** to replace the underlined words so that these sentences are less repetitive.

> **Modèle**
>
> Il y a deux profs dans le couloir. <u>Quel prof</u> est ton prof de français?
> **Lequel**

1. On a interviewé deux candidates ce matin. <u>Quelle candidate</u> avez-vous préférée? ____Laquelle____

2. Je veux travailler dans le domaine des affaires. Dans <u>quel domaine</u> est-ce que vous voulez travailler?
   ____lequel____

3. On a reçu des lettres de recommandation hier. <u>Quelles lettres</u> est-ce que vous voulez lire cet après-midi?
   ____Lesquelles____

4. Des employés sont arrivés en retard. <u>Quels employés</u> sont arrivés cet après midi? ____Lesquels____

5. Mais il y a plusieurs numéros de téléphone écrits sur cette feuille de papier. <u>Quel numéro</u> est le
   tien (_yours_)? ____Lequel____

6. Les CV sont sur mon bureau. <u>Quels CV</u> est-ce qu'on va mettre à la poubelle? ____Lesquels____

3   **Complétez**   Complete these conversations overheard at the office with appropriate forms of **lequel**.

1. **CATHERINE**   Je veux faire un stage à Tahiti.

   LE PATRON   Mais _____lequel_____? Je ne connais aucun stage proposé à Tahiti.

2. **GILLES**   Ce candidat a travaillé pour plusieurs compagnies informatiques.

   LE PATRON   Pour _____lesquelles_____? Il habitait en Californie, n'est-ce pas?

3. **CATHERINE**   Sa lettre de recommandation dit qu'il a reçu plusieurs mentions.

   LE PATRON   _____Laquelle_____ avez-vous vue? Je n'ai vu aucune lettre de recommandation.

4. **SAMIR**   Ce candidat a laissé dix messages sur mon portable.

   LE PATRON   _____Lesquels_____ avez-vous gardés? C'est un peu agressif, non?

5. **SAMIR**   Gilles a cassé un des combinés en raccrochant (*while hanging up*) avec trop de force.

   LE PATRON   _____Lequel_____ a-t-il cassé? Mais dites-lui de se calmer!

6. **GILLES**   Le candidat nous a donné ses références.

   LE PATRON   _____Lesquelles_____ a-t-il données? Sa mère et son père? Il n'a pas

   d'expérience professionnelle!

4   **Des questions**   Write a set of two questions for each answer that say the same thing. The first question should use the formula **quel(le)(s)** + *noun* and the second should use a form of **à** + **lequel** or **de** + **lequel**.

Answers may vary slightly.

> **Modèle**
>
> Je rêve d'un poste à Tahiti.
> **De quel poste est-ce que tu rêves?**
> **Duquel est-ce que tu rêves?**

1. J'ai répondu aux questions faciles!

   À quelles questions avez-vous répondu? Auxquelles avez-vous répondu?

   _____

2. Il s'intéresse aux métiers de médecin et de vétérinaire.

   À quels métiers est-ce qu'il s'intéresse? Auxquels est-ce qu'il s'intéresse?

   _____

3. On parle de l'employée habillée en rouge.

   De quelle employée est-ce qu'on parle? De laquelle est-ce qu'on parle?

   _____

4. Il a peur du chef qui a une moustache.

   De quel chef est-ce qu'il a peur? Duquel est-ce qu'il a peur?

   _____

5. Je pense à la lettre de recommandation qu'on a lue ce matin.

   À quelle lettre de recommandation penses-tu? À laquelle penses-tu?

   _____

5A.2 The interrogative pronoun lequel (audio activities)

1 **Identifiez** Listen to each statement and mark an **X** in the column of the form of **lequel** you hear.

> **Modèle**
>
> *You hear:* Desquels parlez-vous?
> *You mark:* an **X** under **desquels**

	lequel	laquelle	lesquels	duquel	desquels	auquel
Modèle	___	___	___	___	X	___
1.	X	___	___	___	___	___
2.	___	___	___	___	___	X
3.	X	___	___	___	___	___
4.	___	___	___	X	___	___
5.	X	___	___	___	___	___
6.	___	___	X	___	___	___
7.	___	___	___	X	___	___
8.	___	X	___	___	___	___

2 **Choisissez** Listen to each question and choose the correct response.

1. a. Il a envoyé les lettres de motivation.
   b. Il les a envoyées.
2. a. J'y suis allé hier.
   b. Je suis allé au stage d'informatique.
3. a. Elle parle des deux derniers candidats.
   b. Elle parle des deux dernières candidates.
4. a. Je pense à leur projet d'été.
   b. Je pense partir.

5. a. Je veux appeler Carine.
   b. Je vais appeler avec son portable.
6. a. L'entreprise locale.
   b. Mon patron.
7. a. On peut assister à la formation de juin.
   b. On peut assister au stage de vente.
8. a. Nous allons répondre très vite.
   b. Nous allons répondre à l'annonce de Charles et Fils.

3 **Transformez** Restate each question replacing the noun you see with a form of **lequel**. Repeat the correct question after the speaker. (*6 items*)

> **Modèle**
>
> Quel est ton candidat préféré? (candidat)
> **Lequel est ton préféré?**

1. (patron)
2. (entreprise)
3. (postes)
4. (candidate)
5. (expérience)
6. (numéro)

4 **Complétez** You will hear questions with a beep in place of the interrogative pronoun. Restate each question using a form of **lequel** in place of the beep. Repeat the correct question after the speaker. (*6 items*)

> **Modèle**
>
> Mon employé? *(beep)* penses-tu?
> **Mon employé? Auquel penses-tu?**

Unité 5

CONTEXTES

Leçon 5B

---

1   **Qu'est-ce qu'ils font dans la vie?** Complete these statements by indicating what these people do according to their job description.

1. Il sauve des personnes lors d'accidents et il lutte contre le feu (*fights fires*). Il est ____pompier____.

2. Elle transporte des clients dans son taxi. Elle est ____chauffeur de taxi____.

3. Elle est à la tête d'une grande entreprise. Elle est ____chef d'entreprise____.

4. Il a beaucoup de responsabilités envers ses subordonnés (*subordinates*), mais il n'est ni cadre ni chef d'entreprise. Il est ____gérant____.

5. Ma mère travaille à la maison. Elle n'a pas de salaire, sa récompense est le bonheur de notre famille. Elle est ____femme au foyer____.

6. Il dirige une compagnie avec d'autres personnes de même niveau. Il est ____cadre____.

7. Elle a un travail manuel. Elle est ____ouvrière____.

8. Il donne des conseils dans un domaine spécifique. Il est ____conseiller____.

---

2   **Quel métier?** Write a caption to indicate what each person pictured does as a profession. Use the wording in the model.

> **Modèle**
> *Elle est vétérinaire.*

1. ____Il est agriculteur.____   2. ____Elle est comptable.____

3. ____Il est cuisinier.____   4. ____Elle est agent immobilier.____

5. ____Il est psychologue.____   6. ____Elle est chercheuse.____

---

3 **Des énigmes** Solve these riddles with expressions from the lesson.

1. C'est un synonyme de «profession». _____ une carrière
2. Cette personne ne travaille pas, mais elle n'est pas en vacances. _____ un chômeur/une chômeuse
3. C'est un groupe qui s'oppose souvent aux cadres. _____ un syndicat
4. Ça arrive quand plusieurs personnes se mettent ensemble pour parler. _____ une réunion
5. C'est un synonyme de «succès». _____ une réussite
6. Quand on travaille 40 heures par semaine, on a un emploi de ce type. _____ (un emploi) à plein temps
7. Les gérants font ça. _____ diriger
8. Quand quelqu'un est déjà mort, il est trop tard pour en trouver. _____ une assurance vie

4 **Évaluez la situation** Indicate what these people need according to their situations. Use expressions from the lesson. Answers may vary slightly.

> **Modèle**
>
> Maman travaille trop.   *Elle a besoin de prendre un congé.*

1. Antoine est mal payé.
   Il a besoin d'une augmentation (de salaire).

2. Mme Ménard travaille au même poste depuis des années.
   Elle a besoin d'une promotion.

3. Papa ne trouve pas le temps de s'occuper de nous parce qu'il travaille 40 heures par semaine.
   Il a besoin d'un emploi à temps partiel/à mi-temps.

4. M. Fournet a des problèmes de santé et il n'arrive pas à payer ses factures (*bills*).
   Il a besoin d'une assurance maladie.

5. Depuis quelques temps, Caroline a envie de travailler pour une autre compagnie.
   Elle a besoin de démissionner et de trouver un nouveau travail.

5 **Votre carrière** Write a paragraph about your future career. Give your job title, a description of job tasks, your schedule, and any other relevant information. You may find the expressions listed useful.

Answers will vary.

> **Coup de main**
>
> dans (nombre) ans   *in (number) years*
> être au plus haut niveau   *to be at the top level*
> je suis / serai (poste)   *I am / will be a(n) (job title)*

_____

_____

_____

_____

_____

CONTEXTES: AUDIO ACTIVITIES

1 **Identifiez** Listen to each description and then complete the sentence by identifying the person's occupation.

> **Modèle**
>
> *You hear:* Madame Cance travaille à la banque.
> *You write:* banquière

1. _____ psychologue _____
2. _____ vétérinaire _____
3. _____ chauffeur de camion _____
4. _____ femme au foyer _____
5. _____ plombier _____
6. _____ homme politique _____
7. _____ agent immobilier _____
8. _____ chercheuse _____

2 **Choisissez** Listen to each question and choose the most logical answer.

1. a. Non, il est client de notre banque.
   b. Non, il est agriculteur.
2. a. Oui, avec le syndicat.
   b. Oui, l'électricienne arrive.
3. a. Oui, et j'ai eu une augmentation.
   b. Oui, j'ai un emploi à mi-temps.
4. a. Oui, ils sont chômeurs.
   b. Oui, ils ont un bon salaire.
5. a. Non, elle va prendre un long congé.
   b. Non, elle est mal payée.
6. a. Oui, ils sont ouvriers.
   b. Oui, je suis chauffeur de taxi.

3 **Les professions** Listen to each statement and write the number of the statement below the photo it describes. There are more statements than there are photos.

a. _____ 5 _____   b. _____ 2 _____   c. _____ 1 _____   d. _____ 4 _____

LES SONS ET LES LETTRES

Les néologismes et le franglais

The use of words or neologisms of English origin in the French language is called **franglais**. These words often look identical to the English words, but they are pronounced like French words. Most of these words are masculine, and many end in **-ing**. Some of these words have long been accepted and used in French.

    le sweat-shirt   le week-end   le shopping   le parking

Some words for foods and sports are very common, as are expressions in popular culture, business, and advertising.

    un milk-shake   le base-ball   le top-modèle   le marketing

Many **franglais** words are recently coined terms (**néologismes**). These are common in contemporary fields, such as entertainment and technology. Some of these words do have French equivalents, but the **franglais** terms are used more often.

    un e-mail = un courriel   le chat = la causette   une star = une vedette

Some **franglais** words do not exist in English at all, or they are used differently.

    un brushing = _a blow-dry_   un relooking = _a makeover_   le zapping = _channel surfing_

---

1   **Prononcez** Répétez les mots suivants à voix haute.

1. flirter	4. le look	7. un scanneur	10. le shampooing
2. un fax	5. un clown	8. un CD-ROM	11. un self-service
3. cliquer	6. le planning	9. le volley-ball	12. le chewing-gum

---

2   **Articulez** Répétez les phrases suivantes à voix haute.

1. Le cowboy porte un jean et un tee-shirt.
2. Julien joue au base-ball et il fait du footing.
3. J'ai envie d'un nouveau look, je vais faire du shopping.
4. Au snack-bar, je commande un hamburger, des chips et un milk-shake.
5. Tout ce qu'il veut faire, c'est rester devant la télé dans le living et zapper!

---

3   **Dictons** Répétez les dictons à voix haute.

1. Ce n'est pas la star qui fait l'audience, mais l'audience qui fait la star.
2. Un gentleman est un monsieur qui se sert d'une pince à sucre, même lorsqu'il est seul.

---

4   **Dictée** You will hear eight sentences. Each will be said twice. Listen carefully and write what you hear.

1. Il est le leader de notre équipe de managers en marketing.
2. Faites-moi un briefing sur le brainstorming de cet après-midi.
3. Le chat en ligne est un challenge pour mes grands-parents.
4. Tu as pensé à prendre des corn-flakes et des chips?
5. Il travaille dans le design et le e-commerce.
6. Nous préférons la house au new age.
7. On va au fast-food ou on reste à la maison pour faire du zapping?
8. Je dois choisir entre un peeling et un lifting.

Roman-photo

JE DÉMISSIONNE!

Avant de regarder

1 **Qu'est-ce qui se passe?** Look at this photo. In this episode, Valérie has a very bad day. What do you think might happen? Answers will vary.

_____

_____

_____

_____

En regardant la vidéo

2 **Qui?** Indicate which character says these lines. Write **A** for Amina, **As** for Astrid, **M** for Michèle, **S** for Sandrine, **St** for Stéphane, or **V** for Valérie.

___A___ 1. Tu as le trac!

___As___ 2. Je suis tellement nerveuse. Pas toi?

___S___ 3. Je pourrais te préparer un gâteau au chocolat?

___V___ 4. Tu as eu les résultats du bac, non?

___A___ 5. Quel style de robe est-ce que tu aimerais?

___M___ 6. Je ne vous demande pas un salaire très élevé, mais… c'est pour ma famille.

___V___ 7. Être serveuse, c'est un métier exigeant, mais les salaires sont modestes!

___S___ 8. Si tu as besoin de quoi que ce soit un jour, dis-le-moi.

3 **Complétez** Watch Sandrine and Amina as they shop for fabric and complete the conversation with the missing words.

> faisais   finirait   pourrais   préférerais   serait

AMINA Que penses-tu de ce tissu noir?

SANDRINE Oh! C'est ravissant!

AMINA Oui, et ce (1) ___serait___ parfait pour une robe du soir.

SANDRINE Bon, si tu le dis. Moi, si je (2) ___faisais___ cette robe moi-même, elle (3) ___finirait___ sans doute avec une manche courte et avec une manche longue!

AMINA Je (4) ___pourrais___ en faire une comme ça, si tu veux.

SANDRINE Mais non… je (5) ___préférerais___ une de tes créations. Amina, tu es vraiment super!

4 **Identifiez-les** Match these images with their captions.

1. ___e___

2. ___a___

3. ___c___

4. ___d___

5. ___b___

a. Ce tissu noir est joli.

b. J'irai à l'université, maman.

c. Auriez-vous une petite minute?

d. Oh! Ce n'est pas possible!

e. La confiance en soi, c'est ici dans le cœur et ici dans la tête.

Après la vidéo

5 **Vrai ou faux?** Indicate whether these statements are **vrai** or **faux**.

	Vrai	Faux
1. Au concert, ce sera la première fois que Sandrine chante en public.	☑	○
2. Amina propose de faire une robe pour Sandrine.	☑	○
3. Astrid est reçue au bac avec mention bien.	☑	○
4. Valérie donne une augmentation à Michèle.	○	☑
5. Stéphane doit repasser deux parties de l'examen.	○	☑

6 **Expliquez** What is happening in this photo? Describe the events leading up to this moment.

Answers will vary. Possible answer:

Michèle demande une augmentation de salaire,

mais Valérie refuse. Michèle démissionne.

_____

_____

_____

7 **À vous!** In this episode, the characters face difficult situations. In your opinion, who has the worst problem: Valérie, Sandrine, Michèle, or Stéphane? Explain your point of view. Answers will vary.

_____

_____

_____

_____

_____

_____

Flash culture

L'AVENIR ET LES MÉTIERS

Avant de regarder

1 **Les métiers** In this video, you're going to learn about professions in France. In French, list as many different professions as you can. Answers will vary.

_____ _____ _____
_____ _____ _____
_____ _____ _____
_____ _____ _____

2 **J'aimerais...** Complete these statements telling what professions you would and would not like to have and why or why not. Answers will vary.

1. J'aimerais être _____ parce que _____
   _____.
2. J'aimerais être _____ parce que _____
   _____.
3. Je n'aimerais pas être _____ parce que _____
   _____.
4. Je n'aimerais pas être _____ parce que _____
   _____.

En regardant la vidéo

3 **Mettez-les dans l'ordre** Number these professions in the order in which Csilla mentions them.

_4_ a. pompier
_5_ b. chef de cuisine
_9_ c. dentiste
_2_ d. femme d'affaires
_3_ e. agent de police
_10_ f. banquier
_1_ g. homme d'affaires
_6_ h. infirmière
_7_ i. chauffeur de taxi
_8_ j. vétérinaire

4   **Qu'est-ce qu'ils disent?**   Match these people with what they say about their jobs.

1. ____c____   2. ____d____   3. ____a____   4. ____b____

a. C'est plus qu'un travail. C'est un métier.

b. J'adore! La recherche, c'est ma passion.

c. Je suis assez sociable, alors cette profession me convient.

d. C'est une profession exigeante, mais très intéressante.

5   **Les professions**   Listen as Csilla shows you other kinds of professions and fill in the blanks with the words you hear.

Et vous, est-ce que ces (1) ___professions___ vous intéressent: homme d'affaires ou femme d'affaires? agent de police? (2) ___pompier___? chef de cuisine? (3) ___infirmière___ ou infirmier? chauffeur de taxi? Et que pensez-vous de ces (4) ___métiers___: vétérinaire? dentiste? (5) ___banquier___?

Après la vidéo

6   **L'important, c'est...**   What is more important to you, having a job you enjoy or a good salary? Explain your point of view in French.   Answers will vary.

_____

_____

_____

_____

_____

_____

_____

_____

_____

_____

_____

STRUCTURES

5B.1 Si clauses

1 **Trouvez des terminaisons** There are several possible logical endings for each of these sentences. Pick the most appropriate one for each sentence so that each answer is used only once.

<u>e</u> 1. Si vous ne faites pas vos devoirs, …

<u>h</u> 2. Si on va au restaurant ce soir, …

<u>d</u> 3. Si nous achetons un château, …

<u>g</u> 4. S'ils arrêtent de manger des éclairs, …

<u>b</u> 5. Si ton cousin vient à Paris en août, …

<u>f</u> 6. Si vous prenez des leçons de conduite (*driving lessons*) cet été, …

<u>a</u> 7. Si je ne téléphone pas à ma mère, …

<u>c</u> 8. Si tu donnes des bonbons aux enfants, …

a. elle sera en colère contre moi.

b. il ne pourra pas faire les magasins parce qu'ils seront tous fermés pour les vacances.

c. ils auront des caries (*cavities*) dans un an.

d. nous aurons des dettes (*debts*).

e. vous aurez de mauvaises notes.

f. vous aurez votre permis à l'automne.

g. ils maigriront.

h. on pourra manger les fameuses crêpes.

2 **Complétez les légendes** Complete the captions for these illustrations with appropriate expressions. Note that some verbs are in the present tense and others are in the future.

> **Modèle**
> Si tu lis *ce* livre trop longtemps, tu auras mal aux yeux!

1. 2. 3.

4. 5.

1. S'il _____ fait _____ mauvais, on estera à la maison.

2. Si je n'étudie pas pour cet examen, je/j' <u>aurai une mauvaise note/recevrai une mauvais note/aurai un «F»/recevrai un «F»</u>.

3. Si vous <u>conduisez trop vite/roulez trop vite/ dépassez la limitation de vitesse</u>, vous aurez un accident!

4. Si nous ne mettons pas nos manteaux, nous _____ aurons froid _____.

5. Si tu <u>te couches tôt/te couches à neuf heures</u> ce soir, tu te réveilleras tôt demain matin.

3 **Logique ou illogique?** Decide whether each sentence is **logique** or **illogique**.

	logique	illogique
1. Si je perdais mon travail, j'aurais plus d'argent.	○	☑
2. Si vous étiez plus sympa avec vos collègues, ils seraient plus sympas avec vous.	☑	○
3. Si le patron nous donnait une augmentation, on pourrait acheter plus de cadeaux.	☑	○
4. Si tu arrivais à l'heure tous les matins, le patron se mettrait en colère.	○	☑
5. Si vous aviez moins de travail, vous auriez plus de temps pour faire de l'exercice.	☑	○
6. Si elle parlait anglais, elle aurait moins de possibilités professionnelles.	○	☑
7. Si M. Ibrahim était mieux payé, il ne pourrait pas avoir une voiture aussi chère.	○	☑
8. Si nous revenions plus tôt au bureau après le déjeuner, on pourrait partir plus tôt le soir.	☑	○

4 **Mettez des verbes** Provide verbs for this evaluation that Mr. Buisson made of his employees by providing the correct verb forms in the **imparfait**.

KHALIL, ABDEL: Cet employé doué (*talented*) fait bien son travail. S'il (1) _____arrivait_____ (arriver) au bureau avant midi, il serait un meilleur employé.

SOUBISE, ADRIEN: C'est un employé moyen (*average*) qui ne s'intéresse pas beaucoup au travail. Il est pourtant (*however*) très capable dans le domaine de l'informatique. Si on lui (2) _____donnait_____ (donner) un meilleur ordinateur, il accepterait de nouvelles responsabilités.

LAMARTINE, NOÉMIE: Une performance catastrophique dans le dernier trimestre de l'année. Elle est souvent absente et ne présente pas d'excuse. Si elle (3) _____venait_____ (venir) au bureau de temps en temps, elle pourrait éventuellement s'excuser.

COULIBALY, ADAMA: La qualité de son travail est exceptionnelle. S'il (4) _____faisait_____ (faire) un stage dans un pays anglophone pour perfectionner son anglais, il irait loin!

NGUYEN, MARIE-ANGE: Un travail très assidu (*diligent*). Elle se dispute pourtant avec ses collègues. Si elle (5) _____s'entendait_____ (s'entendre) mieux avec les autres, elle pourrait monter au plus haut niveau.

LECLERC, HÉLÈNE: Cette employée a beaucoup de talent mais elle a aussi trop de responsabilités pour son rang (*rank*). Si elle (6) _____avait_____ (avoir) moins de travail à faire, elle accepterait peut-être plus facilement qu'on ne lui donne pas de promotion cette année.

5 **À vous!** Complete these sentences in an appropriate way. Note that some verbs should be in the future and some in the conditional. Answers will vary.

1. Si j'étais riche, _____.

2. S'il pleut demain, _____.

3. Si nous n'avons pas cours lundi prochain, _____.

4. Si je pouvais voler (*fly*), _____.

5. Si on avait plus de jours de vacances, _____.

6. Si je parlais couramment le français, _____.

7. Si je peux rentrer plus tôt que prévu (*expected*) aujourd'hui, _____.

8. Si je trouvais une lettre d'amour dans la rue, _____.

5B.1 Si clauses (audio activities)

1 **Finissez** You will hear incomplete statements. Choose the correct ending for each statement.

1. (a.) si on le lui demandait.

   b. si c'est possible.

2. (a.) si elle demandait une augmentation.

   b. si nous faisons une réunion.

3. a. ils vont en Italie.

   (b.) ils auraient le temps de voyager.

4. (a.) je te le dirais tout de suite.

   b. tu pouvais essayer de postuler.

5. a. si le salaire reste élevé.

   (b.) si son mari n'était pas au chômage.

6. a. nous n'avons pas de syndicat.

   (b.) il y aurait moins de problèmes.

2 **Modifiez** Change each sentence you hear to form a si clause that makes a suggestion or expresses a wish using the **imparfait**. Repeat the correct response after the speaker. (*6 items*)

> **Modèle**
> On va au bureau ensemble?
> *Si on allait au bureau ensemble?*

3 **Questions** Answer each question you hear using a si clause according to the cue. Repeat the correct response after the speaker. (*6 items*)

> **Modèle**
> *You hear:* Qu'est-ce que tu feras s'il fait beau demain?
> *You see:* marcher jusqu'au bureau
> *You say: S'il fait beau demain, je marcherai jusqu'au bureau.*

1. aller au cinéma

2. nous donner une augmentation

3. organiser une réunion

4. embaucher quelqu'un d'autre

5. partir en vacances

6. lui donner mon CV

4 **Transformez** Answer each question you hear using a si clause according to the cue. Repeat the correct response after the speaker. (*6 items*)

> **Modèle**
> *You hear:* Qu'est-ce que nous ferions si nous embauchions quelqu'un?
> *You see:* parler au chef du personnel
> *You say: Si nous embauchions quelqu'un, nous parlerions au chef du personnel.*

1. prendre rendez-vous

2. être vétérinaire

3. parler des assurances

4. postuler

5. réparer tout

6. diriger 5 employés

5B.2 Relative pronouns **qui, que, dont, où**

1 **Quelle description?** Match each image to its caption.

a.

b.

c.

d.

e.

f.

_____e_____ 1. C'est une personne dont tout le monde connaît le nom (*name*).

_____a_____ 2. C'est une personne qui aide les animaux.

_____d_____ 3. C'est un endroit que beaucoup de touristes visitent chaque année.

_____b_____ 4. C'est un endroit où l'on va pour manger.

_____c_____ 5. C'est un animal qui adore faire la sieste.

_____f_____ 6. C'est un animal dont les dents sont terrifiantes.

2 **Pôle emploi** Several job seekers are discussing their situations with their counselor at **Pôle emploi,** the French employment agency. Select the appropriate relative pronoun to complete the sentences.

—Quelle formation faites-vous?

—La formation (1) _____que_____ (que / qui) je fais est celle de (*that of*) chef cuisinier.

—Vous rêvez d'une profession dans le domaine de l'éducation?

—La profession (2) _____dont_____ (dont / où) je rêve n'est pas dans le domaine de l'éducation, mais dans le domaine des médias.

—Quels métiers trouvez-vous intéressants?

—Les métiers (3) _____que_____ (que / qui) je trouve intéressants sont dans l'industrie de la mode.

—Avez-vous besoin d'un emploi qui offre des augmentations régulières?

—L'emploi (4) _____dont_____ (que / dont) j'ai besoin offre des augmentations de temps en temps et des opportunités de promotion.

—Y a-t-il quelqu'un qui vous a influencé dans votre choix (*choice*) de carrière?

—La personne (5) _____qui_____ (qui / que) m'a influencée dans mon choix de carrière est mon professeur d'histoire-géographie au lycée.

—Vous comptez obtenir votre diplôme cette année? De quelle université?

—Oui, je compte obtenir mon diplôme cette année. L'université (6) _____où_____ (que / où) je fais mes études est La Sorbonne.

—Vous avez déjà été plusieurs fois au chômage?

—Oui, c'est une expérience (7) _____que_____ (que / dont) je connais malheureusement!

3 **Complétez** Complete each sentence with the appropriate relative pronoun **qui**, **que**, **dont**, or **où**.

1. Le métier de psychologue est un métier _____qui_____ m'intéresse (*interests me*).

2. Les chefs d'entreprise sont des personnes _____que_____ j'admire.

3. Les candidats _____qu'_____ on embauche sont toujours les meilleurs.

4. Une profession _____dont_____ on ne parle pas beaucoup est celle de (*that of*) femme au foyer.

5. Un endroit _____où_____ je ne voudrais pas travailler est l'université.

6. Ce sont les cadres _____qui_____ ont le moins de stress.

7. Les professions _____dont_____ on rêve sont toujours les mieux payées.

8. Les villes _____où_____ je voudrais vivre offrent beaucoup d'opportunités.

4 **Que dites-vous?** Answer each question using the relative pronoun provided.
Answers will vary. Possible answers:

> **Modèle**
>
> Vous parlez de quelle personne? (dont)
> **La personne dont je parle est notre professeur de français.**

1. Quel cours préférez-vous? (que)
   Le cours que je préfère est le français.

2. À quel endroit est-ce que vous étudiez? (où)
   L'endroit où j'étudie est la bibliothèque en face du lycée.

3. Vous avez des cours particulièrement difficiles? (qui)
   Oui, j'ai deux cours qui sont particulièrement difficiles.

4. Avez-vous besoin de quelque chose pour mieux faire votre travail? (dont)
   La chose dont j'ai besoin pour mieux faire mon travail est un ordinateur.

5. Quels livres est-ce que vous lisez pour vos cours en ce moment? (que)
   Les livres que je lis en ce moment pour mes cours sont *Le Petit Prince* et *Jane Eyre*.

6. Est-ce que quelqu'un vous aide à faire vos devoirs? (qui)
   Oui, les personnes qui m'aident à faire mes devoirs sont mes parents.

5B.2 Relative pronouns **qui**, **que**, **dont**, **où** (audio activities)

1 **Identifiez** Listen to each statement and mark an X in the column of the relative pronoun you hear.

Modèle

> *You hear:* Vous n'aurez pas l'augmentation dont vous rêvez.
> *You mark:* an **X** under **dont**

	qui	que	dont	où
Modèle			X	
1.		X		
2.				X
3.			X	
4.	X			
5.		X		
6.	X			
7.				X
8.	X			

2 **Finissez** You will hear incomplete sentences. Choose the correct ending for each one.

1. a. admire beaucoup les autres.   (b.) j'admire beaucoup.
2. (a.) le prof nous a parlé?   b. a parlé du prof?
3. (a.) me permet de travailler à la maison.   b. j'aime beaucoup.
4. a. est la salle de réunion?   (b.) je travaille, je prends ma voiture.
5. (a.) on rêve est celle d'artiste.   b. je laisse un message.
6. (a.) aide les animaux.   b. on aime beaucoup.

3 **Complétez** Listen to Annette talk about her job search and circle the relative pronoun that belongs in place of each beep.

1. a. dont   (b.) que
2. (a.) qui   b. que
3. (a.) où   b. dont
4. a. qui   (b.) que
5. a. dont   (b.) où
6. (a.) qui   b. où
7. a. qu'   (b.) dont
8. (a.) qui   b. qu'

4 **Transformez** You will hear two sentences. Combine them to form a new sentence using a relative pronoun. Repeat the correct answer after the speaker. (*6 items*)

Modèle

> Je cherche un travail. Ce travail offre une assurance-maladie.
> *Je cherche un travail qui offre une assurance-maladie.*

Unité 5

Savoir-faire

PANORAMA

---

1   **Qui est-ce?** Give the name and the profession of each of these people. Answer in complete sentences.

   1.   2.   3.   4.

1. C'est l'ingénieur Gustave Eiffel.

2. C'est l'écrivain Antoine de Saint-Exupéry.

3. C'est le chercheur Louis Pasteur.

4. Ce sont les inventeurs Louis et Auguste Lumière.

---

2   **Un peu de géographie** Identify these places according to what you read in **Panorama**.

1. C'est la chaîne de montagnes en Auvergne-Rhône-Alpes où on peut faire du ski: _____ les Alpes

2. C'est la région historique où la raclette ou la fondue sont spécialités: _____ la Savoie

3. C'est la ville qui est surnommée «Capitale des Alpes» et «Ville Technologique»: _____ Grenoble

4. Ce sont les sources d'inspiration pour les toits de Bourgogne: _____ l'Europe centrale, la région flamande

5. C'est la ville où se situe l'Hôtel-Dieu: _____ Beaune

6. C'est la ville où est né Louis Pasteur: _____ Dole

7. C'est la ville où se trouve l'Institut Pasteur: _____ Paris

8. Ce sont les lieux où se situent les filiales de l'Institut Pasteur: _____ les cinq continents

---

3   **Complétez** Fill in the blank with a word or expression from **Panorama**.

1. Dijon est une ville importante de la _____ Bourgogne-Franche-Comté .

2. _____ La fondue _____ est un mélange de fromages fondus.

3. Grenoble est le premier centre de _____ recherche _____ en France, après Paris.

4. _____ Le synchotron _____ de Grenoble est un accélérateur de particules qui permet d'étudier la matière.

5. L'Hôtel-Dieu a été construit pour recevoir _____ les pauvres _____ et
les victimes de la guerre de 100 ans

6. Louis Pasteur a découvert _____ le vaccin contre la rage _____ et la cause de _____ la fermentation .

7. La recette bourguignonne des _____ escargots _____ devient populaire au 19ᵉ siècle.

---

4   **Vrai ou faux?** Indicate whether these statements are **vrai** or **faux**. Correct the false statements.

1. Colette était une actrice célèbre.
   Faux. Colette était une écrivaine célèbre.

2. Au Moyen Âge, les escargots servaient à la fabrication de sirops contre la toux.
   Vrai.

3. Les escargots aident à lutter contre le mauvais cholestérol et les maladies cardio-vasculaires.
   Vrai.

4. Pour la raclette, on met du fromage à raclette sur un appareil pour le faire fondre (*melt*).
   Vrai.

5. On mange la raclette avec du pain et de la salade.
   Faux. On mange la raclette avec des pommes de terre et de la charcuterie.

6. Les toits en tuiles vernissées (*glazed tiles*) multicolores sont typiques de Grenoble.
   Faux. Les toits en tuiles vernissées multicolores sont typiques de la Bourgogne.

7. Aujourd'hui, l'Hôtel-Dieu est un des hôpitaux les plus modernes de France.
   Faux. Aujourd'hui, l'Hôtel-Dieu est un lieu de vente aux enchères.

8. Louis Pasteur a fait des recherches sur les maladies contagieuses.
   Vrai.

5   **Expliquez** Use information from **Panorama** to write sentences using the relative pronouns **qui**, **que**, **dont**, and **où**. You may write about the topics provided or other ones from the readings.

la Bourgogne-Franche-Comté	l'Auvergne-Rhône-Alpes	Gustave Eiffel les escargots	la Savoie Grenoble	les toits de Bourgogne	Louis Pasteur

Modèle

Antoine de Saint-Exupéry est l'écrivain qui a écrit Le Petit Prince.

1. _____

2. _____

3. _____

4. _____

5. _____

6. _____

7. _____

8. _____

Unité 6
CONTEXTES
Leçon 6A

1 Cherchez Find the rest of the words and expressions in the grid, looking backward, forward, vertically, horizontally, and diagonally.

abolir
améliorer
catastrophe
covoiturage
déchets toxiques
écologique
effet de serre
en plein air
environnement
gaspillage
pluie acide
protection

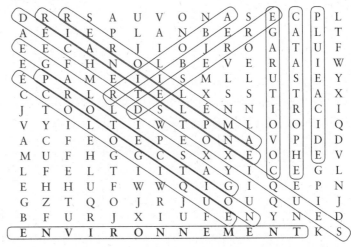

2 Qu'est-ce qui se passe? Describe each illustration using two vocabulary words from the lesson.
Answers will vary.

1. _____   2. _____   3. _____

1. Il y a des ordures sur la plage. Cette famille pollue.

2. Cet incendie est une catastrophe.

3. Elle ne gaspille pas d'énergie.

3 Chassez l'intrus Indicate the word that does not belong in each group.

1. améliorer, gaspiller, préserver, sauver
2. une catastrophe, l'effet de serre, un glissement de terrain, le recyclage
3. l'écologie, le gaspillage, la surpopulation, des déchets toxiques
4. la pluie acide, le recyclage, le ramassage des ordures, un emballage
5. écologique, propre, sale, pur
6. le gaspillage, la pollution, une solution, la surpopulation
7. un trou dans la couche d'ozone, un nuage de pollution, un glissement de terrain, l'effet de serre
8. l'écologie, la protection, une solution, polluer

4 **À chaque problème sa solution** Match each problem with its solution in complete sentences.

Answers may vary. Suggested answers:

les problèmes	les solutions
la pollution de l'air	prévenir les incendies de forêts
les glissements de terrain	recycler plus
les déchets toxiques	développer des emballages écologiques
la surpopulation	donner une amende aux pollueurs
le gaspillage	faire du covoiturage
la pollution	éviter une population croissante

Modèle

l'effet de serre / interdire la pollution de l'air

Pour trouver une solution au problème de l'effet de serre, on doit commencer par interdire la pollution de l'air.

1. Pour trouver une solution au problème de la pollution de l'air, on doit commencer par faire du covoiturage.

2. Pour trouver une solution au problème des glissements de terrain, on doit commencer par prévenir les incendies de forêts.

3. Pour trouver une solution au problème des déchets toxiques, on doit commencer par développer des emballages écologiques.

4. Pour trouver une solution au problème de la surpopulation, on doit commencer par éviter une population croissante.

5. Pour trouver une solution au problème du gaspillage, on doit commencer par recycler plus.

6. Pour trouver une solution au problème de la pollution, on doit commencer par donner une amende aux pollueurs.

5 **En 2050** A new scientific study has revealed some of the problems that we will face in the future. Fill in each blank with a word or expression from the list. Make all the necessary changes and agreements. Note that not all the words will be used.

abolir	énergie	gouvernement	réchauffement
catastrophe	environnement	population croissante	sauver
effet de serre	espace	protection	solution

Le (1) ____réchauffement____ climatique peut conduire à une véritable (2) ____catastrophe____ d'ici 2050. Si (3) ____les gouvernements____ ne développent pas une politique de (4) ____protection____ de l'environnement, nous ne sauverons pas la planète.

L'(5) ____effet de serre____ est un des principaux problèmes. Nous devons avoir plus d'(6) ____énergies____ propres comme l'énergie solaire. Ce problème est lié à (*linked to*) une (7) ____population croissante____ : elle a été multipliée par 2,5 en 50 ans.

On doit rapidement penser à une (8) ____solution____ si nous voulons (9) ____sauver____ la planète. L'(10) ____environnement____ nous concerne tous.

CONTEXTES: AUDIO ACTIVITIES

1   **Identifiez** You will hear a series of words. Write the word that does not belong in each series.

1. _____ gaspiller _____   5. _____ plein air _____

2. _____ recyclage _____   6. _____ loi _____

3. _____ covoiturage _____   7. _____ énergie solaire _____

4. _____ solution _____   8. _____ danger _____

2   **À choisir** For each drawing you see, you will hear two statements. Indicate which statement goes with the drawing.

1.    2.    3.

1. (a.)   b.

2. a.   (b.)

3. (a.)   b.

3   **Choisissez** Listen to each question and choose the most logical response.

1. a. Oui, les voitures   (b.) Oui, les voitures sont un danger
      préservent l'environnement.   pour l'environnement.

2. (a.) C'est pour éviter le gaspillage.   b. C'est pour prévenir les incendies.

3. (a.) Oui, il faut arrêter la pluie acide.   b. Oui, il faut proposer des solutions.

4. a. Les usines.   (b.) L'emballage en plastique.

5. (a.) Oui, deux fois par semaine.   b. Oui, à cause de la surpopulation.

6. a. Oui, c'est une nouvelle loi.   (b.) Oui, il y en a souvent ici.

4   **Déterminez** Indicate whether each statement you hear is **logique** or **illogique**.

	logique	illogique
1.	☑	○
2.	○	☑
3.	☑	○
4.	○	☑
5.	○	☑
6.	☑	○
7.	○	☑
8.	☑	○

LES SONS ET LES LETTRES

French and English spelling

You have seen that many French words only differ slightly from their English counterparts. Many differ in predictable ways. English words that end in *-y* often end in **-ie** in French.

> biolog**ie**   psycholog**ie**   énerg**ie**   écolog**ie**

English words that end in *-ity* often end in **-ité** in French.

> qualit**é**   universit**é**   cit**é**   nationalit**é**

French equivalents of English words that end in *-ist* often end in **-iste**.

> art**iste**   optim**iste**   pessim**iste**   dent**iste**

French equivalents of English words that end in *-or* and *-er* often end in **-eur**. This tendency is especially common for words that refer to people.

> doct**eur**   act**eur**   employ**eur**   agricult**eur**

Other English words that end in *-er* end in **-re** in French.

> cen**tre**   mem**bre**   li**tre**   théâ**tre**

Other French words vary in ways that are less predictable, but they are still easy to recognize.

> problème   orchestre   carotte   calculatrice

1 **Prononcez** Répétez les mots suivants à voix haute.

1. tigre
2. bleu
3. lettre
4. salade
5. poème
6. banane
7. tourisme
8. moniteur
9. pharmacie
10. écologiste
11. conducteur
12. anthropologie

2 **Articulez** Répétez les phrases suivantes à voix haute.

1. Ma cousine est vétérinaire.
2. Le moteur ne fonctionne pas.
3. À la banque, Carole paie par chèque.
4. Mon oncle écrit l'adresse sur l'enveloppe.
5. À la station-service, le mécanicien a réparé le moteur.

3 **Dictons** Répétez les dictons à voix haute.

1. On reconnaît l'arbre à son fruit.
2. On ne fait pas d'omelette sans casser des œufs.

4 **Dictée** You will hear eight sentences. Each will be said twice. Listen carefully and write what you hear.

1. La biologie est une science importante.
2. Cette histoire ressemble à mon histoire.
3. Un grand nombre de visiteurs est arrivé en décembre.
4. Mon oncle est architecte et ma tante, journaliste.
5. Le titre de sa thèse est complètement différent.
6. Ce restaurant offre un excellent bœuf aux oignons et aux tomates.
7. Cette table et ces chaises sont de qualité.
8. Madame déteste le pessimisme en général.

Roman-photo

UNE IDÉE DE GÉNIE

Avant de regarder

1 **Qu'est-ce qui se passe?** Read the title and look at the photo. What do you think might happen in this video module? Answers will vary.

_____
_____
_____
_____
_____

En regardant la vidéo

2 **Qui?** Indicate which character says each of these lines. Write **A** for Amina, **D** for David, **R** for Rachid, **S** for Sandrine, or **V** for Valérie.

___V___ 1. Elle ne vient ni aujourd'hui, ni demain, ni la semaine prochaine.

___D___ 2. Il faut que je vous parle de cet article sur la pollution.

___A___ 3. Oh, David, la barbe.

___S___ 4. Je n'ai pas vraiment envie de parler de ça.

___A___ 5. Pensons à quelque chose pour améliorer la situation.

___R___ 6. Si on allait au mont Sainte-Victoire ce week-end?

___D___ 7. J'adore dessiner en plein air.

___V___ 8. En effet, je crois que c'est une excellente idée!

3 **Identifiez-les** Match these images with their captions.

1. ___d___

2. ___a___

3. ___b___

4. ___c___

a. Plus celui-ci.

b. Tu peux aller recycler ces bouteilles en verre?

c. Il faut que nous passions le reste de mon séjour de bonne humeur, hein?

d. Vous avez lu le journal ce matin?

4 **Complétez** Watch Amina and Rachid convince their friends to go on a hike, and complete the conversation with the missing words.

air	campagne	fera	reposer
besoin	devez	pollution	venir

AMINA Allez! Ça nous (1) ____fera____ du bien! Adieu (2) ____pollution____ de la ville. À nous, l' (3) ____air____ pur de la (4) ____campagne____! Qu'en penses-tu Sandrine?

SANDRINE Bon, d'accord.

AMINA Super! Et vous, Madame Forestier? Vous et Stéphane avez (5) ____besoin____ de vous (6) ____reposer____ aussi, vous (7) ____devez____ absolument (8) ____venir____ avec nous!

Après la vidéo

5 **Vrai ou faux?** Indicate whether these statements are **vrai** or **faux**.

	Vrai	Faux
1. Michèle est en vacances.	○	⊘
2. David rentre aux États-Unis dans trois semaines.	⊘	○
3. Le concert de Sandrine est dans une semaine.	⊘	○
4. David adore dessiner en plein air.	⊘	○
5. Sandrine ne va pas aller à la montagne Sainte-Victoire.	○	⊘
6. Valérie et Stéphane vont aussi y aller.	⊘	○

6 **Expliquez** Answer these questions in French according to what you saw in the video.
Answers will vary. Possible answers:

1. Pourquoi est-ce que Sandrine est de mauvaise humeur?

David rentre bientôt aux États-Unis.

2. Pourquoi est-ce que Valérie est de mauvaise humeur?

Michèle a démissionné et Stéphane n'a pas réussi au bac.

3. De quoi parle l'article que David a lu?

Il parle de la pollution: des pluies acides, du trou dans la couche d'ozone et de l'effet de serre.

4. Pourquoi est-ce que Rachid propose d'aller à la montagne Sainte-Victoire?

Il propose d'y aller parce que tout le monde est un peu triste.

7 **À vous!** In this episode, Valérie has Stéphane recycle some bottles. What can you do to preserve the environment in which you live? Answers will vary.

STRUCTURES

6A.1 Demonstrative pronouns

1 **La réunion** You are attending a student committee meeting on the environment for the first time. Your friend Bertrand is explaining to you who people are and what is going on. Fill in the blanks with the appropriate demonstrative pronoun.

1. L'élève à droite, _____celui_____ avec l'écharpe marron, c'est Cédric.

2. La personne qui parle en ce moment, c'est _____celle_____ qui dirige l'association.

3. Les élèves les plus actifs, ce sont _____ceux_____ que tu vois (*see*) là-bas.

4. La question la plus importante ce soir, c'est _____celle_____ du recyclage au lycée.

5. Les réunions les plus importantes, ce sont _____celles_____ qui ont lieu (*take place*) à la mairie.

6. _____Celle_____ qui porte des lunettes, c'est Anne-Marie Lombard.

7. On ne sait toujours pas qui sera élu (*elected*) président cette année. Peut-être que ce sera l'ancien secrétaire, _____celui_____ qui est parti étudier l'Amazonie pendant un an.

8. Moi, je suis plutôt d'accord avec _____ceux_____ qui pensent qu'il faut proposer une loi au directeur du lycée.

2 **Les problèmes écologiques** Rewrite these sentences using demonstrative pronouns to avoid repetitions.

> **Modèle**
>
> Je pense à tes idées et aux idées de Nouria.
> *Je pense à tes idées et à celles de Nouria.*

1. Le recyclage du papier est plus important que le recyclage du verre.
   Le recyclage du papier est plus important que celui du verre.

2. L'augmentation de la pollution en Europe est moins grande que l'augmentation de la pollution aux États-Unis.
   L'augmentation de la pollution en Europe est moins grande que celle aux États-Unis.

3. Le problème de l'effet de serre est lié (*linked*) au problème du trou de la couche d'ozone.
   Le problème de l'effet de serre est lié à celui du trou de la couche d'ozone.

4. Les amendes que l'industrie paie sont moins importantes que les amendes que le gouvernement donne.
   Les amendes que l'industrie paie sont moins importantes que celles que le gouvernement donne.

5. Les produits d'aujourd'hui sont moins polluants que les produits des années cinquante.
   Les produits d'aujourd'hui sont moins polluants que ceux des années cinquante.

6. Le danger causé par les déchets toxiques est aussi grave que le danger causé par la pluie acide.
   Le danger causé par les déchets toxiques est aussi grave que celui causé par la pluie acide.

7. Le ramassage des ordures du campus est meilleur que le ramassage des ordures de la ville.
   Le ramassage des ordures du campus est meilleur que celui de la ville.

8. La loi sur la protection de l'environnement est plus sévère que la loi contre le gaspillage de l'énergie.
   La loi sur la protection de l'environnement est plus sévère que celle contre le gaspillage de l'énergie.

3 **Lequel?** Florent has just come back from his semester abroad and he needs to do some catching up with his roommate about what has been going on in his absence. Choose the appropriate demonstrative pronoun.

1. Ce bâtiment, c'est ____celui qui____ (celui de / celui que / celui qui) avait été détruit par un incendie.

2. Les examens, ____ceux de____ (celles de / ceux de / ceux que) décembre, étaient très difficiles.

3. Le professeur de physique, ____celui qui____ (celui qui / celle qui / celle-ci) a reçu un prix, va être mon prof le semestre prochain.

4. Les soirées de la Maison Française sont ____celles que____ (celles qui / celles que / celles de) j'ai le plus fréquentées.

5. L'étudiant sénégalais, ____celui de____ (celui en / celui qui / celui de) l'étage du dessous, est parti pour un semestre en Argentine.

6. J'ai perdu mon portefeuille (*wallet*), ____celui que____ (celui de / celui que / celui-là) que tu m'as donné pour mon anniversaire.

7. J'ai lu deux romans d'Émile Zola, ____ceux dont____ (celui qui / ceux dont / ceux que) tu m'as tant parlé.

8. La nouvelle directrice du département de français est d'origine canadienne. Elle est très différente de ____celle d'____ (celle-là / celle qu' / celle d') avant.

4 **Au café** Complete the conversation with the appropriate demonstrative pronoun and any other necessary elements. Answers may vary slightly. Suggested answers:

SYLVIE Dis, tu connais cet élève?

DAMIEN Lequel? (1) ____Celui____ avec le pull rouge ou (2) ____celui____ avec la veste noire?

SYLVIE Mais non, (3) ____celui-là____, à l'entrée de la librairie.

DAMIEN Non, désolé. Est-ce que tu as lu les livres pour la classe de français?

SYLVIE J'ai lu (4) ____ceux de____ Victor Hugo, mais pas (5) ____celui que____ George Sand a écrit.

MALIKA Moi, j'ai aimé la nouvelle (*short novel*). Tu sais, (6) ____celle qui____ est intitulée *La fille aux yeux d'or*.

DAMIEN Ah oui, c'est de Maupassant.

MALIKA Mais non, (7) ____celle-là____, elle est de Balzac.

SYLVIE Moi, je n'aime pas les livres qu'on nous a demandé de lire. Je préfère (8) ____ceux que____ je choisis.

6A.1 Demonstrative pronouns (audio activities)

1 **En vacances** Listen to each statement and write its number below the drawing it describes. There are more statements than there are drawings.

a. _____ 7 _____

b. _____ 3 _____

c. _____ 2 _____

d. _____ 8 _____

e. _____ 1 _____

2 **Transformez** Restate each sentence using a demonstrative pronoun. Repeat the correct response after the speaker. (*6 items*)

> **Modèle**
>
> La pollution de l'eau est aussi grave que la pollution des villes.
> *La pollution de l'eau est aussi grave que celle des villes.*

3 **Décidez** Listen to these statements and indicate whether they use the correct demonstrative pronoun (oui) or not (non).

	oui	non			oui	non
1.	☑	○		5.	☑	○
2.	☑	○		6.	○	☑
3.	○	☑		7.	○	☑
4.	☑	○		8.	☑	○

4 **Questions** Answer each question you hear using the cue and the appropriate demonstrative pronoun. Repeat the correct response after the speaker.

> **Modèle**
>
> *You hear:* Quel emballage est-ce que nous devons utiliser?
> *You see:* l'emballage qui ferme le mieux
> *You say:* Celui qui ferme le mieux.

1. les sacs qui se recyclent
2. le problème du réchauffement de la planète
3. mes amis qui sont les plus optimistes
4. les solutions qui ont l'air trop compliquées et les solutions qui coûtent cher
5. l'avenir qu'on prépare aujourd'hui
6. les questions qui sont simples

6A.2 The subjunctive (Part 1)

1 **Les obligations** Your friend Patrice is planning a party. Complete each sentence with the subjunctive forms of the verbs in parentheses to find out how the planning is going.

1. Farida ne peut pas venir parce qu'il est indispensable qu'elle ____finisse____ (finir) son devoir de français.

2. Il faut que Michel me ____dise____ (dire) à quelle heure il peut venir.

3. Il faut que j'____attende____ (attendre) la réponse de Karim.

4. Il est possible que les invités ____apportent____ (apporter) de la nourriture.

5. Il vaut mieux que mes colocataires ____préviennent____ (prévenir—*to tell*) les voisins.

6. Il est dommage que Mariam ne ____prenne____ (prendre) pas un train plus tôt.

7. Il est nécessaire que j'____achète____ (acheter) des boissons.

8. Il est essentiel que nous ____recyclions____ (recycler) les verres en plastique.

2 **Avant les vacances** Amadou and his family are about to go on vacation, but there are still a few things that they need to do before leaving. Write complete sentences with the elements provided to know who has to do what.

1. il / être / important / Aïcha / parler / au professeur de français

   Il est important qu'Aïcha parle au professeur de français.

2. il / être / nécessaire / Ousman / et / sa meilleure amie / acheter / leurs billets d'avion

   Il est nécessaire qu'Ousman et sa meilleure amie achètent leurs billets d'avion.

3. il / être / bon / je / partir / mercredi matin / au plus tard

   Il est bon que je parte mercredi matin au plus tard.

4. il / être / essentiel / tu / vendre / ta vieille voiture

   Il est essentiel que tu vendes ta vieille voiture.

5. il / falloir / nous / nettoyer / la maison

   Il faut que nous nettoyions la maison.

6. il / valoir mieux / vous / appeler / le propriétaire

   Il vaut mieux que vous appeliez le propriétaire.

7. il / être / important / Sira / enlever / son vélo / du garage

   Il est important que Sira enlève son vélo du garage.

8. il / être / essentiel / je / obtenir / un visa / pour la Tunisie

   Il est essentiel que j'obtienne un visa pour la Tunisie.

3 **Les résolutions** The student committee for the environment in your school has written a pledge. It asks students to follow certain rules to help preserve the environment. Complete the sentences with the present subjunctive of the verbs from the list.

comprendre	éviter	partager	préserver	ne pas réduire
éteindre	ne pas interdire	prendre	recycler	remplir

Il est maintenant essentiel que les élèves (1) _____ préservent _____ l'environnement. Si nous voulons sauver la planète, il faut que nous (2) _____ évitions _____ le gaspillage et que nous (3) _____ recyclions _____ le papier et les emballages en plastique. Il est nécessaire que nous (4) _____ comprenions _____ mieux les mécanismes du réchauffement climatique si nous voulons changer les choses. La conférence sur le climat de Montréal a montré qu'il vaut mieux qu'on (5) _____ prenne _____ les transports en commun ou que nous (6) _____ partagions _____ notre voiture. Il est également bon que chacun (7) _____ éteigne _____ la lumière quand il n'y a personne dans une pièce.

Ici, à l'école, nous pensons qu'il est dommage que le directeur (8) _____ n'interdise pas _____ l'utilisation des voitures et que l'école (9) _____ ne réduise pas _____ sa consommation d'eau. Il est essentiel que l'école (10) _____ remplisse _____ les conditions de la charte que nous proposons.

4 **Une lettre** Write a letter for the next meeting of the environmental committee using the words and phrases from the list. Answers will vary.

améliorer	développer	il est important que	polluer
une catastrophe	écologique	il est nécessaire que	la protection
un danger	un emballage	il faut que	le recyclage

_____

_____

_____

_____

_____

_____

_____

_____

_____

_____

_____

_____

_____

6A.2 The subjunctive (Part 1): introduction, regular verbs, and impersonal expressions (audio activities)

1 **Choisissez** You will hear some sentences with a beep in place of a verb. Decide which verb should complete each sentence and circle it.

> **Modèle**
>
> *You hear:* Il est impossible que ce gaspillage *(beep)*
> *You see:* continue   continuait
> *You circle:* continue

1. (abolissions)   abolissons
2. aidez   (aidiez)
3. (connaissent)   connaîtraient
4. (travaillent)   travaillaient

5. intéressons   (intéressions)
6. arrêtaient   (arrêtent)
7. (interdise)   interdit
8. (proposiez)   proposez

2 **Complétez** Listen to what Manu wants to do to save the environment and write the missing words.

Il faut que nous (1) ____changions____ notre quotidien. Il vaut mieux que nous (2) ____arrêtions____ d'utiliser des sacs en plastique et il est important que les gens (3) ____apprennent____ à recycler chez eux! Il est essentiel aussi que nous n' (4) ____achetions____ plus de produits ménagers dangereux; il est bon qu'on (5) ____utilise____ des produits plus naturels. Enfin, il est nécessaire que nous (6) ____essayions____ tous de ne pas gaspiller l'électricité, car il est impossible que les pays (7) ____continuent____ à développer l'énergie nucléaire. Avec ces simples idées, il est très possible que nous (8) ____arrivions____ à sauver la planète!

3 **Conjuguez** Restate each sentence you hear using the subject you see. Repeat the correct response after the speaker. (*6 items*)

> **Modèle**
>
> *You hear:* Est-ce qu'il faut que je recycle ces emballages?
> *You see:* nous
> *You say:* Est-ce qu'il faut que nous recyclions ces emballages?

1. vous   2. ils   3. vous   4. on   5. tu   6. je

4 **Transformez** Change each sentence you hear to the present subjunctive using the expressions you see. Repeat the correct response after the speaker.

> **Modèle**
>
> *You hear:* Tu recycleras ces bouteilles.
> *You see:* Il est important...
> *You say:* Il est important que tu recycles ces bouteilles.

1. Il n'est pas essentiel...
2. Il est bon...
3. Il est important...

4. Il est dommage...
5. Il ne faut pas...
6. Il vaut mieux...

Unité 6

CONTEXTES

1   Chassez l'intrus Indicate the word that does not belong in each group.

1. un écureuil, un lapin, un sentier, un serpent
2. un fleuve, une plante, l'herbe, une fleur
3. une côte, un fleuve, une falaise, un lac
4. un lapin, une vache, un écureuil, un serpent
5. une étoile, le ciel, une région, la Lune
6. un arbre, un bois, une pierre, l'herbe
7. la chasse, détruire, l'écotourisme, le déboisement
8. la préservation, une espèce menacée, une extinction, un lac

2   Classez Mark an **X** in the appropriate column to indicate whether each item is part of **le ciel, la terre,** or **l'eau.**

	le ciel	la terre	l'eau
1. un désert		X	
2. une étoile	X		
3. une falaise		X	
4. un fleuve			X
5. un lac			X
6. la Lune	X		
7. une pierre		X	
8. une rivière			X
9. une vallée		X	
10. un volcan		X	

3   La randonnée Read this letter from your friend Camille about her latest walk in the **Parc naturel de la Chartreuse.** Fill in each blank with an appropriate word or expression. Notice that not all the words will be used. Make all the necessary changes and agreements.

le ciel	une falaise	un lac	une plante	un sentier
détruire	une forêt	la nature	une région	une vallée
un écureuil	jeter	un pique-nique	une rivière	

Le week-end dernier, j'ai fait une randonnée dans le Parc naturel de la Chartreuse. C'est une réserve naturelle dans (1) _____la région_____ d'Auvergne-Rhône-Alpes. Là, la protection de (2) _____la nature_____, c'est une chose sérieuse. Il faut marcher sur (3) _____un sentier_____ pour ne pas (4) _____détruire_____ les (5) _____plantes_____. Il est bien sûr interdit de (6) _____jeter_____ des ordures par terre. Alors, quand on a fait (7) _____un pique-nique_____ à midi, nous avons gardé nos déchets. On a traversé (8) _____une forêt_____ de pins. Je voulais voir des (9) _____écureuils_____ mais, ici, il est difficile de les voir. Ce sont des animaux sauvages. Néanmoins (*Nevertheless*), la vue sur (10) _____la vallée_____ est magnifique. Ensuite, nous avons dû traverser (11) _____une rivière_____ sur un tronc d'arbre, mais je n'ai pas perdu l'équilibre. Nous avons fini la randonnée au (12) _____lac_____ de Paladru où nous avons un peu nagé.

4 **Le mot mystère** Using these definitions, fill in the corresponding spaces in the grid to find out the mystery word.

1. C'est l'endroit où Tarzan habite.
2. C'est un endroit où il n'y a pas beaucoup de plantes et où il pleut très peu.
3. C'est un petit animal qui vit (*lives*) dans les arbres.
4. C'est l'action de protéger la nature et les ressources naturelles.
5. On en parle quand une espèce est menacée.
6. La France en a 18, par exemple, la Normandie et l'Occitanie.
7. C'est un synonyme du mot «environnement».
8. C'est quand on tue (*kills*) les animaux pour le sport ou pour les manger.
9. C'est un précipice près de la mer ou de l'océan.
10. Ce sont les différents types d'animaux et de plantes.
11. C'est l'action de couper les arbres de la forêt.
12. C'est un synonyme du mot «chemin».

¹J	U	N	G	L	E						
		²D	É	S	E	R	T				
		³É	C	U	R	E	U	I	L		
⁴P	R	É	S	E	R	V	A	T	I	O	N
			⁵E	X	T	I	N	C	T	I	O	N
		⁶R	É	G	I	O	N	S			
		⁷N	A	T	U	R	E				
	⁸C	H	A	S	S	E	R				
		⁹F	A	L	A	I	S	E			
		¹⁰E	S	P	È	C	E	S			
¹¹D	É	B	O	I	S	E	M	E	N	T	
		¹²S	E	N	T	I	E	R			

Le mot mystère, c'est le nom d'une forme de vacances qui ne détruit pas la nature. ___l'écotourisme___

5 **Décrivez** Describe these images using vocabulary from the lesson. Answers will vary.

1. _____

_____

_____

2. _____

_____

_____

3. _____

_____

_____

4. _____

_____

_____

CONTEXTES: AUDIO ACTIVITIES

1 **Associez** Circle the word or words that are logically associated with each word you hear.

1. chasser   détruire   (préserver)
2. désert   (rivière)   (lac)
3. (lapin)   (serpent)   côte
4. champ   (bois)   (forêt)
5. étoile   (champ)   falaise
6. (montagne)   chasse   extinction

2 **Logique ou illogique?** Listen to these statements and indicate whether they are **logique** or **illogique**.

	Logique	Illogique			Logique	Illogique
1.	⊘	○		5.	○	⊘
2.	⊘	○		6.	○	⊘
3.	○	⊘		7.	○	⊘
4.	⊘	○		8.	⊘	○

3 **Décrivez** Look at the picture. Listen to these statements and decide whether each statement is **vrai** or **faux**.

	Vrai	Faux			Vrai	Faux
1.	○	⊘		4.	○	⊘
2.	⊘	○		5.	○	⊘
3.	⊘	○		6.	⊘	○

LES SONS ET LES LETTRES

Homophones

Many French words sound alike, but are spelled differently. As you have already learned, sometimes the only difference between two words is a diacritical mark. Other words that sound alike have more obvious differences in spelling.

a / à   ou / où   sont / son   en / an

Several forms of a single verb may sound alike. To tell which form is being used, listen for the subject or words that indicate tense.

je **parle**   tu **parles**   ils **parlent**
vous **parlez**   j'ai **parlé**   je vais **parler**

Many words that sound alike are different parts of speech. Use context to tell them apart.

VERB	POSSESSIVE ADJECTIVE	PREPOSITION	NOUN
Ils **sont** belges.	C'est **son** mari.	Tu vas **en** France?	Il a un **an**.

You may encounter multiple spellings of words that sound alike. Again, context is the key to understanding which word is being used.

je **peux** *I can*   elle **peut** *she can*   **peu** *a little, few*
le **foie** *the liver*   la **foi** *faith*   une **fois** *one time*
haut *high*   l'**eau** *water*   **au** *at, to, in the*

---

1 **Prononcez** Répétez les paires de mots suivantes à voix haute.

1. ce	se	4. foi	fois	7. au	eau	10. lis	lit
2. leur	leurs	5. ces	ses	8. peut	peu	11. quelle	qu'elle
3. né	nez	6. vert	verre	9. où	ou	12. c'est	s'est

---

2 **Choisissez** Choisissez le mot qui convient à chaque phrase.

1. Je (lis / lit) le journal tous les jours.
2. Son chien est sous le (lis / lit).
3. Corinne est (née / nez) à Paris.
4. Elle a mal au (née / nez).

---

3 **Jeux de mots** Répétez les jeux de mots à voix haute.

1. Le ver vert va vers le verre.
2. Mon père est maire, mon frère est masseur.

---

4 **Dictée** You will hear eight sentences. Each will be said twice. Listen carefully and write what you hear.

1. Ce garçon se coiffe devant ce miroir.
2. Je veux bien, mais il ne veut pas parce qu'il a très peu de temps.
3. Il lit sur son lit.
4. Son mari et elle sont fous de ce son.
5. J'en ai marre de tous ces gens.
6. Cet été, nous avons été très occupés.
7. Cet homme et cette femme ont sept enfants.
8. J'ai bu un verre d'eau minérale au café.

---

186 | **Unité 6** Audio Activities

Roman-photo

LA RANDONNÉE

Avant de regarder

1   **Qu'est-ce qui se passe?** Look at the photo. In this episode, the characters go to **la montagne** Sainte-Victoire. What words and expressions do you expect to hear them say?   Answers will vary.

_____

_____

_____

_____

_____

En regardant la vidéo

2   **Qui?** Indicate which character says each of these lines. Write **A** for Amina, **D** for David, **R** for Rachid, **S** for Sandrine, **St** for Stéphane, or **V** for Valérie.

___D___ 1. Regardez ce ciel bleu, le vert de cette vallée.

___A___ 2. Nous sommes venus ici pour passer un bon moment ensemble.

___S___ 3. C'est romantique ici, n'est-ce pas?

___St___ 4. Tiens, et si on essayait de trouver des serpents?

___V___ 5. Avant de commencer notre randonnée, je propose qu'on visite la Maison Sainte-Victoire.

___R___ 6. Ne t'inquiète pas, ma chérie.

3   **Mettez-les dans l'ordre** Number these events in the order in which they occur.

___4___ a. David dessine.

___1___ b. Le groupe visite la Maison Sainte-Victoire.

___3___ c. Le groupe fait un pique-nique.

___5___ d. Rachid et Amina s'embrassent.

___2___ e. Le groupe fait une randonnée.

4   **Complétez** Watch the video segment in which the guide talks about **la montagne Sainte-Victoire.** Complete these sentences with words from the list. Some words may be repeated.

forêt	incendie	préservation	sauvetage
gestion	montagne	prévention	sentier
habitats	musée	protégé	

1. La Maison Sainte-Victoire a été construite après l'___incendie___ de 1989.

2. Oui, celui qui a détruit une très grande partie de la ___forêt___.

3. Maintenant, il y a un ___musée___, un ___sentier___ de découvertes dans le jardin et la montagne est un espace ___protégé___.

4. Eh bien, nous nous occupons de la ___gestion___ de la ___montagne___ et de la ___forêt___.

5. Notre mission est la ___préservation___ de la nature, le ___sauvetage___ des ___habitats___ naturels et la ___prévention___ des incendies.

     Unité 6 Roman-photo Activities   **187**

5   **Choisissez** Choose the correct completions for these sentences according to what you hear in the video.

1. Il est essentiel qu'on laisse cet endroit _____c_____!
      a. pur   b. écologique   c. propre

2. J'allais mettre ça à _____b_____ plus tard.
      a. l'environnement   b. la poubelle   c. la pollution

3. Cette _____a_____ est tellement belle!
      a. montagne   b. vallée   c. fleur

4. Merci, elle est très belle, _____a_____.
      a. cette fleur   b. cette forêt   c. ce dessin

5. Tu es plus belle que toutes les fleurs de la _____a_____ réunies!
      a. nature   b. vallée   c. montagne

Après la vidéo

6   **Vrai ou faux?** Indicate whether these statements are **vrai** or **faux**.

	Vrai	Faux
1. Cézanne dessinait souvent à la montagne Sainte-Victoire.	⊘	○
2. C'est la première fois que David vient à la montagne.	○	⊘
3. Amina a peur des serpents.	⊘	○
4. Sandrine aime bien le fromage.	⊘	○
5. David fait un portrait de Sandrine.	○	⊘
6. Stéphane suit Amina et Rachid.	⊘	○

7   **À vous!** Describe a time when you visited a state park or other type of nature preserve. What did you see and do? What rules did you have to follow there?   Answers will vary.

_____

_____

_____

_____

_____

_____

_____

_____

_____

_____

_____

_____

Flash culture

L'ESPACE VERT

Avant de regarder

1 **Vocabulaire supplémentaire** Look over these words and expressions before you watch the video.
Answers will vary.

amateurs de ski	*skiers*	vignoble	*vineyard*
idéal	*ideal*	fabuleuses	*fabulous*
sports d'hiver	*winter sports*	cosmopolite	*cosmopolitan*
influence culturelle	*cultural influence*	le Vieux Carré	*French Quarter*
typiques	*typical*	paradis	*paradise*
construit	*built*	parlement	*parliament*
îlot	*small island*		

2 **Le monde francophone** In this video, you will see footage of various French-speaking areas around the world. In preparation, label the numbered places on the map.

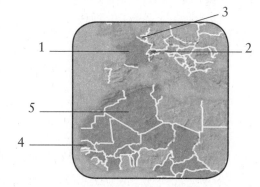

1. _____ la France _____
2. _____ la Suisse _____
3. _____ la Belgique _____
4. _____ le Sénégal _____
5. _____ l'Algérie _____

En regardant la vidéo

3 **La France** What places are pictured below?

1. ___ g ___   2. ___ f ___   3. ___ e ___   4. ___ b ___

5. ___ d ___   6. ___ a ___   7. ___ c ___

a. un vignoble près de Bordeaux
b. le Mont-Saint-Michel
c. la Côte d'Azur
d. le château de Chenonceau
e. Notre-Dame de Paris
f. l'Alsace
g. les Alpes

4 **Complétez** Complete the captions according to what Benjamin says in the video.

1. Aujourd'hui, nous sommes près de la <u>montagne Sainte-Victoire</u>

2. Le Mont-Saint-Michel est construit sur un _____<u>îlot</u>_____ dans le _____<u>nord</u>_____ de la France.

3. Dans la _____<u>vallée</u>_____ de la Loire, il y a le célèbre _____<u>château</u>_____ de Chenonceau et ses _____<u>jardins</u>_____ .

4. Les _____<u>plages</u>_____ de Tahiti sont _____<u>incroyables</u>_____ !

5. Ça, c'est _____<u>Alger</u>_____ , en Algérie, en _____<u>Afrique</u>_____ du nord.

6. Dakar est un _____<u>port</u>_____ important pour le commerce.

7. C'est la ville du parlement _____<u>européen</u>_____ , de la Grand- _____<u>Place</u>_____ et, bien sûr, des _____<u>chocolats</u>_____ .

Après la vidéo

5 **Descriptions** What places are described below?

Bruxelles	Montréal	Papeete
Cannes	Nice	le Québec
Dakar	Notre-Dame	Tahiti

1. Cette île se trouve dans l'océan Pacifique. _____<u>Tahiti</u>_____

2. Cette province se trouve au Canada. _____<u>le Québec</u>_____

3. C'est une cathédrale à Paris. _____<u>la cathédrale de Notre-Dame</u>_____

4. Ce sont des villes de la Côte d'Azur. _____<u>Nice</u>_____ et _____<u>Cannes</u>_____

5. C'est une ville cosmopolite au Québec. _____<u>Montréal</u>_____

6. C'est la capitale de la Polynésie française. _____<u>Papeete</u>_____

7. C'est la capitale du Sénégal. _____<u>Dakar</u>_____

8. C'est la capitale de la Belgique. _____<u>Bruxelles</u>_____

6 **Comparaisons** Choose two different places depicted in the video, and write a brief paragraph comparing them. In what ways are they similar? How do they differ? Write at least six sentences.

Answers will vary.

_____

_____

_____

_____

_____

_____

STRUCTURES

6B.1 The subjunctive (Part 2)

1   **La réunion**   You are reading the notes from last week's student association meeting. Complete each sentence with the correct subjunctive form of the verb in parentheses to find out what students have suggested.

1. Solange suggère qu'on ____organise____ (organiser) plus de randonnées en montagne.

2. Damien désire que plus d'élèves ____viennent____ (venir) aux réunions.

3. Isabelle souhaite que les sorties ____soient____ (être) plus fréquentes.

4. Thao recommande que nous ____visitions____ (visiter) les grottes (*caves*) qui sont près d'ici.

5. Sophie veut que l'association ____fasse____ (faire) plus de publicité (*advertisement*).

6. Pavel propose que nous ____soyons____ (être) plus actifs.

7. Malik demande que la directrice du lycée ____soutienne____ (soutenir) (*to support*) nos actions.

8. Renée exige que de nouvelles élections ____aient____ (avoir) lieu (*take place*) bientôt.

2   **Le film**   You are interviewing people who have just watched a new French film at your local movie theater. Use these cues to write their responses using the subjunctive.

1. je / aimer / le film / finir / bien

   J'aime que le film finisse bien.

2. je / regretter / les acteurs / ne pas être / plus connus

   Je regrette que les acteurs ne soient pas plus connus.

3. je / être surpris / le film / remplir (*to fill*) / la salle

   Je suis surpris(e) que le film remplisse la salle.

4. nous / être heureux / un film français / venir / dans notre ville

   Nous sommes heureux qu'un film français vienne dans notre ville.

5. elles / être triste / les acteurs / ne pas discuter du film / avec le public

   Elles sont tristes que les acteurs ne discutent pas du film avec le public.

6. il / être désolé / il / ne pas y avoir / de sous-titres (*subtitles*)

   Il est désolé qu'il n'y ait pas de sous-titres.

7. elle / avoir peur / les gens / ne pas comprendre / toutes les références culturelles

   Elle a peur que les gens ne comprennent pas toutes les références culturelles.

8. ils / être content / l'histoire / faire / rire

   Ils sont contents que l'histoire fasse rire.

3 **Les nouvelles** Éric has just received a family newsletter from his relatives. Express his emotions about the news, using the cues provided.

> **Modèle**
>
> Martine part vivre en France. (surpris) *Je suis surpris(e) que Martine parte vivre en France.*

1. Tante Catherine a un bébé de deux mois. (content)
   Je suis content(e) que Tante Catherine ait un bébé de deux mois.

2. Sylvain est prof de maths. (heureux)
   Je suis heureux/heureuse que Sylvain soit prof de maths.

3. Marie fait des compétitions de ski. (surpris)
   Je suis surpris(e) que Marie fasse des compétitions de ski.

4. Mon grand-oncle est malade. (regretter)
   Je regrette que mon grand-oncle soit malade.

5. Ma cousine Fifi va à l'université. (content)
   Je suis content(e) que ma cousine Fifi aille à l'université.

6. L'équipe de Marc perd le championnat. (furieux)
   Je suis furieux/furieuse que l'équipe de Marc perde le championnat.

4 **Qui est-ce?** Rewrite each sentence using the word in parentheses as the new subject of the underlined verb. Be careful! Not all sentences will use the subjunctive.

> **Modèle**
>
> Isabelle souhaite <u>faire</u> un pique-nique. (nous) | Jacques souhaite qu'ils <u>aillent</u> au parc.
> *Isabelle souhaite que nous fassions un* | (Jacques)
> *pique-nique.* | *Jacques souhaite aller au parc.*

1. Je suis heureux de <u>faire</u> quelque chose pour l'environnement. (vous)
   Je suis heureux que vous fassiez quelque chose pour l'environnement.

2. Ils veulent que je <u>fasse</u> une randonnée en montagne. (ils)
   Ils veulent faire une randonnée en montagne.

3. Vous désirez <u>prévenir</u> les incendies. (elle)
   Vous désirez qu'elle prévienne les incendies.

4. Vous êtes contents qu'ils <u>recyclent</u> plus d'emballages. (vous)
   Vous êtes contents de recycler plus d'emballages.

5. Elles préfèrent <u>interdire</u> les voitures autour de l'école. (le directeur de l'école)
   Elles préfèrent que le président de l'université interdise les voitures sur le campus.

6. Tu veux <u>abolir</u> l'énergie nucléaire. (le gouvernement)
   Tu veux que le gouvernement abolisse l'énergie nucléaire.

7. Nous n'aimons pas que les gens <u>aient</u> des animaux domestiques. (nous)
   Nous n'aimons pas avoir d'animaux domestiques.

8. Il est surpris de ne pas <u>être</u> contre le déboisement. (vous)
   Il est surpris que vous ne soyez pas contre le déboisement.

6B.1 The subjunctive (Part 2): will and emotion, irregular subjunctive forms (audio activities)

1 **Identifiez** Listen to each sentence and write the infinitive of the subjunctive verb you hear.

> **Modèle**
>
> *You hear:* Je veux que tu regardes la Lune ce soir.
> *You write:* regarder

1. _____être_____   4. _____faire_____

2. _____arrêter_____   5. _____avoir_____

3. _____faire_____   6. _____prendre_____

2 **Conjuguez** Form a new sentence using the cue you see as the subject of the verb in the subjunctive. Repeat the correct response after the speaker. (*6 items*)

> **Modèle**
>
> *You hear:* J'aimerais que tu fasses attention.
> *You see:* vous
> *You say:* J'aimerais que vous fassiez attention.

1. la vallée   2. les enfants   3. tu   4. nous   5. vous   6. je

3 **Associez** Listen to each statement and write its number below the drawing it describes.

a. _____3_____

b. _____5_____

c. _____1_____

d. _____4_____

e. _____2_____

f. _____6_____

4 **Les conseils** Listen to Julien give advice to his sons. Then read the statements and decide whether they are **vrai** or **faux**.

	Vrai	Faux
1. Julien exige que ses fils soient prudents.	●	○
2. Il veut qu'ils aient froid.	○	●
3. Il ne recommande pas qu'ils utilisent des cartes.	○	●
4. Il préférerait qu'ils aient un téléphone.	●	○
5. Il aimerait qu'ils prennent des photos.	●	○

6B.2 Comparatives and superlatives of nouns

1 **L'urbanisme** You have been asked to write a paper tracing the evolution of your city over the last fifty years. Here are some notes you have written when doing research in the library. Put these cues back in order to write complete sentences. Answers may vary slightly. Suggested answers:

1. 1960 / a / il / habitants / qu' / y / d' / plus / en
   Il y a plus d'habitants qu'en 1960.

2. autant / animaux domestiques / qu' / ont / les habitants / avant / d'
   Les habitants ont autant d'animaux domestiques qu'avant.

3. en / a / écureuils / le parc / qu' / plus / d' / 1960
   Le parc a plus d'écureuils qu'en 1960.

4. moins d' / le tourisme de masse / l'écotourisme / que / avait / adeptes (*enthousiasts*)
   L'écotourisme avait moins d'adeptes que le tourisme de masse.

5. arbres / sur le bord / y / il / dans le parc / des routes / que / d' / plus / a
   Il y a plus d'arbres dans le parc que sur le bord des routes.

6. voitures / vélos / la ville / plus / que / de / a / de / maintenant
   La ville a plus de voitures que de vélos maintenant.

7. avant / le parc / sentiers / plus / qu' / de / a
   Le parc a plus de sentiers qu'avant.

8. toujours / vaches / la ville / habitants / a / de / que / plus / d'
   La ville a toujours plus de vaches que d'habitants.

2 **Le stage** Djamila is about to do an internship and she has to choose between two offers. One is from a big software company, **Logiciel,** and the other is from a local environmental lobby group, **Nature.** Look at the table and use it to write six comparisons between them.

Catégories	Logiciel	Nature
1. les employés	150	20
2. les heures de travail	60	45
3. les semaines de vacances	1	2
4. les stagiaires (*trainees*)	3	3
5. l'influence sur la société	un peu	beaucoup
6. les problèmes avec l'environnement	beaucoup	beaucoup

1. Logiciel a plus d'employés que Nature./Nature a moins d'employés que Logiciel.

2. Logiciel a plus d'heures de travail que Nature./Nature a moins d'heures de travail que Logiciel.

3. Logiciel a moins de semaines de vacances que Nature./Nature a plus de semaines de vacances que Logiciel.

4. Logiciel a autant de stagiaires que Nature.

5. Logiciel a moins d'influence sur la société que Nature./Nature a plus d'influence sur la société que Logiciel.

6. Logiciel a autant de problèmes avec l'environnement que Nature.

3 **Votre meilleur ami** Your family wants to know more about your new best friend. Compare yourself to him using the elements provided. **Answers may vary slightly.**

> **Modèle**
>
> Je dors six heures. Il dort 10 heures.
> Il *dort plus d'heures que moi.*

1. J'ai beaucoup de livres. Il a beaucoup de livres aussi.
   Il a autant de livres que moi.

2. J'ai une sœur et deux frères. Il a une sœur et un frère.
   Il a autant de sœurs que moi, mais il a moins de frères que moi.

3. Je prends dix cours ce trimestre. Il prend huit cours ce trimestre.
   Il prend moins de cours que moi ce semestre.

4. Je reçois vingt e-mails de mes amis chaque semaine. Il reçoit vingt e-mails de ses amis chaque semaine.
   Il reçoit autant d'emails de ses amis que moi.

5. J'ai beaucoup de devoirs chaque jour. Il fait seulement ses devoirs pendant une heure par jour.
   Il travaille moins d'heures que moi.

6. J'ai beaucoup de patience. Il a beaucoup de patience.
   Il a autant de patience que moi.

7. Je n'ai pas beaucoup d'humour. Il a beaucoup d'humour.
   Il a plus d'humour que moi.

8. J'ai du temps libre. Il a du temps libre.
   Il a autant de temps libre que moi.

4 **La nouvelle étudiante** You have just met a new exchange student from Côte d'Ivoire, Diarietou. You have never been there but you would like to know more about her country and her background. Choose the correct word from those in parentheses to complete the comparisons in the most logical way. Make all the necessary changes.

Il y a (1) _____autant d'_____ (autant de / moins de / le plus de) élèves dans mon lycée que dans le

tien parce que les deux lycées sont de la même taille. Néanmoins (*However*), il y a

(2) _____plus d'_____ (moins de / plus de / le moins de) élèves étrangers ici. En Côte d'Ivoire,

je n'ai rencontré qu'une fois un élève de Nice.

Pour ce qui est des cours, j'en avais sept l'année dernière, et maintenant, j'en ai six. J'ai donc

(3) _____plus de_____ (moins de / plus de / le moins de) travail maintenant et

(4) _____moins de_____ (le plus de / plus de / moins de) temps libre qu'avant.

Comme je suis nouvelle ici et que mes amis sont au pays, j'ai (5) _____moins d'_____ (le plus de /

le moins de / moins de) amis que la plupart des élèves. Néanmoins, je suis celle qui reçoit

(6) _____le plus d'_____ (le plus de / le moins de / moins de) e-mails de mes amis: certains jours,

j'en reçois dix!

6B.2 Comparatives and superlatives of nouns (audio activities)

1 **Identifiez** Listen to each statement and mark an **X** in the column of the comparative or superlative you hear.

> **Modèle**
>
> *You hear:* La France a beaucoup plus de rivières que de fleuves.
>
> *You mark:* an **X** under **plus de**

	moins de	plus de	autant de	le plus de	le moins de
Modèle	_____	X	_____	_____	_____
1.	_____	_____	X	_____	_____
2.	X	_____	_____	_____	_____
3.	_____	_____	_____	X	_____
4.	X	_____	_____	_____	_____
5.	_____	_____	X	_____	_____
6.	_____	_____	_____	_____	X
7.	_____	X	_____	_____	_____
8.	X	_____	_____	_____	_____

2 **Changez** Restate each sentence you hear to say that the opposite is true. Repeat the correct response after the speaker. (*6 items*)

> **Modèle**
>
> Il y a plus d'écureuils en France qu'en Amérique du Nord.
>
> *Il y a moins d'écureuils en France qu'en Amérique du Nord.*

3 **Choisissez** Listen to each question and choose the most logical response.

1. a. Pas bien. Il y a plus d'arbres chaque année.   ⓑ Pas bien. Il y a moins d'arbres chaque année.
2. ⓐ Oui. J'ai moins mal et j'ai plus d'énergie.   b. Oui. J'ai plus mal et j'ai moins d'énergie.
3. a. Bien. Elle a moins de ressources que de personnes.   ⓑ Bien. Elle a plus de ressources que de personnes.
4. a. Non. Nous avons aperçu plus d'animaux que d'arbres.   ⓑ Non. Nous avons aperçu plus d'arbres que d'animaux.
5. ⓐ Bien. Ils ont moins de problèmes que nous.   b. Bien. Ils ont plus de problèmes que nous.
6. a. Il y a plus d'écotourisme que de déboisement.   ⓑ Il y a moins d'écotourisme que de déboisement.

4 **Écoutez** Listen to the conversation and correct these statements.

1. Il y a moins d'animaux dans le parc.
   Il y a plus d'animaux dans le parc.

2. Il y a autant d'endroits à explorer dans le parc.
   Il y a plus d'endroits à explorer dans le parc.

3. Le parc a moins de touristes en cette saison.
   Le parc a plus de touristes en cette saison./Les volcans ont moins de touristes en cette saison.

4. Les volcans ont autant de charme.
   Les volcans ont moins de charme./Le parc a plus de charme.

5. Il y a plus de pierres pour sa collection dans le parc.
   Il y autant d'herbe près des volcans.

6. Il y a plus d'herbe dans le parc.
   Il y a plus de pierres pour sa collection près des volcans./Il y a moins de pierres pour sa collection dans le parc.

Unité 6

PANORAMA

Savoir-faire

---

1   **Photos du Grand Est**   Label each photo.

1. ___Strasbourg___   2. ___les géants du Nord___   3. ___Jeanne d'Arc___   4. ___Patricia Kaas___

---

2   **Où?**   Match each description in the first column with the correct place in the second column.

___f___ 1. C'est la ville où se trouve la plus vaste cathédrale de France.

___d___ 2. C'est la ville où plusieurs rois de France ont été sacrés.

___a___ 3. C'est la ville que Jeanne d'Arc a libérée des Anglais.

___c___ 4. C'est la ville où Jeanne d'Arc a été exécutée.

___b___ 5. C'est la ville qui sert de chef-lieu du Grand Est.

___e___ 6. C'est une région culturelle qui a fait partie de la France et de l'Allemagne à différentes périodes de l'histoire.

a. Orléans
b. Strasbourg
c. Rouen
d. Reims
e. Alsace
f. Amiens

---

3   **Complétez**   Complete these sentences with the correct word or expression from **Panorama**.

1. La cathédrale d'Amiens est considéré un chef-d'œuvre du style ___gothique___.

2. Jeanne d'Arc est née dans une famille de ___paysans___.

3. Jeanne d'Arc a été condamnée pour ___hérésie___.

4. Strasbourg est le siège du Conseil de l'Europe et du ___Parlement européen___.

5. ___Le Conseil de l'Europe___ est responsable de la promotion des valeurs démocratiques et des droits de l'homme.

6. L'Alsace est un mélange de cultures grâce à sa situation entre la France et ___l'Allemagne___.

7. ___La langue alsacienne___ vient d'un dialecte germanique.

8. Le mélange des cultures en Alsace est particulièrement visible à ___Noël___.

---

4   **Vrai ou faux?** Indicate whether each statement is **vrai** or **faux**. Correct the false statements.

1. Albert Uderzo a gagné le prix Nobel de la paix en 1952.
   Faux. Albert Schweitzer a gagné le prix Nobel de la paix en 1952.

2. L'imprimerie est une des industries principales dans la région Hauts-de-France.
   Vrai.

3. La cathédrale de Reims est la plus vaste de France.
   Faux. La cathédrale d'Amiens est la cathédrale la plus vaste de France.

4. Jeanne d'Arc a décidé de partir au combat à l'âge de 17 ans.
   Vrai.

5. L'Église catholique a condamné Jeanne d'Arc en 1920.
   Faux. L'Église catholique a canonisé Jeanne d'Arc en 1920.

6. L'Alsace se situe dans la région Hauts-de-France, près de l'Allemagne.
   Faux. L'Alsace se situe dans la région Grand Est, près de l'Allemagne.

7. En Alsace, la langue alsacienne est maintenant enseignée dans les écoles primaires.
   Faux. En Alsace, l'allemand est maintenant enseigné dans les écoles primaires.

8. Les Alsaciens bénéficient des lois sociales allemandes.
   Vrai.

5   **Les géants du Nord** Complete this passage about **Les géants du Nord** with words or expressions from **Panorama**.

Les géants du Nord sont des (1) ____mannequins____ d'origine médiévale. Chacun a sa propre
(2) ____vie/identité____. Ils représentent des (3) ____héros____ historiques ou légendaires, des
personnages locaux, des (4) ____métiers____ ou des animaux. Ils font partie des fêtes et des
(5) ____célébrations____ locales du Nord de la France et servent d'exemple à leur
(6) ____communauté____.

6   **Expliquez** Answer these questions in complete sentences. Answers may vary. Suggested answers:

1. Dans quelle partie de la France se trouvent les régions Grand Est et Hauts-de-France?
   Elles se trouvent dans le nord-est de la France.

2. Pourquoi la cathédrale d'Amiens est-elle connue?
   La cathédrale d'Amiens est la cathédrale la plus vaste de France et elle est considérée un chef-d'œuvre du style gothique.

3. Quand peut-on voir les géants du Nord?
   On peut voir les géants pendant les fêtes et les célébrations locales.

4. Pourquoi Jeanne d'Arc est-elle partie au combat?
   Elle est partie au combat pour libérer son pays des Anglais.

5. Que fait le Parlement européen?
   Le Parlement européen contribue à l'élaboration de la législation européenne et à la gestion de l'Europe.

6. Quelles traditions sont visibles à Noël en Alsace?
   Le sapin de Noël, la Saint Nicolas et les marchés sont des traditions visibles à Noël en Alsace.

Unité 7

CONTEXTES

1 **Quelle forme d'art?** Look at these illustrations and say which art form they represent.

1. _____la danse_____

2. _____le théâtre_____

3. _____la musique_____

4. _____la chanson_____

2 **Chassez l'intrus** Indicate the word that does not belong in each group.

1. jouer de la batterie, chanter, faire de la musique, (jouer un rôle)
2. un billet, une place, (un membre,) un spectacle
3. (une sorte,) un concert, un compositeur, un orchestre
4. une comédie musicale, une danseuse, un orchestre, (le début)
5. un personnage, (une séance,) un membre, un dramaturge
6. une chanson, un chœur, un compositeur, (un metteur en scène)
7. (une troupe,) une tragédie, une comédie, une pièce de théâtre
8. un réalisateur, un spectateur, un metteur en scène, (un genre)

3 **Les définitions** Write the word or expression that corresponds to each definition in the space provided.

1. C'est quand une pièce de théâtre ou un concert s'arrête pendant quelques minutes et que les spectateurs peuvent sortir pour une boisson ou pour bavarder. _____l'entracte_____

2. C'est la personne qui écrit des pièces de théâtre. _____un dramaturge_____

3. C'est un groupe de personnes qui chantent. _____un chœur_____

4. C'est là où on s'assied dans un théâtre. _____une place_____

5. C'est une sorte de spectacle qui combine le théâtre, la danse et la musique. _____une comédie musicale_____

6. C'est l'instrument joué par Eric Clapton et Jimi Hendrix. _____la guitare_____

7. C'est ce qu'on fait à la fin d'un concert. _____applaudir_____

8. C'est l'instrument joué par Ringo Starr et Tommy Lee. _____la batterie_____

4 Cherchez In the grid, find the other art-related words from the list, looking backward, forward, vertically, horizontally, and diagonally.

applaudir	compositeur	~~jouer un rôle~~	pièce de théâtre
célèbre	dramaturge	metteur en scène	spectacle
chœur	entracte	orchestre	tragédie

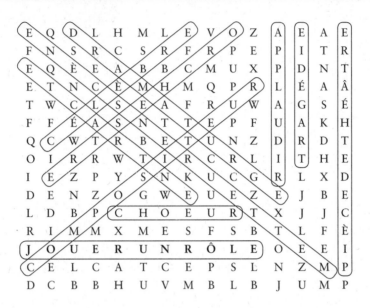

5 Le film Your French penpal, Séverine, has just emailed you about the latest movie she has seen, but your computer cannot display her message accurately. Fill in the blanks with an appropriate word or expression to know exactly what she wrote to you.

Hier soir, je voulais aller à (1) _____la séance_____ de 22h00 pour voir (_to see_) le dernier film de François Ozon. Comme il a fallu du temps pour acheter mon (2) _____billet_____ et trouver une (3) _____place_____, j'ai manqué (4) _____le début_____ du film. J'ai été surprise qu'il y ait autant de (5) _____spectateurs_____ à cette heure-là.

J'aime beaucoup les films de ce (6) _____réalisateur_____, François Ozon. Melvil Poupaud était (7) ___le personnage principal___, Romain, un jeune photographe de 30 ans. Jeanne Moreau (8) _____jouait le rôle_____ de sa grand-mère. Je ne me souviens plus du titre de (9) _____la chanson_____ à (10) _____la fin_____ du film, juste avant le générique (_credits_), mais elle est vraiment bien; j'adore cette sorte de musique.

Je sais que ce n'est pas (11) _____le genre_____ de film que tu préfères, mais je suis sûre que tu vas l'aimer. Tu devrais aussi (12) _____profiter de_____ l'occasion pour voir d'autres films de lui.

CONTEXTES: AUDIO ACTIVITIES

1   **Les définitions** You will hear some definitions. Write the letter of the word being defined.

1. __g__   a. un réalisateur
2. __f__   b. une troupe
3. __h__   c. des applaudissements
4. __d__   d. un musicien
5. __c__   e. un spectateur
6. __a__   f. un orchestre
7. __b__   g. une comédie
8. __e__   h. une chanteuse

2   **Associez** Circle the words that are not logically associated with each word you hear.

1. (séance)   chœur   opéra
2. genre   pièce de théâtre   (gratuit)
3. pièce de théâtre   (réalisatrice)   (joueur de batterie)
4. début   fin   (place)
5. (dramaturge)   chansons   comédie musicale
6. danseurs   (compositeur)   acteurs

3   **Les artistes** Listen to each statement and write its number below the illustration it describes. There are more statements than there are illustrations.

a. __4__   b. __6__   c. __3__

     Unité 7 Audio Activities

LES SONS ET LES LETTRES

Les liaisons obligatoires et les liaisons interdites

Rules for making liaisons are complex, and have many exceptions. Generally, a liaison is made between pronouns, and between a pronoun and a verb that begins with a vowel or vowel sound.

vou**s en** avez nou**s h**abitons il**s ai**ment elle**s a**rrivent

Make liaisons between articles, numbers, or the verb **est** and a noun or adjective that begins with a vowel or a vowel sound.

u**n é**léphant le**s a**mis di**x** ^z **h**ommes Roger es**t en**chanté.

There is a liaison after many single-syllable adverbs, conjunctions, and prepositions.

trè**s in**téressant che**z eu**x quan**d** ^t **e**lle quan**d** ^t **on** décidera

Many expressions have obligatory liaisons that may or may not follow these rules.

C'es**t-à-**dire... Commen**t a**llez-vous? plu**s ou** moins avan**t-h**ier

Never make a liaison before or after the conjunction **et** or between a noun and a verb that follows it. Likewise, do not make a liaison between a singular noun and an adjective that follows it.

un garçon e̸t une fille Gilber̸t adore le football. un cour̸s intéressant

There is no liaison before **h aspiré** or before the word **oui** and before numbers.

u̸n hamburger le̸s héros u̸n oui et un non me̸s onze animaux

---

1 **Prononcez** Répétez les mots suivants à voix haute.

1. les héros   2. mon petit ami   3. un pays africain   4. les onze étages

---

2 **Articulez** Répétez les phrases suivantes à voix haute.

1. Ils en veulent onze.
2. Vous vous êtes bien amusés hier soir?
3. Christelle et Albert habitent en Angleterre.
4. Quand est-ce que Charles a acheté ces objets?

---

3 **Dictons** Répétez les dictons à voix haute.

1. Deux avis valent mieux qu'un.
2. Les murs ont des oreilles.

---

4 **Dictée** You will hear eight sentences. Each will be said twice. Listen carefully and write what you hear.

1. Ils arriveront vers une heure.

2. J'ai un appartement agréable, François aussi, mais on aimerait habiter ensemble.

3. Vous allez arriver chez eux avant elle.

4. C'est incroyable comme ils ont l'air de peu apprécier ses indications

5. Mon ordinateur idéal aurait un grand écran.

6. Il y en a encore un ou deux pour après-demain.

7. Ils les emmèneront au théâtre avec eux quand ils auront six ans.

8. Plus on avance, moins on aperçoit ce petit hall.

Roman-photo

APRÈS LE CONCERT

Avant de regarder

1   **Qu'est-ce qui se passe?** Read the title and look at the photo. What words and expressions do you expect to hear in an episode about Sandrine's concert?   Answers will vary.

_____

_____

_____

_____

_____

_____

_____

En regardant la vidéo

2   **Finissez-les** Watch as the friends talk immediately after the concert. Match the first half of each statement with its completion.

1. Moi, je trouve que la robe que tu as faite
   pour Sandrine ___f___

2. Et les costumes, ___g___

3. Vous avez entendu ___a___

4. Devenir une chanteuse célèbre, ___h___

5. Amina vient de nous dire que ___c___

6. Je n'arrive pas à croire ___b___

7. Sandrine, que tu es ravissante ___d___

8. Alors, vous avez aimé ___e___

a. ces applaudissements?

b. que c'était pour moi!

c. c'était sa comédie
   musicale préférée.

d. dans cette robe!

e. notre spectacle?

f. était le plus beau des costumes.

g. comment tu les as trouvés,
   Amina?

h. c'est mon rêve!

3   **Qui?** Watch as David expresses his true feelings about the show. Indicate which character says these lines. Write **D** for David, **S** for Sandrine, or **V** for Valérie.

___V___ 1. Tu ne lui as pas dit ça, j'espère!

___S___ 2. Tu en as suffisamment dit, David.

___D___ 3. Elle a bien joué son rôle, mais il est évident qu'elle ne sait pas chanter.

___V___ 4. Alors, c'était comment, la pièce de théâtre?

___D___ 5. Je doute qu'elle devienne une chanteuse célèbre!

4   Complétez Watch the confrontation between David and Sandrine and complete the sentences with the missing words. Not all words will be used.

chanson	dis	heureuse	suffit
comédie	dommage	spectacle	vouloir

DAVID   Eh bien, la musique, la (1) _____chanson_____, je doute que ce soit ta vocation.

SANDRINE   Tu doutes? Eh bien moi, je suis certaine… certaine de ne plus jamais (2) _____vouloir_____ te revoir.

DAVID   Mais Sandrine, c'est pour ton bien que je (3) _____dis_____…

SANDRINE   Oh, ça (4) _____suffit_____. Toi, tu m'écoutes. Je suis vraiment (5) _____heureuse_____ que tu repartes bientôt aux États-Unis. (6) _____Dommage_____ que ce ne soit pas demain!

Après la vidéo

5   Mettez-les dans l'ordre Number these events in the order in which they occur.

___5___ a. Sandrine sort du théâtre.

___7___ b. Sandrine entend les commentaires de David.

___2___ c. Les amis attendent Sandrine au théâtre.

___3___ d. Amina admire les danseurs.

___4___ e. Rachid fait des compliments à Amina.

___6___ f. David parle du concert à Valérie.

___1___ g. Sandrine chante dans son concert.

___8___ h. Sandrine se fâche.

6   Expliquez What is happening in this photo? Describe the events leading up to this moment.

Answers will vary. Possible answer:
Sandrine chante très mal. David dit à Valérie que Sandrine ne sait pas chanter. Sandrine entend ce qu'il dit et se fâche.

7   À vous! Imagine that you are giving advice to David. Do you think he handled the situation well? What do you think he should do to make up with Sandrine, or should he try to make up with her at all?

Answers will vary.

Flash culture

LES ARTS

Avant de regarder

1 **Les loisirs** In this video, you're going to learn about reading and movies in France. In preparation for watching the video, make lists of film genres and types of reading materials. Answers will vary.

cinéma

_____

_____

_____

_____

_____

lecture

_____

_____

_____

_____

_____

2 **Mes préférences** Circle all of the statements that describe you. Answers will vary.

1. J'aime lire les romans / pièces de théâtre / poèmes / contes pour enfants.

2. Je n'aime pas lire les romans / pièces de théâtre / poèmes / contes pour enfants.

3. J'aime regarder les comédies / westerns / films policiers / films d'amour / films d'horreur / films de science-fiction.

4. Je n'aime pas regarder les comédies / westerns / films policiers / films d'amour / films d'horreur / films de science-fiction.

En regardant la vidéo

3 **Complétez** Watch as Csilla leads you through a movie theater and complete the paragraph with the words you hear her say.

anglais	film
cinéma	originale
comédie	prix
étudiants	tickets

Qu'est-ce qu'il y a au (1) _____cinéma_____ aujourd'hui? Voyons… Tiens, il y a *La Cloche a sonné* avec Fabrice Luchini. C'est une (2) _____comédie_____ dramatique. Il y a aussi *The Bourne Ultimatum*. C'est un (3) _____film_____ américain. Il est en version (4) _____originale_____, ça veut dire qu'il est en (5) _____anglais_____. On achète des (6) _____tickets_____ ici, au guichet. Ils ont des (7) _____prix_____ réduits pour les (8) _____étudiants_____, alors, n'oubliez pas votre carte d'étudiant.

4 **Dans quel ordre?** In what order does Csilla mention these film genres?

_____4_____ a. les films de science-fiction

_____2_____ b. les films d'amour

_____5_____ c. les comédies

_____1_____ d. les films policiers

_____6_____ e. les westerns

_____3_____ f. les films d'horreur

Après la vidéo

5 **Répondez** Based on the films and reading materials you saw in this segment, answer these questions in French in complete sentences. Answers will vary.

1. Quel(s) genre(s) de films aimez-vous? _____

_____

2. Quelle(s) sorte(s) de livres ou de magazines vous intéresse(nt)? _____

_____

3. Avez-vous vu ou lu un des films ou livres mentionnés? Le(s)quel(s)? _____

_____

6 **Comparaisons** Many books are eventually made into movies. In French, compare a book that you have read with its film version. How do they differ? Which do you like better? Why? Answers will vary.

_____

_____

_____

_____

_____

_____

_____

_____

_____

_____

_____

_____

_____

STRUCTURES

7A.1 The subjunctive (Part 3)

1 **Le pessimiste** Your friend Marc has a very pessimistic outlook on life. He has many academic and social pressures. Plus, he is organizing a film festival. Complete each sentence with the present subjunctive or indicative form of the verbs in parentheses to find out about him.

1. Il doute que nous _____réussissions_____ (réussir) notre examen final.

2. Il croit que je _____ne peux pas_____ (ne pas pouvoir) partir en France l'été prochain.

3. Il ne pense pas qu'elles _____veuillent_____ (vouloir) venir à notre réveillon (*party*) du Nouvel An.

4. Pour Marc, il est douteux que les professeurs _____aillent_____ (aller) au festival du film français que nous organisons.

5. Pour lui, il est évident que nous _____allons_____ (aller) avoir des difficultés.

6. Marc doute que les spectateurs _____viennent_____ (venir) nombreux.

7. Pour Marc, il est sûr que le festival _____est_____ (être) un désastre.

8. Il n'est pas certain que les élèves _____sachent_____ (savoir) que le festival existe.

2 **Le festival** You have just come out of a movie at the film festival Marc organized. You are listening to what people have to say about it. Use these cues to write complete sentences using the subjunctive or indicative and find out everybody's opinion.

1. je / douter / ce film / réussir ici
   Je doute que ce film réussisse ici.

2. nous / croire / ce / être / le meilleur film / de l'année
   Nous croyons que c'est le meilleur film de l'année.

3. il / être certain / les acteurs / être / des professionnels
   Il est certain que les acteurs sont des professionnels.

4. il / ne pas être vrai / le personnage principal / pouvoir / être sympathique
   Il n'est pas vrai que le personnage principal puisse être sympathique.

5. elle / ne pas penser / beaucoup de spectateurs / aller voir / le film
   Elle ne pense pas que beaucoup de spectateurs aillent voir le film.

6. vous / savoir / le réalisateur / vouloir / faire une tournée de promotion ici
   Vous savez que le réalisateur veut faire une tournée de promotion ici.

7. il / ne pas être sûr / le traducteur / savoir / comment traduire / tous les mots d'argot (*slang*)
   Il n'est pas sûr que le traducteur sache comment traduire tous les mots d'argot.

8. il / être douteux / ce film / ne pas pouvoir / gagner un Oscar
   Il est douteux que ce film ne puisse pas gagner un Oscar.

3 | **Le Nouvel An** Many of your friends are making resolutions and wishes for the New Year. Write complete sentences using the cues provided and the subjunctive or the future tense to find out everyone's opinion.

> **Modèle**
>
> Nadja souhaite pouvoir aller en vacances à la Martinique. (Martin / croire)
> **Martin croit que Nadja pourra aller en vacances à la Martinique.**

1. Je souhaite aller en Côte d'Ivoire pendant un semestre. (il / ne pas être sûr)

   Il n'est pas sûr que j'aille/tu ailles en Côte d'Ivoire pendant un semestre.

2. Malika souhaite partir au Maroc. (il / être évident)

   Il est évident que Malika partira au Maroc.

3. Nous souhaitons savoir parler couramment français en juin. (Tarik / douter)

   Tarik doute que nous sachions/vous sachiez parler couramment français en juin.

4. Vous voulez faire un régime. (je / ne pas penser)

   Je ne pense pas que vous fassiez un régime.

5. Ils veulent pouvoir travailler à Montréal pendant l'été. (tu / ne pas penser)

   Tu ne penses pas qu'ils puissent travailler à Montréal pendant l'été.

6. Tu souhaites avoir un nouveau camarade de chambre. (il / être douteux)

   Il est douteux que tu aies un nouveau camarade de chambre.

7. Stéphanie et Martine souhaitent venir aux soirées de la Maison française. (il / ne pas être vrai)

   Il n'est pas vrai qu'elles viennent aux soirées de la Maison française.

8. Martin veut acheter un nouvel ordinateur. (il / être sûr)

   Il est sûr qu'il achètera un nouvel ordinateur.

4 | **Le concours** Your younger sister wants to be a singer and she is eager to participate in a local contest. Complete this paragraph with the most appropriate verbs from the list. There may be more than one possibility.

aller	être	finir	pouvoir	venir
avoir	faire	gagner	savoir	vouloir

Ma sœur veut être chanteuse. Je sais que c'(1) _____ est _____ difficile et qu'il faut qu'elle
(2) _____ ait _____ de la chance.

Elle souhaite que nous (3) _____ allions _____ à un concours pour jeunes talents. Je doute
qu'elle (4) _____ sache _____ vraiment combien de personnes vont venir, mais je pense qu'elle
(5) _____ veut _____ y aller quand même (*anyway*). Il est sûr que certaines personnes
(6) _____ veulent/voudront _____ gagner ce concours facilement et qu'elles (7) _____ font/feront _____ tout
pour gagner.

Il n'est pas certain que ma petite sœur (8) _____ puisse _____ rivaliser (*compete*) avec elles.
Je ne crois pas qu'elle (9) _____ finisse _____ parmi les finalistes, mais il est vrai qu'elle
(10) _____ vient _____ juste d'avoir la grippe. Enfin, on verra bien. Que le meilleur gagne!

7A.1 The subjunctive (Part 3): verbs of doubt, disbelief, and uncertainty (audio activities)

1 **Identifiez** Listen to each statement in the subjunctive and mark an **X** in the column of the verb you hear.

> **Modèle**
>
> *You hear:* Il est impossible qu'ils aillent au théâtre ce soir.
> *You mark:* an **X** under **aller**

	aller	pouvoir	savoir	vouloir
Modèle	X			
1.		X		
2.			X	
3.				X
4.		X		
5.	X			
6.			X	
7.	X			
8.				X

2 **Le critique de film** Listen to the movie critic and fill in the blanks with the correct verb.

Je doute que beaucoup de spectateurs (1) _____ aillent _____ voir «Merci pour les croissants».

Je ne pense pas que le réalisateur (2) _____ sache _____ faire des films. Il est impossible que des

spectateurs (3) _____ puissent _____ s'intéresser à un personnage principal aussi ennuyeux. Il n'est

pas sûr que l'acteur lui-même (4) _____ ait _____ compris toute l'histoire, mais je suis sûr qu'il

ne (5) _____ veut _____ plus jamais retravailler pour ce réalisateur! Je pense que ce film est loin,

très loin d'(6) _____ être _____ une réussite!

3 **Transformez** Change each sentence you hear to the subjunctive using the expressions you see. Repeat the correct response after the speaker.

> **Modèle**
>
> *You hear:* Il peut présenter le metteur en scène ce soir.
> *You see:* Il n'est pas certain que...
> *You say:* Il n'est pas certain qu'il puisse présenter le metteur en scène ce soir.

1. Il est impossible que...
2. Mes amis ne pensent pas que...
3. Il n'est pas vrai que...

4. Je ne suis pas sûr que...
5. Le metteur en scène doute que...
6. Il n'est pas certain que...

4 **Choisissez** Listen to each sentence and decide whether the second verb is in the indicative or in the subjunctive.

1. a. indicatif   b.) subjonctif
2. a. indicatif   b.) subjonctif
3. a.) indicatif   b. subjonctif
4. a. indicatif   b. subjonctif

5. a.) indicatif   b. subjonctif
6. a. indicatif   b.) subjonctif
7. a.) indicatif   b.) subjonctif
8. a. indicatif   b. subjonctif

7A.2 Possessive pronouns

1 **Reformulez** Circle the words that make these sentences sound repetitive. Then write the possessive pronoun that could replace the word you circled.

> **Modèle**
>
> Vous avez passé votre examen et j'ai passé (mon examen) aussi. _le mien_

1. Notre piano est petit, mais (leur piano) est assez grand. _____ le leur _____

2. Mes amis vont de temps en temps au théâtre, et (tes amis)? _____ les tiens _____

3. J'ai réussi à retrouver mes lunettes, mais où sont (vos lunettes)? _____ les vôtres _____

4. Votre professeur de danse est très sévère, mais (notre professeur) est sympa. _____ le nôtre _____

5. Ta pièce est médiocre; (ma pièce) est superbe. _____ la mienne _____

6. J'ai apporté mon violon, mais il a laissé (son violon) chez lui. _____ le sien _____

7. Mes voisins sont très sociables. Et (tes voisins,) ils sont sociables, aussi? _____ les tiens _____

8. Nous avons nos clés, mais eux, ils ont oublié (leurs clés.) _____ les leurs _____

9. Votre classe de français ne sort jamais, mais (notre classe de français) va de temps en temps au cinéma. _____ la nôtre _____

10. Je n'aime pas mon dentiste. Est-ce que vous aimez (votre dentiste)? _____ le vôtre _____

2 **De quoi parle-t-on?** Decide which thing is being talked about according to the possessive pronoun used. Use each answer only once.

 a.

 b.

 c.

 d.

 e.

f.

___d___ 1. Les miens ne sont pas encore lavés.

___b___ 2. La vôtre est petite!

___f___ 3. La leur est rue Charlot.

___c___ 4. Les tiennes sont trop bonnes, maman!

___e___ 5. Les nôtres sont en vacances en ce moment.

___a___ 6. Le sien est encore jeune.

3 **Répétitions** Choose the correct possessive pronoun needed in the second sentence to rephrase the first sentence.

Modèle

Ce sac est à mon copain Lionel. C'est (la sienne / (le sien)).

1. Cette peinture est à mes parents. C'est ((la leur)/ la sienne).
2. Ces livres sont à toi. Ce sont ((les tiens)/ les tiennes).
3. Cette guitare est à vous, Madame Bonnefoy? C'est (la nôtre / (la vôtre))?
4. Ces croissants sont à moi! Ce sont ((les miens)/ les miennes).
5. Ce colis est à nous. C'est (la nôtre /(le nôtre)).
6. Ces gants sont à Monsieur Lepage. Ce sont ((les siens)/ la sienne).

4 **Des remplaçants** For each sentence on the left, select an appropriate replacement for the underlined words from the column on the right.

__e__ 1. Nous devons parler <u>à tes parents</u>, Mathilde!   a. du tien

__d__ 2. On pourrait demander <u>à mon colocataire</u> s'il veut venir avec nous.   b. aux vôtres

    c. de la leur

__f__ 3. Vous parlez <u>des petits-enfants</u> de Madame Bertrand?   d. au mien

__a__ 4. Ma petite sœur va s'occuper <u>de ton chien</u> pendant que tu es en vacances.   e. aux tiens

    f. des siens

__c__ 5. On a besoin <u>de leur voiture</u> pour aller à la gare.

__b__ 6. Je pense souvent <u>à vos parents</u> quand je suis à Lyon.

5 **En d'autres termes** Rewrite the following sentences using possessive pronouns.

Modèle

C'est mon parapluie, pas ton parapluie.
C'est le mien, pas le tien.

1. Ce sont mes chaussettes ou les chaussettes de Suzanne?
Ce sont les miennes ou les siennes?

2. Ce ne sont pas les tickets des étudiants, ce sont nos tickets.
Ce ne sont pas les leurs, ce sont les nôtres.

3. C'est ta montre?
C'est la tienne?

4. Ce n'est pas ta place, c'est la place de Sébastien.
Ce n'est pas la tienne, c'est la sienne.

5. C'est mon portable ou votre portable?
C'est le mien ou le vôtre?

6. Ce sont vos films préférés.
Ce sont les vôtres.

7A.2 Possessive pronouns (audio activities)

1 **Identifiez** You will hear sentences with possessive pronouns. Decide which thing the possessive pronoun in each sentence is referring to.

1. (a.) mon portable   b. ma calculatrice
2. (a.) notre maison   b. nos voitures
3. a. ton sac à dos   (b.) tes lunettes de soleil
4. (a.) leur fils   b. leur fille
5. (a.) vos parents   b. votre mère
6. a. leur ordinateur   (b.) leur télévision

2 **Complétez** Listen to Faïza talk about her social life. You will hear beeps where the possessive pronouns should be. Write the missing possessive pronouns.

Vous avez un cercle d'amis? Eh bien, (1) _____le mien_____ est très grand! Qu'est-ce que vos amis et vous aimez faire pour vous amuser? (2) _____Les miens_____ vont souvent en ville. On se promène, on prend des repas pas trop chers au petit bistro du coin, on regarde un film ou un spectacle si on a un peu d'argent... La mère de Juliette n'aime pas qu'on rentre après 23h00, mais (3) _____la mienne_____ me permet de rentrer assez tard si je suis avec des amis qu'elle connaît. Le père de Slimane est très stricte et il ne sort pas souvent avec nous parce qu'il doit souvent travailler à la maison. Mais Stéphane sort tous les soirs parce que (4) _____le sien_____ n'est pas stricte du tout! Vos amies, quand elles sortent entre elles, sans les garçons, est-ce qu'elles aiment aller au café pour bavarder pendant longtemps? C'est le cas pour (5) _____les miennes_____. Maintenant que vous connaissez un peu plus mon cercle d'amis, j'aimerais bien connaître (6) _____le vôtre_____.

3 **Modifiez** You will hear a series of sentences. Rewrite them, replacing the possessive adjective and noun with a possessive pronoun.

> **Modèle**
> You hear: C'est ma guitare.
> You write: C'est la mienne.

1. _____C'est la sienne._____   4. _____C'est le vôtre._____
2. _____Ce sont les nôtres._____   5. _____Ce sont les miennes._____
3. _____Ce sont les leurs._____   6. _____C'est le tien._____

4 **Transformez** You will hear sentences that sound a little repetitive. Improve each sentence by changing the second possessive adjective and noun into a possessive pronoun. Repeat the correct answer after the speaker. (6 items)

> **Modèle**
> Tu as ton appareil photo et j'ai mon appareil photo aussi.
> Tu as ton appareil photo et j'ai le mien aussi.

Unité 7

CONTEXTES

1 **Quel genre de film?** Label the type of movie shown on each screen.

1. _____un film d'aventures_____

2. _____un film de science-fiction_____

3. _____un film d'horreur_____

4. _____un film policier/d'aventures_____

2 **Quelle émission?** Write each item on the list under the type of program where you would most likely hear them.

les beaux-arts	une exposition	la météo
un chef-d'œuvre	un feuilleton	les nouvelles
un dessin animé	les infos	une œuvre
un documentaire	un jeu télévisé	les variétés

une émission d'informations	une émission de divertissement	une émission culturelle
un documentaire	un dessin animé	les beaux-arts
les infos	un feuilleton	un chef-d'œuvre
la météo	un jeu télévisé	une exposition
les nouvelles	les variétés	une œuvre

3 **Chassez l'intrus** Circle the word that does not belong in each group.

1. un conte, un magazine, une histoire, une peinture
2. un peintre, une publicité, une poétesse, un sculpteur
3. à la télévision, une œuvre, une émission, un programme
4. faire les musées, les beaux-arts, un tableau, un conte
5. publier, littéraire, un peintre, une femme écrivain
6. un roman, une œuvre, une peinture, un jeu télévisé
7. un feuilleton, un drame psychologique, les nouvelles, un film policier
8. un tableau, une histoire, une sculpture, une peinture

4 **Anagrammes** Unscramble these words using the clues provided.

1. TUICÉPIBL _____ publicité _____
   (C'est une vidéo très courte qui nous présente des produits à acheter.)
2. TSAFROINNOIM _____ informations _____
   (C'est une émission qui nous présente ce qui se passe dans notre pays et dans le monde.)
3. MEURTODINACE _____ documentaire _____
   (C'est une émission qui traite de (*be about*) la nature, de l'histoire ou de la géographie, par exemple.)
4. TRAITUG _____ gratuit _____
   (C'est quand il n'est pas nécessaire de payer.)
5. EPSOSTEÉ _____ poétesse _____
   (C'est une femme qui écrit des vers.)
6. EPSOSITINOX _____ expositions _____
   (Elles sont permanentes ou temporaires dans les musées.)
7. DUFOVERHECE _____ chef-d'œuvre _____
   (C'est une œuvre d'art exceptionnelle.)
8. NEFLOTEUIL _____ feuilleton _____
   (C'est une histoire en plusieurs épisodes.)

5 **La sortie** Complete this conversation about two friends' plans with the most appropriate word or expression.

SOLANGE Je me demande ce qu'on peut faire ce week-end. J'aimerais bien (1) _____ faire les musées _____, mais je ne sais pas quelles expositions il y a en ce moment.

FATIMA J'ai acheté (2) _____ un magazine _____ hier et j'ai lu (3) _____ une critique _____ sur une exposition spéciale au musée Rodin.

SOLANGE C'est une bonne idée, je préfère (4) _____ la sculpture _____ à la peinture et je n'ai jamais vu *le Penseur*.

FATIMA En plus, comme c'est le premier dimanche du mois, c'est (5) _____ gratuit _____. C'est idéal pour moi parce que j'ai dépensé beaucoup d'argent la semaine dernière.

SOLANGE Qu'est-ce qu'on pourrait bien faire après?

FATIMA J'ai le programme du câble ici. Il y a (6) _____ un documentaire _____ intéressant, *La marche des pingouins*. Ça commence à 9h00, juste après (7) _____ les infos _____.

SOLANGE Il n'y a rien d'autres?

FATIMA Si, il y a (8) _____ des feuilletons _____ sur plusieurs chaînes, mais ce n'est pas très intéressant puisque nous n'avons pas vu les épisodes précédents.

SOLANGE D'accord. C'est décidé: le musée Rodin et *La marche des pingouins*!

CONTEXTES: AUDIO ACTIVITIES

1 **Logique ou illogique?** Listen to these statements and indicate whether they are **logique** or **illogique**.

	Logique	Illogique			Logique	Illogique
1.	●	○		5.	○	●
2.	●	○		6.	○	●
3.	●	○		7.	○	●
4.	○	●		8.	○	●

2 **Décrivez** For each drawing, you will hear two statements. Choose the one that corresponds to the drawing.

1. a. (b.)   2. a. (b.)   3. (a.) b.

3 **Le programme** Listen to this announcement about tonight's TV program. Then, answer the questions.

1. À quelle heure on peut voir les infos?

On peut voir les infos à dix-neuf heures et à vingt-trois heures trente.

2. Comment s'appelle le jeu télévisé?

Le jeu télévisé s'appelle «C'est la télé».

3. Quelle est l'histoire du drame psychologique?

Un écrivain découvre que, bizarrement, l'un de ses romans décrit le passé secret de sa femme.

4. Qu'est-ce que «Des vies et des couleurs»?

C'est un magazine sur les arts.

5. Qui est l'invité du magazine?

L'invité est Éric Bernier.

6. Est-ce qu'Éric Bernier n'est que chanteur?

Non, il est auteur-compositeur-interprète.

LES SONS ET LES LETTRES

Les abréviations

French speakers use many acronyms. This is especially true in newspapers, televised news programs, and in political discussions. Many stand for official organizations or large companies.

EDF = Électricité de France   **ONU =** Organisation des Nations Unies

People often use acronyms when referring to geographical place names and transportation.

É-U = États-Unis   **RF =** République Française

RN = Route Nationale   **TGV =** Train à Grande Vitesse

Many are simply shortened versions of common expressions or compound words.

SVP = S'il Vous Plaît   **RV =** Rendez-Vous   **RDC =** Rez-De-Chaussée

When speaking, some acronyms are spelled out, while others are pronounced like any other word.

CEDEX = Courrier d'Entreprise à Distribution Exceptionnelle *(an overnight delivery service)*

---

1 **Prononcez** Répétez les abréviations suivantes à voix haute.

1. W-C = Water-Closet
2. HS = Hors Service *(out of order)*
3. VF = Version Française
4. CV = Curriculum Vitæ
5. TVA = Taxe à la Valeur Ajoutée *(added)*
6. DELF = Diplôme d'Études en Langue Française
7. RATP = Régie Autonome *(independent administration)* des Transports Parisiens
8. SMIC = Salaire Minimum Interprofessionnel de Croissance *(growth)*

---

2 **Assortissez-les** Répétez les abréviations à voix haute. Que représentent-elles?

__d__ 1. ECP
__e__ 2. GDF
__f__ 3. BD
__b__ 4. TTC
__c__ 5. PDG
__a__ 6. OVNI

a. objet volant non identifié
b. toutes taxes comprises
c. président-directeur général
d. école centrale de Paris
e. gaz de France
f. bande dessinée

---

3 **Expressions** Répétez les expressions à voix haute.

1. RSVP (Répondez, S'il Vous Plaît).
2. Elle est BCBG (Bon Chic, Bon Genre).

---

4 **Dictée** You will hear eight sentences. Each will be said twice. Listen carefully and write what you hear.

1. La SNCF vous souhaite un bon voyage.
2. Ces produits sont chers à cause de la TVA.
3. C'est dommage de s'arrêter au CAP, tu devrais aussi passer ton bac.
4. Tu devrais aller à l'ANPE pour trouver un stage.
5. La RATP et le RER ne fonctionnent pas aujourd'hui.
6. Ces ouvriers gagnent le SMIC.
7. J'ai vu le film en VF.
8. Les enfants aiment lire des BD.

Roman-photo

AU REVOIR, DAVID!

Avant de regarder

1   **Qu'est-ce qui se passe?** In this video module, David is preparing to return home to the United States. What words and expressions do you expect to hear?   Answers will vary.

_____

_____

_____

_____

_____

En regardant la vidéo

2   **Finissez-les** Sandrine and Stéphane have both made some realizations and changes, thanks to their family and friends. Watch the first two scenes and match the first half of these sentences with their completions according to what you hear.

1. J'ai beaucoup réfléchi à ____d____

2. Ce que j'aime, non, ce que j'adore, ____f____

3. J'ai entendu dire que tu devais ____h____

4. Un jour vous vous disputez, vous vous détestez, ____g____

5. Oui, je t'assure, les documentaires et les infos ____e____

6. David ne peut pas partir ____a____

7. Je dois absolument ____b____

8. J'étais tellement en colère ce jour-là, mais depuis ____c____

a. sans que je lui dise au revoir!

b. réussir cette fois-ci.

c. j'ai beaucoup réfléchi à ce qu'il m'a dit.

d. ce qu'il m'a dit.

e. sont mes nouvelles passions.

f. c'est cuisiner!

g. et quelques jours après vous vous réconciliez.

h. repasser une partie du bac.

3   **Qui?** Watch the party scene and indicate which character says these lines. Write **A** for Amina, **As** for Astrid, **D** for David, **R** for Rachid, **S** for Sandrine, **St** for Stéphane, or **V** for Valérie.

___S___ 1. Cet été, Amina participe à un défilé de mode à Paris.

___As___ 2. Oui, félicitations!

___A___ 3. Toi aussi, tu as de bonnes nouvelles, n'est-ce pas?

___As___ 4. Elle est jolie ta jupe Amina. C'est une de tes créations, n'est-ce pas?

___V___ 5. Alors, David, comment s'est passée ton année à Aix-en-Provence?

___S___ 6. Vas-y, dis-nous tout, avant que je ne perde patience!

___R___ 7. Oh, ce n'est pas grand-chose.

___D___ 8. Oh ça a été fantastique!

Après la vidéo

4   **Vrai ou faux?** Indicate whether these statements are **vrai** or **faux**.

	Vrai	Faux
1. David repart aux États-Unis dans deux jours.	○	☑
2. La vraie passion de Sandrine, c'est la musique.	○	☑
3. Rachid a reçu son diplôme avec mention bien.	○	☑
4. Amina va participer à un défilé de mode à Paris.	☑	○
5. David a l'intention de revenir en France l'année prochaine.	☑	○

5   **Expliquez**   Look at these photos. How has Sandrine changed? Explain the change of heart she has had in the second photo.   Answers will vary. Possible answer:

Sandrine n'est plus fâchée avec David. Elle a décidé de devenir chef de cuisine au lieu d'être chanteuse,

alors elle a préparé un gâteau pour David.

_____

_____

_____

_____

6   **À vous!**   Choose three of the main characters in this video and make predictions for them. What will they do in the future? What do you think will become of them?   Answers will vary.

1. nom du personnage _____

_____

_____

_____

2. nom du personnage _____

_____

_____

_____

3. nom du personnage _____

_____

_____

_____

STRUCTURES

7B.1 The subjunctive (Part 4)

1 **Les conditions** Denise would like to organize a night out with some of her friends but they all seem to have some issue with the plans. Put the verbs in parentheses in the subjunctive or the infinitive to know under which conditions they will come.

1. Salim viendra avec moi à condition que je le _____conduise_____ (conduire) jusqu'au rendez-vous.

2. Pavel veut travailler un peu avant de _____venir_____ (venir).

3. Djamila ne viendra pas à moins que nous _____invitions_____ (inviter) aussi sa meilleure amie.

4. Stéphanie va d'abord aller à la bibliothèque pour _____étudier_____ (étudier).

5. Véronique veut que nous commencions la soirée plus tard pour qu'elle _____ne soit pas_____ (ne pas être) trop en retard.

6. Nicolas pense apporter quelque chose à manger pour que nous _____n'ayons pas_____ (ne pas avoir) faim.

7. Florent veut pouvoir venir plus tard sans que Maryse _____fasse_____ (faire) de commentaires.

8. Daniel veut partir avant qu'il _____soit_____ (être) trop tard.

2 **Les critiques** You are reading some movie reviews. Choose the best conjunction for these sentences from the options given.

1. Je ne reverrais pas ce film _____à moins qu'_____ (avant qu' / pour qu' / à moins qu') on me paie.

2. C'est le film idéal _____pour_____ (avant / à condition que / pour) faire plaisir aux enfants.

3. Je recommande ce film _____à condition que_____ (pour que / à condition que / à moins que) vous parliez couramment anglais.

4. Lisez le roman _____avant de_____ (pour que / avant de / avant que) voir le film, vous ne serez pas déçu.

5. Je ne raconterai pas la fin du film _____pour que_____ (jusqu'à ce que / sans que / pour que) vous soyez pleinement surpris.

6. Allez voir ce film _____sans_____ (pour / sans / avant de) attendre.

7. Le film est un peu lent _____jusqu'à ce que_____ (jusqu'à ce que / à condition que / pour que) le personnage principal fasse une chose incroyable.

8. Il faut absolument aller voir ce film _____avant qu'_____ (pour qu' / avant qu' / sans qu') il ne soit plus à l'affiche (*on the bill*).

3 **L'appartement** Yann would like to move into a new apartment, but he first has to go through an interview with the people he will be living with. Answer these questions, using the cues provided. Make all the necessary changes and agreements. Answers may vary slightly.

1. Allez-vous payer le loyer à temps? (oui / à condition / vous / accepter / les chèques)
   Oui, je vais payer le loyer à temps, à condition que vous acceptiez les chèques.

2. Avez-vous besoin d'une place de parking? (non / à moins / elle / être / gratuit)
   Non, je n'ai pas besoin de place de parking, à moins qu'elle soit gratuite.

3. Utilisez-vous Internet? (oui / pour / étudier)
   Oui, j'utilise Internet pour étudier.

4. Quand voulez-vous emménager? (avant / mon propriétaire / faire / des travaux)
   Je veux emménager avant que mon propriétaire fasse des travaux.

5. Est-ce que vous prenez votre douche le matin? (oui / avant / prendre mon petit-déjeuner)
   Oui, je prends ma douche le matin, avant de prendre mon petit-déjeuner.

6. Est-ce que vous cuisinez souvent? (tous les jours / à moins / je / avoir trop de travail)
   Je cuisine tous les jours, à moins que j'aie trop de travail.

7. Jusqu'à quand pensez-vous rester? (jusqu'à / je / obtenir / mon diplôme)
   Je pense rester jusqu'à ce que j'obtienne mon diplôme.

8. De combien de clés avez-vous besoin? (deux / pour / mes parents / pouvoir / en avoir une / en cas d'urgence)
   J'ai besoin de deux clés pour que mes parents puissent en avoir une en cas d'urgence.

4 **Samedi** Alexandra and Anatole are planning what they are going to do this coming Saturday. Fill in the blanks with the most appropriate verb from this list. Make all the necessary changes and agreements. Note that not all the verbs will be used.

avoir	être	parler	passer	pouvoir	savoir
connaître	finir	partir	payer	prendre	trouver

ALEXANDRA Je peux aller au cinéma samedi après-midi, à condition que tu (1) _____ passes/puisses _____ me chercher chez moi après le déjeuner.

ANATOLE Pas de problème. Je serai là-bas avant, à moins qu'il n'y (2) _____ ait _____ des embouteillages (*traffic jams*). Est-ce que tu sais où il y a un parking à proximité du cinéma?

ALEXANDRA Je pense que tu peux te garer au parking Ferry sans (3) _____ payer _____ si on arrive tôt. Autrement, on peut rouler dans le quartier jusqu'à ce que nous (4) _____ trouvions _____ une place gratuite.

ANATOLE Est-ce que tu peux apporter un plan du quartier pour que je (5) _____ sache _____ exactement où aller? Il y a tellement de sens uniques (*one-way streets*)! À moins que tu ne (6) _____ connaisses _____ bien le quartier.

ALEXANDRA Pas vraiment. Avant de (7) _____ partir _____ de chez toi, est-ce que tu peux vérifier les horaires (*schedule*)?

ANATOLE Bien sûr. Je voudrais amener un ami. Je voulais te prévenir (*tell*) parce que je n'aime pas inviter des gens sans t'en (8) _____ parler _____ avant.

ALEXANDRA Pas de problème. Sans que cela (9) _____ soit _____ indiscret, je peux te demander qui c'est?

ANATOLE C'est mon cousin. Il vient d'arriver du Cameroun. Je ne veux pas le laisser seul jusqu'à ce qu'il (10) _____ puisse/sache _____ se débrouiller (*to get by*) tout seul en ville.

7B.1 The subjunctive (Part 4): the subjunctive with conjunctions (audio activities)

1 **Identifiez** Listen to each statement and mark an **X** in the column of the conjunction you hear.

Modèle

You hear: Nous n'y arriverons pas sans que vous fassiez un effort.
You mark: an **X** under **sans que**

	sans que	sans	avant que	avant de	pour que	pour
Modèle	X					
1.			X			
2.						X
3.				X		
4.					X	
5.		X				
6.				X		
7.	X					
8.					X	

2 **Finissez** You will hear incomplete sentences. Choose the correct ending for each sentence.

1. (a.) jusqu'à ce qu'il trouve son style.
2. (a.) à condition que les enfants ne soient pas là.
3. a. avant que le conte finisse mal.
4. a. pour que les critiques en parlent.

5. (a.) avant qu'elle m'explique la vie de son auteur.
6. a. pour que l'histoire soit populaire.

   b. avant qu'il regarde un jeu télévisé.
   b. à moins que nous regarderons la télé.
   (b.) à moins que tu sois toujours malade.
   (b.) à moins qu'il y ait un temps catastrophique à annoncer
   b. à condition que le magazine fasse un article.
   (b.) à condition qu'il finisse bien.

3 **Conjuguez** Form a new sentence using the cue you hear as the subject of the first verb. Repeat the correct response after the speaker. (*6 items*)

Modèle

Tu ne partiras pas sans finir ton assiette. (nous)
Nous ne partirons pas sans que tu finisses ton assiette.

4 **Décrivez** Listen to each statement and write its number below the drawing it describes. There are more statements than there are drawings.

a. ___3___   b. ___1___   c. ___6___   d. ___4___

     Unité 7 Audio Activities   **221**

7B.2 Review of the subjunctive

1 **Le séjour** Your friend Élisabeth is planning to spend some time in France. Combine elements from column A with elements from column B to know exactly what she is thinking.

A

1. Comme mon français n'est pas très bon, j'ai peur _____d_____

2. Je vais visiter les principaux monuments, à moins _____f_____

3. Mon français va s'améliorer, à condition _____b_____

4. Je compte faire les magasins pour _____h_____

5. Je veux aller au Maroc aussi, mais je doute _____c_____

6. Ma meilleure amie va rester ici. Je suis triste _____g_____

7. Comme je veux goûter aux spécialités locales, il est nécessaire _____a_____

8. Avant de revenir, il est essentiel _____e_____

B

a. que je voyage dans différentes régions de France.

b. que je fasse un effort pour parler uniquement en français.

c. que mon séjour soit assez long pour ça.

d. de ne pas pouvoir communiquer facilement.

e. que j'achète des cadeaux pour tout le monde chez moi.

f. qu'ils soient fermés.

g. qu'elle ne puisse pas venir avec moi.

h. acheter de nouveaux vêtements.

2 **Le dernier jour** This is the last day of class. You are gathered with your friends and you are reflecting on what people might be doing in the future. Conjugate the verb in parentheses in the future or the subjunctive to express your thoughts.

Some answers may vary. Suggested answers:

1. Hélène veut travailler dans le cinéma. Je ne doute pas qu'elle _____réussira_____ (réussir).

2. Patrice adore le français. Il est possible qu'il _____habite_____ (habiter) à la Guadeloupe.

3. Farida est partie au Sénégal. Je crois qu'elle _____sera_____ (être) médecin là-bas.

4. Axelle aime beaucoup cuisiner, mais je ne pense pas qu'elle _____veuille_____ (vouloir) ouvrir son propre restaurant.

5. Hakim adore la sculpture. Je souhaite qu'il _____fasse_____ (faire) bientôt des expositions de ses propres œuvres.

6. Josie ne sait pas quoi faire après ses études. Je pense qu'il est important qu'elle _____prenne_____ (prendre) une décision rapidement.

7. Chuyen compte devenir chanteuse. Je pense qu'elle _____pourra_____ (pouvoir) le faire.

8. Alexandre veut voyager pendant un an. Je sais qu'il _____ira_____ (aller) à Tahiti en premier.

3 **Les beaux-arts** The local art school is opening its doors for the weekend. You and some friends are looking at the students' work. Write complete sentences using the cues provided to find out what everybody said. Make all the necessary changes and agreements.

1. je / penser / l'École des beaux-arts / être / très sélectif
   Je pense que l'École des beaux-arts est très sélective.

2. nous / ne pas croire / les étudiants / pouvoir / vendre leurs œuvres
   Nous ne croyons pas que les étudiants puissent vendre leurs œuvres.

3. il / être nécessaire / les étudiants / savoir / bien dessiner
   Il est nécessaire que les étudiants sachent bien dessiner.

4. elle / vouloir / elle / prendre / des cours de sculpture
   Elle veut prendre des cours de sculpture.

5. il / être possible / nous / aller / à la réception / ce soir
   Il est possible que nous allions à la réception ce soir.

6. vous / croire / les visiteurs / vouloir / connaître le sculpteur / ?
   Croyez-vous que les visiteurs veuillent connaître le sculpteur?

7. tu / vouloir / l'artiste / savoir / tu / adorer / ses tableaux
   Tu veux que l'artiste sache que tu adores ses tableaux.

8. il / être essentiel / je / faire la connaissance / de cette artiste
   Il est essentiel que je fasse la connaissance de cette artiste.

4 **La conseillère** A student is applying for an internship abroad, but she is afraid she has made some mistakes with her application. She is meeting with an advisor to get help. Choose the best option to fill in the blank. Conjugate the verbs in the indicative present or the subjunctive.

à moins que	croire	être essentiel que	ne pas croire que	prendre
avoir peur de	être	finir	préférer	savoir

L'ÉTUDIANTE Il faut que je/j' (1) _____ finisse _____ de remplir le formulaire pour mon stage.

LA CONSEILLÈRE Bien sûr. Tout d'abord, il est essentiel que vous (2) _____ sachiez _____ que votre dossier (*file*) doit être terminé demain.

L'ÉTUDIANTE Je ne pense pas que ce (3) _____ soit _____ un problème, mais est-ce que vous (4) _____ croyez _____ que vous pourriez le vérifier? Je/J' (5) _____ ai peur d' _____ avoir fait des erreurs.

LA CONSEILLÈRE Pas de problème. D'après ce que je vois, votre demande (*request*) ne peut pas être acceptée, (6) _____ à moins que _____ vous ne sachiez parler couramment français. De plus, il (7) _____ est essentiel que _____ vous puissiez rester pendant trois mois.

L'ÉTUDIANTE Je sais, mais je/j' (8) _____ ne crois pas que _____ ce soit un problème car j'ai un bon niveau de français.

LA CONSEILLÈRE Alors, je propose que vous (9) _____ preniez _____ une boisson pendant que je vérifie votre dossier.

L'ÉTUDIANTE Je/J' (10) _____ préfère _____ attendre ici si cela ne vous dérange (*disturb*) pas.

Unité 7 Activities **223**

7B.2 Review of the subjunctive (audio activities)

1 **Choisissez** Listen to each sentence and decide whether you hear a verb in the subjunctive.

	Subjonctif	Pas de subjonctif			Subjonctif	Pas de subjonctif
1.	○	☑		5.	☑	○
2.	○	☑		6.	☑	○
3.	☑	○		7.	○	☑
4.	○	☑		8.	☑	○

2 **Complétez** You will hear sentences with a beep in place of a verb. Decide which verb should complete each sentence and circle it. Repeat the correct response after the speaker.

> **Modèle**
>
> *You hear:* Cette artiste sera douée à condition que
> vous lui *(beep)* des conseils.
> *You see:* donnez   donniez
> *You circle:* **donniez**

1. (apprennent)   apprendront
2. sont   (soient)
3. arrêtez   (arrêtiez)
4. (lisions)   lire

5. soit   (est)
6. (devenir)   devienne
7. (aiment)   aime
8. (invitions)   invitons

3 **Transformez** Change each sentence you hear to the subjunctive using the expressions you see. Repeat the correct response after the speaker.

> **Modèle**
>
> *You hear:* Elle vend beaucoup de tableaux.
> *You see:* Je doute que...
> *You say:* *Je doute qu'elle vende beaucoup de tableaux.*

1. Il n'est pas essentiel que...
2. Monsieur Bétan ne croit pas que...
3. On essaiera de voir la pièce à moins que...

4. Il est dommage que...
5. Est-ce que tu es triste...
6. Il vaut mieux que...

4 **Le professionnel** Listen to the trainer's advice. Then, number the drawings in the correct order.

a. ___3___

b. ___1___

c. ___5___

d. ___4___

e. ___2___

Unité 7

PANORAMA

---

1   **La carte**   Label each DROM.

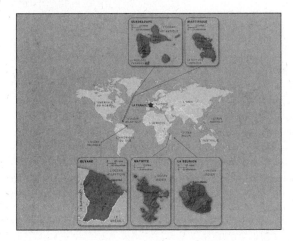

1. _____la Guadeloupe_____
2. _____la Martinique_____
3. _____la Guyane_____
4. _____Mayotte_____
5. _____La Réunion_____

---

2   **Où?**   Indicate which **DROM** is associated with each statement.

___d___ 1. Sa superficie est de 376 km^2.

___c___ 2. L'industrie spatiale y est importante.

___a___ 3. Sa capitale est Fort-de-France.

___e___ 4. Le maloya y fait partie du patrimoine vivant.

___c___ 5. C'est un pôle d'exploration et de recherches scientifiques.

___a___ 6. C'est le lieu de naissance du poète Aimé Césaire.

___b___ 7. C'est le lieu de naissance de l'écrivaine Maryse Condé.

___d___ 8. Son lagon est connu pour sa richesse exceptionnelle.

a. la Martinique

b. la Guadeloupe

c. la Guyane

d. Mayotte

e. La Réunion

---

3   **Remplissez**   Fill in the missing information according to what you read in **Panorama**.

1. _____Patrick Saint-Éloi_____ est un chanteur guadeloupéen.

2. Avant l'éruption de la montagne Pelée, _____Saint-Pierre_____ était le port le plus actif des Antilles et la capitale de la Martinique.

3. Au début, le maloya consistait en un _____dialogue_____ entre un soliste et un chœur accompagné d'instruments à percussions.

4. On chant et danse le maloya pendant les _____manifestations_____ culturelles, sociales et politiques de La Réunion.

5. Il faut préserver les écosystèmes de Mayotte tout en encourageant _____le développement durable_____.

6. _____Le Parc naturel marin_____ de Mayotte a été créé en 2010.

7. Le Centre Spatial Guyanais est la base de lancement des fusées _____Ariane_____.

8. _____La culture antillaise_____ est liée à celle de l'Europe et de l'Afrique.

---

4 **Vrai ou faux?** Indicate whether each statement is **vrai** or **faux**. Correct the false statements.
Answers may vary. Sample answers:

1. La Martinique se trouve dans l'océan Indien, à l'est de Madagascar.
   Faux. La Réunion se trouve dans l'océan Indien, à l'est de Madagascar.

2. Certains historiens doutent de l'authenticité de l'histoire d'un homme qui dit que la prison l'a protégé de l'éruption de la montagne Pelée.
   Vrai.

3. Le maloya a été créé par des esclaves afro-malgaches.
   Vrai.

4. Le maloya est à la fois une forme de musique, une langue et un style de vêtements.
   Faux. C'est une forme de musique, un chant et une danse.

5. À Paracou, on étudie l'effet du changement climatique sur le fonctionnement des télescopes.
   Faux. À Paracou, on étudie l'effet du changement climatique sur le fonctionnement de l'écosystème forestier amazonien.

6. L'Institut Pasteur de Guyane est la base de lancement des fusées Ariane.
   Faux. Le Centre Spatial Guyanais est la base de lancement des fusées Ariane.

7. L'Institut Pasteur se spécialise dans la recherche sur les maladies endémiques dans les régions tropicales.
   Vrai.

8. Maryse Condé écrit des essais sur l'histoire de la Guadeloupe.
   Faux. Maryse Condé écrit des romans qui mêlent fiction et événements historiques.

5 **Le mot mystère** Fill in the boxes with the correct information from **Panorama** to find out the mystery word.

1. C'est le nom de famille d'un scientifique et botaniste de La Réunion.
2. Maryse Condé a vécu huit ans ici.
3. Dans le lagon de Mayotte il y a une double barrière de ça.
4. Ils sont appréciés des plongeurs à Mayotte, mais ils sont fragiles.
5. C'est la capitale de la Guyane.
6. C'est l'une des industries principales de la Guadeloupe.
7. C'est le nom de l'institution où Maryse Condé a étudié.
8. Ce sont les endroits où les esclaves afro-malgaches ont créé le maloya.

Mot mystère: C'est le nom du télescope lancé depuis le Centre Spatial Guyanais.

Unité préliminaire
27: (tl) Benjamin Herzog/Fotolia; (tm) Tom Delano; (tr) Keystone Pictures/AGE Fotostock; (bl) Jeremy Reddington/Shutterstock; (bm) Anne Loubet; (br) Abadesign/Shutterstock; 29: (tl) Paanna/Deposit Photos; (tr) Bukki88/Deposit Photos; (bl) Structurae / Nicolas Janberg; (br) Sigurcamp/Shutterstock.

Unit 1
31: (all) VHL.
57: (tl) Christophe Boisvieux/Getty Images; (tr) Daniel Brechwoldt/iStockphoto; (bl) Leslie Garland Picture Library/Alamy; (br) Chris Hellier/Corbis Historical/Getty Images.

Unit 2
82: (tl) Corel/Corbis; (tm) VHL; (tr) Radu Razvan/123RF; (bl) Janet Dracksdorf; (bm) VHL; (br) VHL; 86: (tl) Mikhail Lavrenov/123RF; (tr) Philip Lange/iStockphoto; (bl) Bettmann/Getty Images; (br) Kumar Sriskandan/Alamy.

Unit 3
113: (tl) Andreas Karelias/iStockphoto; (tm) John Schults/Reuters/Alamy; (tr) KCS Presse/Splash News/Newscom; (bl) Everett-Art/ Shutterstock; (bm) Tom Brakefield/Corbis Documentary/Getty Images; (br) Miloski50/Shutterstock.

Unit 4
141: (l) Bettmann/Getty Images; (ml) Hulton-Deutsch Collection/Getty Images; (mr) Dianne Maire/iStockphoto; (r) Edyta Pawlowska/Shutterstock.

Unit 5
157: (l) Kurhan/Shutterstock; (ml) BeautifulLotus/iStockphoto; (mr) Martín Bernetti; (r) SportStock/iStockphoto; 166: (tl) Avava/ Shutterstock; (tm) Janet Dracksdorf; (tr) Fesus Robert/123RF; (bl) Ingram Publishing/Photolibrary; (bm) Paul Smith/Featureflash/ Shutterstock; (br) Pieter de Pauw/123RF; 169: (l) Bettmann/Getty Images; (ml) Bettmann/Getty Images; (mr) Everett Art/Shutterstock; (r) Science and Society/SuperStock.

Unit 6
184: (tl) Bosca78/iStockphoto; (tr) Tomas Sereda/Shutterstock; (bl) Goodshoot/Alamy; (br) Paul A. Souders/Getty Images; 197: (l) Thierry Tronnel/Sygma/Getty Images; (ml) Hemis/Alamy; (mr) Gianni Dagli Orti/Getty Images; (r) Stephane Cardinale/Corbis/ Getty Images.